GÜTERSLOHER
VERLAGSHAUS

Joachim Kunstmann

Leben eben!

Religion für
Sinnsucher –
eine Anleitung

Gütersloher Verlagshaus

Bibliografische Information der Deutschen Nationalbibliothek

Die Deutsche Nationalbibliothek verzeichnet diese Publikation
in der Deutschen Nationalbibliografie; detaillierte bibliografische
Daten sind im Internet über https://portal.dnb.de abrufbar.

Verlagsgruppe Random House FSC-DEU-0100
Das für dieses Buch verwendete FSC®-zertifizierte
Papier *Munken Premium Cream* liefert
Arctic Paper Munkedals AB, Schweden.

1. Auflage
Copyright © 2013 by Gütersloher Verlagshaus, Gütersloh,
in der Verlagsgruppe Random House GmbH, München

Umschlagfoto: © Sung-Il Kim/Corbis
Druck und Einband: CPI – Ebner & Spiegel, Ulm
Printed in Germany
ISBN 978-3-579-08156-4

www.gtvh.de

Inhalt

Vorwort

Vom Lebenswissen der Religion

Nichts braucht der Mensch heute so sehr wie die Religion.
Das ist eine starke Behauptung, die den Augenschein gegen sich hat. Die Religion zählt schon lange nicht mehr zu den Dingen, die den Menschen wirklich wichtig sind. Die alten Institutionen, die fast 2000 Jahre lang die Religion vertreten haben, verlieren immer mehr an Bedeutung. Und die fundamentalistischen Ausdrucksformen der Religion, die sich als regressive Reaktionen auf die Moderne deuten lassen, werden zu Recht mit allergrößter Skepsis betrachtet.

Für einen Großteil der Menschen in unserem Kulturbereich gilt Religion als ein überholter Aberglaube, ein Märchen, das man heute nicht mehr wirklich ernst nehmen kann. Wer sich religiös verhält, zeigt dadurch nur, dass er mit dem Leben nicht zurechtkommt. Sehr häufig wird Religion auch mit Gewalt identifiziert. Religiöse Haltungen gelten prinzipiell als fanatisch. Und das, obwohl die größten Gewalttaten der Moderne von atheistischen Systemen ausgingen.

Warum wird die religiöse Kultur, die die großen Fragen der Menschen in sich austrägt, so gründlich mit weltfremder Abgeschlossenheit, gar mit Gewalt assoziiert? Und warum ist das in einer Zeit der Fall, die keinerlei neue und überzeugende Formen der Vergewisserung, der Sinnerfahrung und der Lebensdeutung etabliert hat?

Das liegt zu einem guten Teil an der Leidenschaftslosigkeit und an den dogmatischen, kirchenamtlichen und sakralen Verkrustungen und Verhärtungen der religiösen Kultur selbst. Um es im Gleichnis zu sagen: Das lebensstiftende und -rettende Wasser der ersten faszinierenden Erfahrung ist behutsam in wertvolle Tonkrüge gefüllt worden, und diese Krüge wurden von Generation zu Generation weitergegeben. Neue Krüge und immer neue Mischungen des kostbaren Wassers kamen dazu. Sie wurden aus kostbarsten Materialien gefertigt und aufwändig verziert. Immer mehr galten die wertvollen *Gefäße* als die eigentlichen Quellen, die die Sehnsucht des suchenden Menschen stillen können. Für deren Aufbewahrung wurden heilige Bezirke und rituelle Ordnungen errichtet. Später etablierten sich umfangreiche wissenschaftliche Untersuchungen der Krüge. Die heiligen Bezirke können immer wieder Menschen inspirieren. Längst aber und ganz unbemerkt ist das heilige Wasser verdunstet. Auch die ursprüngliche Quelle ist in Vergessenheit geraten. Der Betrieb in den heiligen Bezirken läuft so weiter wie bisher. Das Leben aber verändert sich, die Menschen orientieren sich neu. Als die alte Frage nach der Quelle wieder auftaucht, aus der man trinken könne, kann der heilige Bezirk keine überzeugende Antwort mehr geben. Nicht einmal die Frage scheint dort richtig verstanden zu werden.

Erst bei genauerem Hinwehen zeigt sich: Die abendländische Religion hat ein tiefes und umfassendes *Lebenswissen*, das modern akzeptabel und psychologisch höchst plausibel ist. Und das heute dringend gebraucht wird.

Wer ein Haus bauen will, braucht dazu einen Architekten, einen Bauleiter und einen genauen Zeitplan, der die Handwerker untereinander abstimmt. Wer mit dem Auto ein entferntes Ziel ansteuert, braucht eine Landkarte oder ein Navigationssystem. Wer einen Computer bedienen will, braucht Erfahrung, Übung und manchmal technische Hilfen. Wer ein fremdes Land bereist, braucht einen Reiseführer und wenigstens einige geringe Sprachkenntnisse. Wer sein Leben bestehen, sinnvolle Entscheidungen treffen und Möglichkeiten der Erfüllung kennen will, braucht – ... an dieser Stelle würden viele heute sagen: niemanden, außer sich selbst; dazu allenfalls noch technische Instrumente und die Optionen des Konsummarktes. »Jeder muss das allein entscheiden«, »das kann jeder nur selbst wissen« – das sind in den entscheidenden Lebensfragen die gängigen Aussagen. Doch zeigt sich, dass viele auf längere Sicht die *falschen* Entscheidungen treffen, und dass viele ziemlich ratlos sind, wenn sich Erfahrungen des Scheiterns, der Vergeblichkeit oder der falschen Lebensplanung einstellen.

Vieles im Leben lässt sich nicht ausprobieren und ist nur sehr eingeschränkt Sache der freien Wahlentscheidung – etwa eine Ehe, oder die Frage nach eigenen Kindern. Es wäre wieder Zeit für die Einsicht: Gerade hier, bei den großen Lebensfragen, brauchen wir gute Ratgeber, gestaltete Erfahrungen und Räume der Kommunikation, die vor allem nach dem Sinn von möglichen Optionen und Entscheidungen fragen. Die klassische Kulturdimension für solche Fragen aber ist die Religion. Eingebundenheit, Grundvertrauen und Sinn sind ihre Grundbegriffe. Die Religion tradiert Erfahrungen des Sinns und kommuniziert sie in Symbolen, Ritualen und mythischen Deutungen. Darin ist sie auch heute ohne Alternative. »Auch jedem einer Religion fernstehenden Philosophierenden muss klar sein, dass eine erneute explizite Thematisierung der religiösen Grundprobleme im Interesse von Aufklärung und Vernunft ohne Alternative ist.«[1]

Für das Aussteigen aus den toten Kreisläufen des Konsums und der Effektivitätssteigerung, für die Überwindung der depressiven Lähmungen und der inneren Leere, »bedarf es inhaltlicher und zu Herzen gehender Alternativen der Lebenssprache und Lebenserfüllung, des Glaubens und Vertrauens. Die aber werden von keiner ›kritischen‹ Theorie, sondern allein von symbolfähiger und zu Herzen gehender Kultur, die allein die Religionen und religiösen Subkulturen haben, geboten.«[2] Die Religion ist das einzige wirkliche Widerlager gegen die Schlagseiten der modernen Kultur. Das macht sie für viele so skurril, für andere aber zunehmend auch zu einer Sache, der die eigene Sehnsucht gilt. Man würde gern irgendwie (wieder) religiös sein können.

Nichts fehlt dem Menschen heute so sehr wie die Religion. Freilich keine, die ihn mit zusätzlichen Verpflichtungen belastet oder in eine skurrile Sonderwelt entführt. Sondern eine, die ihn zurückführt in die Verbindung zum großen, ihn und alles umgebenden Leben.

Die religiöse Kultur ist ein riesiges Sammelbecken von allen möglichen und unmöglichen Erfahrungen, Interpretationen und Gestaltungsformen. Sie zieht ein großes Schleppnetz voller symbolischer, mythologischer und rituell verdichteter Ideen hinter sich her. Dass sich da auch Unsinn ansammelt, kann kaum verwundern. Was da sinnvoll und lebensklug ist, das ist für den Laien kaum noch zu durchschauen. Das vorliegende Buch will hier Schneisen der Orientierung schlagen, vor allem aber die Religion der eigenen Verantwortung empfehlen.

Die Religion muss endlich jenseits von Eingliederung und Systemzwang – und von immer offen bleibender Suche – den großen Fragen des Lebens zugespielt werden und die Menschen mit dem Leben in Verbindung bringen. Ausgerechnet in der Religion, die doch so sehr den immer subjektiven großen Erfahrungen und Lebensperspektiven gilt, bleibt die Individualisierung bisher ohne überzeugende Perspektiven!

Wir brauchen die Religion. Wir brauchen aber endlich eine Religion, die auch auf der privaten Seite der Menschen zur Verfügung steht und stark ist. Die Individualisierung markiert den Stand des Bewusstseins. Die menschliche *Autonomie* ist längst zur Basis des modernen Selbstverständnisses geworden – kirchlich aber wirkt sie immer noch wie ein Störfaktor, der sich gegen die erwartete Eingliederung ins religiöse System stellt.

Neben die klassische, autoritäts- und traditionsgeleitete Religionskultur hat sich inzwischen eine freie religiöse Suche gestellt, die allerdings den seelischen Erfordernissen der Menschen heute nur sehr eingeschränkt zu entsprechen vermag. Sie bleibt auf halbem Wege stecken, weil sie gar nicht in der Lage ist, religiöse Gewissheiten und Verbindlichkeiten zu erzeugen. Auch kann sie niemals die großen Erfahrungen und das Lebenswissen einer jahrtausendealten Tradition ersetzen.

Allzu sehr vermischt sich diese traditionsfreie Suche mit modernen Bedürfnislagen. Sie bleibt flüchtig, vorurteilsbehaftet und unsicher. Was wirklich wichtig ist, kann ich nicht selbst erfinden. Eine selbstgebastelte Religiosität kann mir kein verlässliches Fundament geben. Und mit einer Religion, die sich den eigenen Befindlichkeiten und Bedürfnissen unterordnen soll, bleibe ich mit mir selbst allein.

Dass die Suche der Menschen eine freie sein muss, darf festgehalten werden. Sie ist aber auf Vorgaben, Erfahrungen und Kommunikationen angewiesen, wenn sie nicht unfruchtbar und so selbstbezüglich bleiben will wie das moderne Leben insgesamt.

Das vorliegende Buch beschreibt den Weg zu einer lebensdienlichen autonomen Religiosität. Die religiösen Traditionen und Vermittlungsformen werden für diesen Weg gebraucht – und sie können in dieser Sichtweise oft sogar als ausgesprochen lebensklug und als überraschend »modern« erscheinen. Sie werden aber konsequent als Mittel zum Zweck verstanden. Sie müssen der Selbstvergewisserung und dem Leben des Menschen dienen; Zweck kann nicht die religiöse Kultur selbst sein. Dieses »protestantische Prinzip« (Paul Tillich) ist in und neben der institutionellen Macht- und Prachtentfaltung in der christliche Kultur selbst immer lebendig gewesen. *Diese* Einschätzung christlicher Religion zielt auf individuelle Aneignung und Verantwortung. Dafür bräuchte es freilich plausible Muster, die in der stark glaubens- und kirchenzentrierten christlichreligiösen Tradition kaum gepflegt und auch gar nicht gewollt wurden. Religion selbst verantworten und praktizieren können: Das ist ebenso nahe liegend wie ungewohnt und vor allem ungeübt.

Wenn die Religion aber den Fragen und Sinnbedürfnissen der modernen Menschen zugeführt werden soll, wird sie dann nicht genau jenem Funktionalismus unterstellt, der das moderne Kalkül-Denken beherrscht? Darauf ist zu antworten:

Einerseits ja. Das moderne, funktionsorientierte Nutzendenken (»Was bringt mir das?«) muss man ernst nehmen, denn es beherrscht längst auch die private Lebensorientierung. Andererseits nein: Religion ist immer nur da »nützlich«, wo sie als Hinweis auf das Unverfügbare, Größere, Vorgegebene und jedem Kalkül und jeder Systematisierung *Entzogene* verstanden wird – also als Hinweis auf die *Nichtfunktionalisierbarkeit* allen Lebens und den mit diesem Wissen verbundenen Respekt.

Die selbst verantwortete, freie Religiosität hat notwendigerweise eine Tendenz zur Beliebigkeit. Das sei zugegeben. Freilich aber haben die Dogmatik und das kirchliche System allzu oft eine Tendenz zum Zwang und zur lebensfernen Dummheit. Worum es zunächst aber einmal geht, ist, subjektive Religiosität und persönliche religiöse Erfahrung zu ihrem religiösen Recht kommen zu lassen. Ohne sie kann es gar keine lebendige Religion geben.

Damit ist weder eine pauschale Kirchenkritik intendiert – die Kirche wird dringend gebraucht! –, noch eine pauschale Dogmenkritik. Religiöse Traditionen können ausgesprochen klug sein. Die religions-kritischen Überlegungen in diesem Buch haben auch nicht das Ziel, für eine Veränderung der religiösen Institutionen zu sorgen. <u>Das sollen andere tun.</u> Sie wollen dazu ermutigen und auch dazu auffordern, die Ideen und Angebote der religiösen Kultur für sich zu nutzen und eine solche Nutzung auch einzufordern. Und zwar auch dann, wenn sich die religiösen Vertreter gegen diese Nutzung sperren. Die Religion muss zeigen, aus welcher Quelle die Menschen trinken können.

Dieses Buch geht von der These aus: Die religiöse Kultur ist für die Menschen da und nicht für sich selbst. Das klingt selbstverständlich, ist es aber keineswegs. Ebenso wenig selbstverständlich ist die Behauptung: Kirche, Theologie, religiöse Traditionen, selbst Glaubensüberzeugungen sind noch nicht Religion, sondern allenfalls deren Ausdrucks- und Vermittlungsformen. In ihnen sind die religiösen Fragen und Erfahrungen vieler Menschen heute nicht mehr unterzubringen. Oft werden sie dort gar nicht wahrgenommen.

Ich will hier versuchen, die Analyse aus meinem Buch »Rückkehr der Religion«[3] konstruktiv umzusetzen. Nicht mehr die Verzerrungen der etablierten Religionskultur und deren anstehende Veränderung sind jetzt das Thema, sondern die Möglichkeiten des Einzelnen, sich das Orientierungswissen und die Erfahrungen der religiösen Kultur anzueignen und zum Ausgangspunkt der eigenen Entwicklung und Reifung zu machen. Dieses Buch ist ein Aufruf zu einer kritischen Auseinandersetzung mit der religiösen Kultur, zu einer selbst verantworteten eigenen Religiosität und zu deren offener Kommunikation.

Religion dient der Offenhaltung der Lebenseinstellung. Sie kann sich dafür an den großen Fragen orientieren, die die Menschen mit sich herumtragen. Die bekannten Fragen Immanuel Kants – Was kann ich wissen? Was soll ich tun? Was darf ich hoffen? – haben heute allerdings fast vollständig ihre Bedeutung verloren. Heute stellen sich andere Fragen, die die Kapitel des Buches strukturieren sollen: Wer bin ich? Wo sind die Quelle und die Tiefendimension des Lebens, die wir Gott nennen? Was ist der Sinn? Wie kann ich leben?

Der Aufbau der einzelnen Kapitel richtet sich nach einem wiederkehrenden Schema. Zunächst wird (1.) die Klugheit der (christlichen) Religion an markanten Beispielen benannt, die weder den gängigen Frömmmigkeitsschemen, noch den gängigen religiösen Vorurteilen entsprechen und daher zum Teil als überraschend eingestuft werden mögen. Sie sind als Angebote der Deutung verstanden, die (2.) einer vertieften Reflexion unterzogen werden. Es folgt (3.) eine Problematisierung der vorgestellten religiösen Ideen und schließlich (4.) eine Zusammenbindung mit praktischen Folgerungen. Jeder Mensch, so wird hier argumentiert, muss 1. zu einem Mindestmaß an Identitätsvergewisserung und Lebensfähigkeit gelangen (Wer bin ich? Was ist meine Rolle, meine Aufgabe?). Er muss 2. eine

Ahnung von der Tiefendimension und der allgegenwärtigen Verbundenheit des Lebens haben, das in empirisch-positivistischen Beschreibungen keineswegs aufgeht (»Gott«, das Unverrechenbare, Geheimnisvolle, Heilige; Transzendenz; das Leben als Wunder). Er muss 3. sein Leben als sinnvoll (d.h. bejahenswert) empfinden. Daraus ergeben sich schließlich 4. Hinweise zu einem stimmigen, religiös orientierten Lebenskonzept unter heutigen Lebensbedingungen (Wie kann ich leben?). Abgeschlossen werden die vier Hauptkapitel mit Hinweisen auf eingespielte religiöse Praxis, die Vorschläge für einen individuellen Zugang sind.

Das Buch will eine Anleitung zu einer veränderten Wahrnehmung sein. Es kann aber nur in sehr begrenztem Maße ein praktischer Ratgeber sein. Denn Religion ist vor allem Haltung, Lebenseinstellung und Erfahrung – und geht gerade nicht auf in genau bestimmbaren religiösen Deutungsmustern und Praxisformen. Solche sind zwar durchaus sinnvoll und wichtig, aber auch sie dienen immer der Inspiration und dem immer subjektiven Leben. Alle religiöse Praxis (und alles religiöse Denken) muss sich selbst überflüssig machen. Erst wenn es sich in eine Lebenshaltung übersetzt, erfüllt es seinen eigentlichen Sinn. Das Plädoyer gilt einer veränderten Perspektive, die freilich *alles* verändern kann.

Mein herzlicher Dank gilt kritischen Nachfragen und Anregungen durch Prof. Dr. Johannes Schwanke, PD Dr. Ingo Reuter und Matthias Kunstmann, ferner der bewährten und umsichtigen Korrektur des Manuskripts durch Diedrich Steen vom Gütersloher Verlagshaus.

Im Januar 2013   *Joachim Kunstmann*

1. Wer bin ich?

Seelische Erschöpfung und Sehnsucht nach Leben

Wer bin ich? Diese Frage wird immer wichtiger – und immer schwerer zu beantworten. Die alten Verbindlichkeiten, die von Familie, Nation und Religion vorgegeben waren, sind immer mehr zu Optionen geworden. Sie gelten heute als freie Verfügungsmöglichkeiten, und sie sagen kaum noch etwas über meine eigene Identität aus. Damit wird es schwieriger zu sagen, wer ich bin. Immer mehr Menschen empfinden einen gesteigerten Drang, das sagen zu können oder es überhaupt erst einmal herauszufinden.

Wer ich bin, kann ich mir natürlich selbst sagen. Ich kann und muss selbst bestimmen, wer ich sein will. Das ist derzeit die gängige Einstellung. Ich bin, was ich aus mir *mache*. Meine Selbstentfaltung entscheidet über meine Identität. Damit ist aber auch gesagt, dass ich *noch nicht* das bin, was ich sein will oder kann. Es bleibt eine Unzufriedenheit, manchmal auf Dauer.

Die andere Möglichkeit, das eigene Ich zu bestimmen, ist die eigene Selbstdarstellung. Wenn ich über Geld, Einfluss und Ansehen verfüge, dann *bin ich wer*, wie man das ganz selbstverständlich so sagt. Daher streben viele Menschen heute nach Erfolg, nach Reichtum und nach öffentlicher Bekanntheit. Viele machen aber auch die Erfahrung, dass diese Dinge weniger über mich sagen als beispielsweise meine Träume oder meine Erfahrungen mit der Liebe. Und dass sie die innere Leere oft nicht füllen können.

Gibt es eine bessere, sinnvollere Möglichkeit herauszufinden: Wer bin ich?

1.1 Biblische Nüchternheit

Eine realistische Sicht auf mich selbst

Wer zum ersten Mal und unvorbereitet den Boden unserer modernen Zivilisation beträte, würde wohl ziemlich staunen müssen. Zum einen über den unglaublichen Reichtum. Man versuche nur einmal, auf einer befahrenen Bundesstraße grob zu schätzen, welchen Wert die Autos haben, die da innerhalb von 10 Minuten vorbeifahren. Die Summe ginge weit in die Millionen. Statistiken belegen, dass der Gewinn aus Aktiengeschäften inzwischen höher ist als alles Einkommen aller Menschen zusammengenommen; der Gewinn aus Finanzspekulationen aber liegt geschätzt noch einmal etwa beim *Dreißigfachen* dieser Summe. Noch nie gab es eine Zeit, in der Luxussättigung, schnelle Versorgung, technische und medizinische Sicherheit so selbstverständlich waren wie heute – zumindest für die allermeisten Menschen unserer Gesellschaft.

Noch ein Zweites müsste dem Besucher auffallen: Die Gesichter vieler Menschen sind matt und ausdruckslos. Gebückte und in sich gekehrte Körperhaltungen und eine fast vollständige Emotionslosigkeit sind die Regel. Besonders stark muss das in den Großstädten auffallen, im Gedränge der U-Bahnen zum Beispiel: Fast niemand redet, schon gar nicht laut, und schon gar niemand lacht. Und noch mehr wird das deutlich, wenn man es mit der spontanen Ausdrucksfreude und der menschlichen Herzlichkeit vergleicht, die in vielen armen Gesellschaften vorherrschen.

Vielleicht kommt Ihnen, liebe Leserin, lieber Leser, diese Beschreibung übertrieben vor; und vielleicht trifft sie auf Sie auch gar nicht zu. Allerdings gibt es seit einigen Jahren Hinweise auf eine seelische Erschöpfung der Menschen, die kaum noch zu übersehen sind. Das Thema *Burnout* nimmt inzwischen geradezu epidemische Ausmaße an, und es betrifft nicht mehr nur gestresste Manager, sondern auch Lehrer, Hausfrauen und Geistliche. Die Krankheit, die sich am schnellsten verbreitet, ist eine seelische: die Depression.

»Dem modernen Leben fehlt es sehr an Leben«[4] – trotz, ja gerade angesichts seiner hohen Impulsdichte, seines hohen Tempos und seiner gesteigerten Erlebnis-Intensitäten. So hat es der finnische Psychoanalytiker und Kulturbeobachter Finn Skårderud einmal scharf formuliert. Die epidemisch anwachsenden seelischen Schwächeerscheinungen unserer Zivilisation – Lustlosigkeit, innere Leere, Depression, Burnout und Demenz – zeigen das mit zunehmender Deutlichkeit.

»Wahrscheinlich fühlte sich das Individuum noch nie so fremd in seiner Welt wie heute.«[5] Welch ein Satz! Man wird ihn dem erfahrenen Psychoanalytiker Peter Schellenbaum sicher nicht rundweg abstreiten wollen. Offenbar fehlen die Erfahrungen des Verbundenseins mit dem Leben. Es fehlt der fraglos gegebene Sinn und das Grundvertrauen in die Welt. Die Sehnsucht nach Sinn und Orientierung, nach Geborgenheit und Liebe ist mit Händen zu greifen.

Ganz offensichtlich erleben wir einen seelischen Klimawandel, der mit übergreifenden kulturellen und gesellschaftlichen Veränderungen zu tun hat, und dem sich der Einzelne gar nicht so leicht entziehen kann.

Die Hintergründe dieses seelischen Klimawandels lassen sich schnell skizzieren. Seit über 200 Jahren verbreiten sich in den modernen Gesellschaften die Grundwerte der Aufklärung: Freiheit von Abhängigkeiten jeder Art und die bewusste Übernahme der Verantwortung für das eigene Leben. Nicht mehr die Achtung vor alten Traditionen, vor der allgemeinen Sitte und vorgegebenen Autoritäten bilden die Grundlagen der Lebensorientierung, sondern das Ideal der Selbstverwirklichung. Dieses Ideal ist inzwischen so selbstverständlich geworden, dass kaum noch darüber geredet wird. Gemessen wird es an Authentizität und vor allem an Erfolg: Reichtum, Ansehen, selbstbewusstes Auftreten und Einfluss sind die Ziele

„Selbstoptimierung

der Selbstverwirklichung, außerdem ein möglichst erlebnisintensives Leben. Entsprechend ändern sich die grundlegenden Werte: An die Stelle der Achtung vor dem Gegebenen, der Ehrfurcht oder gar der Demut treten Leistungsbereitschaft, Dynamik und Anpassungsfähigkeit. Das Leben wird zum Projekt. Drehbuch, Regie, Hauptrolle und Produktion liegen in ein und derselben Hand: beim Ich.

Wir definieren uns nicht mehr durch das, was wir vorfinden, sondern durch das, was wir aus dem Leben machen: durch Erfolg. Damit sind Leistungen an die Stelle des gegenseitigen Respekts getreten. Darum ist es kein Wunder, dass die persönliche Selbstbehauptung immer mehr auf Kosten von Wertschätzung, von Hingabe und der Erfahrung und Pflege der Verbundenheit geht. Die moderne Zivilisation ersetzt die Erfahrung sinnvollen Lebens immer mehr durch Dienstleistungen und kalkulierbare Funktionen.

Eine solche Orientierung setzt eine Menge an Kräften und Ideen frei – sie schneidet aber auch von Ressourcen ab, die außerhalb der eigenen Reichweiten liegen. Der moderne Mensch will alles selber wissen, selber tun und selber verantworten, möglichst auch sein eigenes Schicksal. Er kann sich nichts schenken lassen. Deshalb gibt es immer weniger Liebe in seinem Leben. »Gnade« ist zum Fremdwort geworden. Das Leben ist gnaden-los, denn es lebt von der eigenen Planung und von Konkurrenz. Kein Wunder, dass die persönliche Entfaltung zunehmend in Erschöpfung übergeht. Kraft- und Lustlosigkeit, Langeweile, innere Leere, aber auch innere Unruhe sind inzwischen so weit verbreitet, dass sie schon fast den seelischen Normalzustand bezeichnen. Die vielen Möglichkeiten der Unterhaltung und Zerstreuung – vom Fernsehen über das Internet bis hin zu Events und Vergnügungsparks – wirken zunehmend narkotisierend. Man hat unsere Kultur bereits als »Betäubungskultur« bezeichnet. Das zunehmende Tempo, die vielen schnellen Veränderungen und die Flut der Bilder verstärken die seelische Apathie und das Gefühl innerer Leere.

Selbstdisziplin, Erfolgszwang und Hörigkeiten haben ein geradezu pathologisches Ausmaß erreicht. Die scheinbaren neuen Freiheiten erweisen sich bei genauerem Hinsehen als ungeheure Über-Anpassungen. Die weitgehende Gleichförmigkeit der individualisierten Individuen ist offensichtlich. Elektronische Signale, chemische Tabletten, Alkohol, vorstrukturierte Events und organisierte Freizeitabläufe füllen das klaffende Loch der großen Fragen und lassen keinen Platz mehr für Besinnung.

Donald W. Winnicott hat den tiefgründigen Satz gesagt: »Die Alternative zum Sein ist Reagieren.«[6] Demonstriert hat er das an kleinen Kindern, denen das Grundvertrauen fehlt. Solche Kinder müssen sich permanent vor möglichen Gefahren absichern, und darum ist ihr Blick unruhig, ihr Wesen unkonzentriert. Von jedem kleinsten äußeren Impuls werden sie abgelenkt. Der Satz von Winnicott lässt sich auf unsere ganze Gegenwartskultur beziehen: Unser Leben ist durch die ständigen, konzentrierten Reaktionen auf technische Signale geprägt, während spontane Äußerungen der Lebensfreude und kreative Impulse kaum noch zugelassen werden.

Peter Strasser meint, der moderne Mensch ersetze die Liebe zum Leben zunehmend durch die Liebe zum Genuss. Er versuche, das Letzte aus allem herauspressen. Nur das *selbstverwirklichte* Leben, nur der *gestylte* Körper, nur die *verwirklichten* Ideale zählen – was aber eben auch heißt: Das ungestaltete, unbearbeitete Leben *an sich* gilt als gar nichts Besonderes mehr. Die Suche nach Selbstverwirklichung unterstellt das eigene Leben dem Erfolgsdiktat: Ich bin das, was ich aus mir mache. Das heißt aber auch: Solange ich nichts (Außergewöhnliches) aus mir mache, bin ich nichts. Das Leben wird zur Anstrengung, die in Lustlosigkeit umschlägt.

Dazu kommt, dass uns die hohe Impulsdichte des modernen Alltags immer unempfindlicher macht und immer mehr abstumpft. Die Ansprüche an Unterhaltung steigen in Bereiche, die sich oft nur noch durch starke Reize befriedigen lassen, also durch hohes Tempo, durch riskante Betätigungen und durch Perversitäten, auf die wir aber zunehmend apathisch reagieren. Diese »Dekadenz wird nicht als Not, sondern als lebenskluge Bequemlichkeit erfahren. Und man muss schon Philosophen oder Psychoanalytiker bemühen, um hier überhaupt ein Bewusstsein zu wecken, dass dieses Leben nicht lebt.«[7]

Alain Ehrenberg hat in seinem Buch »Das erschöpfte Selbst« die seelische Erschöpfung als die direkte Folge der Freiheit bezeichnet. Seiner Ansicht nach sind die Verfolgung von großen Lebenszielen, die Suche nach Intensität und das permanente Offenhalten und Nutzen möglichst vieler Optionen – die heute die normale Lebensorientierung bezeichnen – die besten Voraussetzungen für den Weg in die Depression. »Müde und leer, unruhig und heftig, kurz gesagt, neurotisch wiegen wir in unseren Körpern das Gewicht der Souveränität«.[8]

Die Erwartungen an das Leben sind hoch. Erwartungen können durchaus motivieren, das behaupten zumindest die meisten Coaches und Life Trainer. Nur bleibt das Leben ja fast immer hinter den Erwartungen zurück. Dann wird schnell das ganze Leben zur Enttäuschung, und dann können auch Luxus und uneingeschränkte Wahlfreiheiten keine innere Leere ausfüllen.

Wir haben uns von allen äußeren Zwängen befreit, nur – wozu? Immer deutlicher wird, dass Befreiung auch die Trennung von gewachsenen Verbindungen bedeutet, die einmal Lebenskraft und Geborgenheit gegeben haben. Sind wir dabei, die Verbindung zum Leben zu verlieren?

Wenn das Leben zum Projekt wird, wird es automatisch auch zur Stressquelle. Das kann dem Leben nicht gut bekommen. So ist das mit allen Orientierungen, die auf eine offene Zukunft verweisen: mit Lebenszielen, Lebensplänen oder »Visionen«, wie das im ökonomisierten Neudeutsch heißt. Ein Ziel zu haben bedeutet eben immer auch: Ich bin im Defizit, denn ich bin ja noch nicht da, wo ich einmal hin will. Ziele verlegen das Leben in eine ungewisse Zukunft. So entleert sich die Gegenwart.

Daher kann man die verbreitete Suche nach Selbstverwirklichung auch als Hinweis auf einen tief sitzenden Mangel verstehen. Sie ist auch die Folge einer seelischen Unzufriedenheit und eines Hungers nach Leben, der im Streben nach Anerkennung und Erfolg überwunden und stillgestellt werden soll. »Der Hunger entfernt Gefühle und ersetzt sie durch ein Projekt.«[9]

Dem Kult der Selbstverwirklichung kann man das Recht keineswegs absprechen. Er hat zu Möglichkeiten der Selbstgestaltung und der Erfahrung geführt, die niemand rückgängig machen soll. Niemand will mehr gehorchen müssen. Freiheit ist ein hohes Gut. Aber sie ist ambivalent, und das wird in unseren Tagen immer deutlicher. Gehorsam ist wesentlich einfacher und leichter einlösbar als ein eigener Selbstentwurf! Eine vorgegebene Pflicht kann man erfüllen und »abhaken«. Wer sein Tagespensum, das ihm aufgegeben ist, abgearbeitet hat, kann sich sozusagen zufrieden hinter den Ofen setzen. Aber wann ist man mit sich selbst fertig? Wann bin ich selbstverwirklicht genug? Sind die anderen nicht selbstverwirklichter als ich, vor allem die, die im Rampenlicht stehen? Es fällt ziemlich leicht, sich hier unzufrieden oder gar gescheitert zu fühlen.

Wer bin ich? Kann ich mich durch Erfolg, Reichtum, Selbstverwirklichung *definieren*? Entsteht da nicht eher das Gefühl: Ich stelle mich in eine Reihe mit sehr vielen anderen, die genau dasselbe (teure) Auto fahren, vielleicht ebenfalls ein Haus besitzen und dieselben Fernreisen machen? Ist das alles nicht nur die äußere Hülle meiner Person? Wenn das aber so ist – was macht mich dann einzigartig, was gibt mir wirkliche Bedeutung?

Wirklich unverwechselbar machen mich wohl am ehesten meine Gefühle und meine persönlichen Lebens-Erfahrungen – für die sich aber halt jemand interessieren müsste. Der Wunsch, *gesehen* zu werden, ist unter modernen Menschen groß. Vor allem viele Jugendliche träumen davon, einmal im Fernsehen entdeckt zu werden und »groß rauszukommen«, etwa bei einer Casting Show. Wenn aber alle mit ihren eigenen Projekten

21

beschäftigt sind, bleibt wenig Zeit für das Interesse an anderen Menschen. Solches Interesse hat dann allenfalls noch der Therapeut.

Und noch etwas ist ausgesprochen schwierig bei der Suche nach Selbstverwirklichung. Wer sein Leben in die eigene Hand nimmt, wird ganz unvermeidlich auf *negative* Erfahrungen stoßen. Und je mehr sich ein Mensch mit sich selbst beschäftigt, desto größer dürfte auch seine Sensibilität für seelische Leiden sein. Was aber mache ich mit meinen Verletzungen, meinen Ohnmachtserfahrungen, mit meiner Sehnsucht nach Liebe? »Wer sich selbst sucht, findet sich – das ist seine Strafe.«[10] Der Weg zu und mit sich selbst ist kein Erfolgsprojekt, sondern mühsam. Er braucht Begleiter, symbolische Deutungen und die Erfahrungen anderer. Selbstverwirklichung, die als Verwirklichung von Unabhängigkeit verstanden wird, ist eine Illusion. Das freilich ist eine Behauptung, die dem Ideal der modernen Autonomie vehement widerspricht.

Gesucht wäre also eine Lebenseinstellung, die nicht auf Erfolg und selbstmächtige Aktivität *allein* setzt, die den eigenen Körper und die Natur nicht nur als gestaltbare Rohmassen versteht, und die einen realistischen Umgang mit Negativität und Schmerz erlaubt. In der Tat: »Man kann sich gegen das Leben panzern und sichern, dann wird man von seinen Wundmalen verschont; aber man verschont sich damit auch vor dem Leben selbst. Die Hingabe an das Leben hat seinen Preis: die Narben, die Wundmale.«[11]

Eine generelle Tendenz könnte sein, eher auf das *Selbst* als auf das *Ich* zu setzen. Das hieße, mehr auf Wachstum, Reife und auf Erfahrungstiefe Wert zu legen als auf Erfolg. Das Selbst bezeichnet diejenigen Dimensionen eines Menschen, die weiter sind als das aktive und bewusst gestaltende Ich, und die sich eher aus seinen Verbindungen zur Welt her ergeben. Damit wäre dann eine naive Freiheit, die sich einfach nur nichts vorschreiben lassen will, in eine reifere Form der Freiheit überführt, die die Verantwortung für das Leben übernimmt. »Erst das Wissen um Interdependenz macht die Autonomie wahr.«[12] Der Mensch wird am Du zum Menschen – was nicht nur andere Menschen meint, sondern alle Formen eines Gegenübers: also auch die Natur, die Kunst, die Kultur und die Religion. Zuallererst ist der Einzelne natürlich an seine Mitmenschen verwiesen. Freilich sind die oft unberechenbar, und ihr Wohlwollen ist nicht zu kalkulieren. Außerdem hat unsere Kultur der Selbstverwirklichung ein Klima allgemeiner Konkurrenz etabliert, in dem ein verlässliches allgemeines Wohlwollen und eine selbstverständliche gegenseitige Wertschätzung immer mehr verloren gehen. Isolation und Mobbing sind die Folgen. Die anderen sind also zwar unverzichtbar für mein Leben, aber niemals verlässlich. Daher muss es noch etwas anderes und Größeres geben, worauf ich mein Leben bauen kann.

Das klügste Reservoir für die eigene Identitätsfindung ist seit jeher die Religion gewesen. Sie ist die einzige Dimension unserer Kultur, in der sich symbolische Deutungen des Menschen mit eingespielten Formen und Räumen der Kommunikation verbinden. Das unterscheidet sie von philosophischen und künstlerischen Deutungen. Das ist natürlich nur in einer Religion der Fall, die ihre Inspirationskraft nicht durch dogmatische und institutionelle Verkrustungen eingebüßt hat. Allerdings lassen sich auch in neurotischen Religionskulturen Traditionen und Deutungen aufspüren, die der eigenen Lebensorientierung zugeführt werden können.

Für die christliche Religion muss die inspirierende Deutung des Menschen oft regelrecht aus dogmatischen Trümmern hervorgeholt werden. Geht man mit der nötigen Unbefangenheit und Muße an die Religion heran, kann man freilich auch von einer Schatzsuche sprechen. Um zunächst nur ein gewichtiges Beispiel zu nennen: »Ecce homo«: Das Wort, das Pilatus zu dem verurteilten Jesus gesprochen haben soll, heißt eben nicht nur das, was die Frommen meistens darin gelesen haben: »Sieh an, *das* ist der Mensch«, der Christus, der eigentliche und ganz besondere Mensch also, weil er der von Gott gemeinte Mensch ist – sondern es kann und sollte viel nüchterner wiedergegeben werden mit: »*Das* also ist der Mensch« – diese leidende und auf Wohlwollen angewiesene Kreatur. Der geschundene Jesus kann mir zu einem realistischen Spiegel meiner selbst werden. So ist das mit dem Leben: Es gibt viel Schmerz, viel ungestillte Sehnsucht, und vieles bleibt unvollendet. Ohne Liebe kein Leben, aber die Liebe fehlt oft so sehr. Die komplizierten und oft kaum noch nachvollziehbaren Sühne- und Erlösungstheorien des dogmatischen Christentums können von dieser nüchternen Selbst-Einsicht eigentlich nur wegführen.

Dieser nüchterne Blick hat im Christentum durchaus seine eigene Tradition. Im Alten Testament werden immer wieder Menschen vor Augen geführt, die die größten Dummheiten und Bosheiten begehen, und doch zum Träger göttlichen Willens werden. Adam vergreift sich am Lebensbaum, Kain bringt aus Neid seinen Bruder um, Jakob betrügt seinen Vater und seinen Bruder, Mose ermordet einen ägyptischen Aufseher, der große König David lässt einen seiner treuesten Offiziere umbringen, um dessen Frau zu haben – und so geht das immer weiter. Das Leben des Jesus schließlich beginnt in einer Futterkrippe und endet in einer brutalen Passion, die das gesamte Abendland so sehr beschäftigt hat wie wenig anderes sonst. In diesen Gestalten können wir uns bis heute in realistischer Weise spiegeln.[13]

Die Bibel macht bereits auf ihren allerersten Seiten einen Vorschlag, um die Frage »Wer bin ich« zu beantworten: Du bist »Geschöpf«, lebst also nicht aus dir selbst, sondern bist von Gott her in eine wunderbare, harmonische Ordnung gestellt, die vom Verfasser von Gen 1 sehr poetisch mit den Tagen einer Woche dargestellt wird: Der Mensch erscheint am letzten Wochentag, bereits mit Blick aufs freie Wochenende, denn er ist nicht nur zum Arbeiten auf der Welt, sondern mindestens ebenso zum Feiern und Genießen. Im folgenden Kapitel (Gen 2) wird der Mensch sogar in die Mitte eines paradiesischen Gartens gestellt.

In den beiden Schöpfungserzählungen hat der Mensch eine herausgehobene Stellung. Demnach sind wir mit einer besonderen Würde begabt. Zugleich aber sind wir von Dummheit und Scheitern verfolgt, wie die Szene mit Eva, Adam und dem Apfel gleich hinzufügt. Diese Szene bringt in geradezu genialer Weise eine Grundverfassung des Menschen zum Ausdruck: Wir können oft nicht genug kriegen vor lauter Angst, irgendwo vielleicht zu kurz zu kommen. Vor allem aber ist es die Angst der Ungeborgenheit, der Unsicherheit und der möglichen Verlorenheit, die unsere rastlose Aktivität, unseren Arbeitseifer und unsere Erfindungsgaben motivieren, mit denen wir die Welt in die eigene Hand nehmen. Daher vergreifen wir uns fast zwangsläufig immer wieder am Leben selbst, das in der Erzählung im *Lebensbaum* in der Mitte des Gartens symbolisiert ist. So ist es einfach – ungestillte Sehnsucht macht aktiv, und Würde und Scheitern gehören im Leben zusammen. Eine weitere Erklärung gibt es dafür nicht.

Und noch ein weiterer sehr kluger Gedanke findet sich hier: Als Geschöpfe sind wir Gottes »Ebenbild« (Gen 1,26), stehen also in einer bleibenden Beziehung zum Grund des Lebens. Die ganze Bundesgeschichte Israels macht das immer wieder deutlich, und zwar auch in ihrem Versagen. Der Gedanke ließe sich so formulieren: Meine Identität ergibt sich aus dem Bezug auf ein Gegenüber. Ich bin auf Beziehung verwiesen.

Der Ebenbild-Gedanke unterstreicht im Übrigen noch einmal die Würde des Menschen: Gott und Ich, wir stehen uns gegenüber, wie Spiegelbilder. Ich erkenne, wer ich bin, in Gott – und Gott will in mir Realität werden. Damit ist dem Menschen die *religiöse Autonomie* zugesprochen. Er ist alles andere als »sündig« im moralisch abwertenden Sinne. Es geht also in der Religion keineswegs allein um das Heil der Seele, sondern zunächst einmal um die Frage nach dem wahren Ich. »Im Christentum geht es um einen Identitätsgewinn, der sich über alles erhebt, was in diesem Zusammenhang im neuzeitlichen Denken ans Licht gehoben worden ist.«[14]

Diese Geschichten, Szenen und Figuren sind ein Erbe der Religion, das sich der eigenen Aneignung und Identifikation anbietet. Sie sind längst ins Gedächtnis der Menschheit eingegangen. Sie gehören also niemandem, nicht der Kirche und nicht den Frommen. Sie gehören dem, der sich auf sie einlässt und sich möglicherweise mit ihnen identifiziert. Darauf wird dieses Buch immer wieder hinweisen: Es käme darauf an, sich mit diesen Geschichten zu beschäftigen und sie für sich selbst zu nutzen.

Bei diesen Geschichten gibt es nichts zu glauben und schon gar nichts, was sich in dogmatische Wahrheiten übersetzen ließe, die immer und zu allen Zeiten Recht haben könnten. Es geht stattdessen um eine *Deutung* des menschlichen Lebens, die aus Erfahrung schöpft. Sie präsentiert sich poetisch und bildhaft – so wie alle Deutungen das tun. Es sind Mythen, die eine Perspektive auf das Leben öffnen, in der eine tiefe Wahrheit steckt. Man könnte sie für moderne Menschen so zusammenfassen: Vernunft, Autonomie, Selbstverwirklichung und große Lebensziele sagen mir nicht, wer ich bin. Das sind schöne Dinge, die aber schnell an Grenzen stoßen können, und die recht unliebsame Nebenwirkungen haben. Wer ich bin, zeigt sich mir woanders: im Spiegel der Welt, auf deren Grund Gott ist.

1.2 Religiöse Erfahrung

Meine Verbindung zum Leben

Kennen Sie das? Nach Monaten sind Sie endlich einmal wieder auf Ihren alten Hügel gestiegen (– oder ist es ein Baum irgendwo am Waldrand? Oder ein Café in der obersten Etage eines Hochhauses?). Da geht der Blick ins Weite, bis zum Horizont. Der Himmel wird neu bewusst in seiner Größe, er erscheint wie durchsichtig, ein nach oben offener, unendlicher Raum. Und dann, ganz unmerklich, entsteht dieses Gefühl der Weite: Es ist, wie wenn Ihr kleines Ich hinausreicht bis hinter die Grenzen alles Sichtbaren. Weite, wohlige Verbundenheit, gemischt mit ein bisschen Ehrfurcht vielleicht vor der Größe der Welt. Vielleicht stellt sich sogar das Gefühl der Verschmelzung ein: Mein Ich, winzig klein, ist verbunden mit allem Leben um mich herum.

Das ist Religion.

Das soll Religion sein? Möglicherweise würden Sie diese Kennzeichnung für sich ablehnen. Das wäre nachvollziehbar und auch völlig in Ordnung. Beim Wort Religion denkt man ja in der Regel an ganz andere Dinge: an weihrauchgeschwängerte Kirchenräume zum Beispiel, an fanatische Gläubige, den heiligen Antonius, den Weihnachtsbaum, eine Nonne usw. Zugleich wissen wir aber inzwischen alle, dass die Erscheinungsweisen der Religion oft ganz unreligiös sein können. Eine Messe oder ein Gottesdienst etwa kann vollkommen lust- und leidenschaftslos abgespult werden, ohne dass sich irgendjemand von dem Geschehen angesprochen oder inspiriert fühlt.

Die Erscheinungsformen der Religion sind eben *Erscheinungsformen*, nicht schon Religion selbst. Sie können religiöse Gehalte und Erregungen durchaus transportieren – können aber auch erstarrte und leblose Form sein. Dann kann man nicht mehr umstandslos von Religion sprechen, sondern müsste eher von ihrer (toten?) Hülle reden.

Im umfassenden Sinne ist Religion immer eine Erfahrung, und zwar eine ebenso subjektive wie flüchtige. Die religiöse Erfahrung kann aber so beeindruckend, so erschütternd und vor allem so bedeutsam sein, dass sie sich ganz von selbst ihren bleibenden Ausdruck sucht: in Gleichnissen, Bekenntnissen, heiligen Schriften, Dogmen, und dann auch in Kirchenräumen, einer Anhänger- und einer Priesterschaft und einer religiösen Moral. Der *Kern* aller Religion ist mit diesen Formen aber tendenziell immer schon verlassen. Ihn gibt es nur in den Erfahrungen einer inspirierten inneren Bewegung, die aus einer wachen Wahrnehmung der Welt heraus entsteht. Kurz gesagt: Religion ist die innere Resonanz auf die Wahrnehmung der großen, unendlichen Welt. Sie ist die Erfahrung eines gesteigerten Bewusstseins, das mit einem Gefühl der Verbundenheit mit dem großen weiten Leben einhergeht. Daher lässt sich der lateinische Begriff *re-ligio* am besten als Verbundenheit (»Rück-Verbindung«) deuten. Religion ist also der Gegenbegriff zur Isolation. Ihre Erfahrungspalette reicht von der Freude an scheinbar zufällig geschehenden kleinen Dingen bis hin zu den Erfahrungen der ekstatischen Verschmelzung.

Die Bezeichnung »religiös« tut im Grunde wenig zur Sache. Mit Worten lässt sich trefflich streiten, wie wir wissen; daher kann man die eigenen Erfahrungen, die in diese Richtung gehen, als religiös bezeichnen oder auch nicht. Gleichwohl gibt es doch einen Grund, den Begriff Religion für derartige Erfahrungen der Resonanz zu verwenden. Denn es dürfte durchaus sinnvoll sein, die allgemeine Sicht auf die Religion – die Religion nur dort wahrnimmt, wo sie als Kirche auftritt – durch die religiöse Erfahrung zu korrigieren: Nicht das, was man von ihr sieht, ist schon Religion, sondern zuerst einmal das, was Menschen im Innersten bewegt. Das hätte den Vorteil, in dem komplexen und oft genug verwirrenden Feld der Religion klarer sehen und unterscheiden zu können. Und es könnte auch dazu führen, die eigene Religiosität wieder ernster zu nehmen. Dazu gibt es angesichts der kirchlichen und dogmatischen Verkrustungen, angesichts der verbreiteten religiösen Zwänge und schließlich auch angesichts der weltweiten religiösen Gewalt durchaus Anlass.

Anlass gibt es dazu aber auch, weil eine lebendige, die Menschen inspirierende Religion dringend benötigt wird. Es dürfte kaum jemals eine Zeit gegeben haben, in der die Menschen so isoliert voneinander ihr Leben verbracht haben wie heute – die allermeisten haben inzwischen weit mehr Kontakt mit Bildschirmen als mit Menschen. Das Gefühl der Isolation ist längst zu einer Art Grundstimmung geworden. Es gibt einen regelrechten Hunger nach Verbindung, nach Liebe und nach Berührung. Entsprechend groß ist der Bedarf an symbolischer und mythischer Einbindung in die Welt, auch wenn der den meisten Menschen gar nicht direkt bewusst sein dürfte. Wo dieser Hunger nicht gestillt wird, können sich depressive Verstimmungen und Süchte einstellen, die Ausdruck ungestillter *Sehn*süchte sind. Arbeitssucht, Selbstverletzungen und Erschöpfungszustände sind dafür die aktuellen Ausdrucksformen. Wenn ein Mensch seine Verbindung zum Leben nicht mehr spürt, dann muss er sich starke Impulse geben, um sich überhaupt noch lebendig zu fühlen. Aggressive Computerspiele zum Beispiel, oder einen Sprung am Bungeeseil, oder Verwundungen durch Glasscherben.

»Der Mensch ist heute frei wie ein in der Wüste verirrter Reisender.«[15] Das ist eine scharfe, aber treffende Bemerkung, die einen Hinweis auf den Ursprung der modernen Isolation gibt. Die persönliche Freiheit dürfte der Grund- und Basiswert der gesamten Neuzeit sein, ihr oberstes Ideal also; ihr ist selbst noch die aufgeklärte »Vernunft« zugeordnet. Alles soll der Verwirklichung der Freiheit dienen. Schritt für Schritt hat sich der moderne Mensch von allem frei gemacht, was ihn an der eigenen Selbstentfaltung hindern könnte: von der Leibeigenschaft zunächst, dann von aristokratischen Herrschaftsformen und aller Art von vorgegebener Autorität, dann von religiösen Abhängigkeiten, von einer allgemein verbindlichen Moral und Sitte, schließlich von jeder Verhaftung in der Tradition, und ganz zuletzt von der lebenslangen Einbindung in Ehe und Familie. Alles soll der freien Entfaltung und Verfügung des Einzelnen unterstellt sein. Die Selbstverwirklichung bestimmt die modernen Werte.

Natürlich ist es sinnvoll, für die Freiheit von knechtenden Abhängigkeiten einzutreten und im Fall des Falles auch zu kämpfen. Aber die Freiheit ist eine doppelbödige Sache. Je mehr man davon will und hat, desto mehr schlägt sie in Isolation um. Der Mensch, der sich *von allem* frei gemacht hat, ist mit sich selbst vollkommen allein.

Es ist daher gar nicht verwunderlich, dass die großen abendländischen Vertreter der Religion der Freiheit höchst skeptisch gegenüberstanden, ja sie für die Beschreibung des menschlichen Wesens und Wollens sogar abgelehnt haben. Und das nicht nur, weil die Freiheit an einem bestimmten Punkt immer in Willkür übergeht, sondern schon deshalb, weil sie in ganz grundlegenden Bereichen des menschlichen Lebens, wie etwa dem Bedürfnis nach Zugehörigkeit und Liebe, wenig Sinn hat. Freiheit kann eine beglückende Erfahrung sein – aber in vielfacher Hinsicht ist sie eine Illusion. Das wusste schon Paulus, der darauf hinwies: Wir entscheiden uns in allen wichtigen Dingen nicht nach vernünftigen Überlegungen, sondern nach Bedürfnissen und Gefühlen, die dem, was uns gut täte, oft klar entgegenstehen (Röm 7). Augustin hat ein Leben lang zwischen Bedürfnissen und Einsicht gerungen und am Ende den »freien Willen« für eine Illusion erklärt. Martin Luther hat über diese Frage einen polternden Streit mit dem gelehrten Erasmus vom Zaun gebrochen, in dem er vehement behauptete: Nein, aus religiöser Sicht ist die Freiheit als Grundbestimmung des Menschen ungeeignet und falsch. In allem, was für einen Menschen wesentlich ist, ist er auf Gnade angewiesen – also auf Vorgaben, die er sich nur schenken lassen kann. Luther hat in diesem

Zusammenhang zu dem bekannten drastischen Bild vom Menschen als Reittier gegriffen: Je nachdem, wer oben im Sattel sitzt – Gott oder Teufel –, läuft sein Leben ab. Religiös gesehen sind Begriffe wie Geschöpflichkeit, Ebenbild, Gnade und Liebe besser für das Leben des Menschen geeignet als »Freiheit«. Der Kontrast zur Moderne könnte an dieser Stelle kaum größer sein. Begriffe wie Gnade, Angewiesenheit, Demut, Abhängigkeit oder die Aufforderung, sich das wirklich Wichtige schenken zu lassen, werden heute als Zumutungen erlebt. Gleichzeitig wird uns heute immer deutlicher bewusst, dass die Moderne sukzessive an der Abschaffung aller menschlichen Beziehungen arbeitet – diese Beziehungszerstörung könnte man einen ihrer Grundzüge nennen.

Wer bin ich – wenn ich alles selbst verantworten will, das aber eigentlich gar nicht kann? Es ist schwierig bis unmöglich, sich allein über sich selbst zu definieren. Wir haben bereits gesehen, dass für die Frage nach der eigenen Identität immer mehr die eigenen Erfolgsbilanzen herhalten müssen – mit zweifelhaften Folgen für das menschliche Selbstwertgefühl. Es kommt daher nicht unerwartet, dass die Fragen: Wie sehen mich die anderen? Wie stehe ich da? Bin ich schön? Welches *Ansehen* habe ich? immer größeres Gewicht in der Selbstreflexion einnehmen. Wer ich bin, muss ich mir offenbar von irgendwoher sagen oder doch zumindest bestätigen lassen. Wer ich bin, erfahre ich offenbar eher aus einem lebendigen Gegenüber, aus Inspirationen und Resonanzerfahrungen als aus mir selbst ganz allein. Es ergibt sich vor allem und umfassend, so wird hier behauptet – aus der *religiösen Erfahrung*.

Die religiöse Erfahrung ist merkwürdig paradox. Auf der einen Seite gibt sie einem das Gefühl, winzig klein zu sein in einem unermesslichen und staunenswerten Kosmos. Auf der anderen Seite rückt sie die Welt und das Leben in das Licht einer starken und kaum auszulotenden Bedeutungstiefe. Alles ist stimmig, wichtig, überreich an Schönheit – und ich bin mittendrin. Ich habe *Anteil* an dieser Bedeutung und Fülle. Gefühle der Geborgenheit, der Begeisterung, der Liebe stellen sich ein. Sie zeigen mir, dass ich dazugehöre zum großen weiten Leben, und dass ich ebenso unersetzbar bin wie alles andere. Es ist ganz klar, dass solche Erfahrungen das eigene Leben massiv verändern können, und zwar in aller Regel positiv. Sie wirken *inspirierend*, also begeisternd. Lebensfreude und Gelassenheit können da einen deutlichen Zuwachs erfahren. Denn nichts, was einen bisher belastet hat, erscheint dann mehr als so quälend wichtig – außer eben: alles. Was im Übrigen natürlich einschließt, dass man sich noch einmal anders und gelassener an den eigenen Erfolgen freuen kann.

Man kann sich die Bedeutung der religiösen Erfahrung auch noch einmal anders klar machen, nämlich von der negativen Seite belastender Lebenssituationen her. Was tun wir, wenn uns alles zu viel wird? Dann entsteht in der Regel der spontane Impuls auszubrechen, alles hinter sich zu lassen: Nur noch weg hier! Lasst mich in Ruhe! Ich will nur noch allein sein! Wer dem Impuls tatsächlich einmal nachgehen würde, käme schnell und eigentlich ganz automatisch in die Nähe eines Ortes oder einer Form der Absonderung, die den *Anschluss* an das große Ganze des Lebens wieder vor Augen stellen soll. Der spontane Impuls geht also in die Richtung einer Abgrenzung, in der ich mich erneut darüber vergewissere, dass ich überhaupt noch am Leben – also lebendig, in mir selbst, im Fluss bin. Wir werden noch sehen, dass solche Abgrenzungsbewegungen den Grundbestand religiöser Praxis ausmachen.

Im modernen Leben ist es aber natürlich ausgesprochen schwierig und vor allem auch ziemlich ungewohnt, wollte man auf einen spontanen Impuls hin die vorgegebenen glatten Abläufe verlassen. Das geht weder in einem Trainingsseminar, noch hinter dem Lenkrad im Auto. Kaum jemand tut das daher auch; allzu schnell würde man als »neben der Kappe« stehend oder gar als ver-rückt angesehen werden. Und dennoch sind solche Unterbrechungen der glatten Abläufe ausgesprochen wichtig und von Zeit zu Zeit auch dringend zu empfehlen. Wer sich herausnehmen will, muss das allerdings selbst verantworten. Freilich gibt es dazu eine ganze Reihe von klugen Hilfen in der religiösen Kultur, die sich nutzen lassen. Auch das soll noch ausführlich gezeigt werden.

Hier erscheint es zunächst einmal wichtig festzuhalten, dass wahre Religion immer eine *Inspiration* ist, die sich aus der wachen Wahrnehmung heraus ergibt. Eine solche Wahrnehmung kann man trainieren – und das ist der Grundsinn aller spirituellen Praxis. Man kann sich ihr einfach nur öffnen, im dem Sinne, dass man die eigenen Antennen ausgerichtet hält, sich nicht sklavisch an eigene oder fremde Programme und Verpflichtungen hält, sondern sich (kleine) Abweichungen herausnimmt und mit Überraschungen rechnet. Das geht natürlich wesentlich besser, wenn die Tages-, Arbeits- und Freizeitabläufe nicht bis ins Kleinste hinein durchgeplant sind, überhaupt, wenn man sich nicht allzu viel mit Planungen oder auch mit Sorgen beschäftigt. In der Tat:»Willst du Gott zum Lachen bringen, dann mach einen Plan.« Das wirkliche Leben findet erfahrungsgemäß eher im Ungeplanten statt.

Im Abendland hat dieser Gedanke durchaus Tradition. Es gibt in der Religion keineswegs nur die Vertreter von dogmatischem Lehrglauben und Kirchenzucht, auch wenn sie immer recht dominant aufgetreten sind. Daneben gab und gibt es immer auch die andere Fraktion der religiös Inspirierten, die aus der religiösen Erfahrung heraus leben und denken. So hat Franz von Assisi bekanntermaßen Gott in allem Leben wahrgenommen, in den Vögeln und Wölfen ebenso wie in der Sonne und im»Bruder Tod«. Viele Ketzer, vor allem aber die mystisch orientierten Religionsvertreter haben diese Grunderfahrung in ihr Leben und ihre Theologie integriert: Gott ist in allem Leben erfahrbar. Einfacher gesagt: Alles Leben hat eine religiöse Tiefendimension, man muss sie nur wahrnehmen können. Der Theologe Paul Tillich hat sogar gesagt: Religion ist alles, was einen Menschen»unbedingt angeht« – was für ihn also von letzter Bedeutung und durch nichts ersetzbar ist.

In der Neuzeit war es vor allem Friedrich Schleiermacher, der große romantische Theologe, der die Religion ganz auf die religiöse Erfahrung gründete. Kern und Wesen aller Religion ist Resonanz, und daher hängt sie in hohem Maße ab von Wachheit und Aufmerksamkeit. Die Religion lebt gerade nicht von Vorgaben, heiligen Dingen, Pflichten usw., so wichtig und sinnvoll diese immer sein mögen, sondern weit eher von begeisterten Menschen, die eine umwälzende Erfahrung gemacht haben. Schleiermacher hat sich nicht gescheut, heilige Schriften nur als »Mausoleen« der Religion zu bezeichnen, als Hinweise darauf, dass da einmal ein großer Geist war und gewirkt hat. Was Religion ist, kann sich aber immer nur in den *Wirkungen* solcher Schriften, also im einzelnen Menschen zeigen – eine ziemlich provokante Haltung gegenüber den vielen bibeltreuen Frommen seiner Zeit. Lebendige, echte Religion kreist gleichsam um ihre großen »Erfinder«, da sie auf eine Anschauung und ein Gefühl gegründet ist, das durch die großen Vertreter der Religion immer neu entdeckt und dann an andere weitergegeben wird. Beginn und Ursprung aller Religion ist die persönliche Inspiration, und die Emotion hat in ihr einen zentralen Platz. Schleiermacher hat dazu in seinen berühmten »Reden« *Über die Religion* (1799) bewegende Worte gefunden, die alles andere als dogmatische Starre vertreten, sondern ans Poetische angelehnt sind und Vergleiche zur Erfahrung der Liebe ziehen:

»Jener erste geheimnisvolle Augenblick, der bei jeder sinnlichen Wahrnehmung vorkommt, ehe noch Anschauung und Gefühl sich trennen, wo der Sinn und sein Gegenstand gleichsam ineinander geflossen und eins geworden sind, ehe noch beide an ihren ursprünglichen Platz zurückkehren – ich weiß, wie unbeschreiblich er ist und wie schnell er vorübergeht ... Flüchtig ist er und durchsichtig, wie der erste Duft, womit der Tau die erwachten Blumen anhaucht, schamhaft und zart wie ein jungfräulicher Kuss, heilig und fruchtbar wie eine bräutliche Umarmung; ja nicht *wie* diese, sondern er *ist* als dieses *selbst* ... Die geringste Erschütterung, und es verweht die heilige Umarmung ... Dieser Moment ist die höchste Blüte der Religion.«[16]

Die »Anschauung«, also die wache Wahrnehmung, steht hier im Zentrum, und sie übersetzt sich in ein Gefühl, in dem sie ihre Resonanz findet; beides zusammen macht Religion aus. Der Amerikaner William James hat im Jahr 1901 ein bemerkenswertes Buch mit dem Titel »Die Vielfalt religiöser Erfahrungen« veröffentlicht, das eine ganz ähnliche Linie verfolgt. Sein Buch ist vor allem eine groß angelegte Sammlung an Zeugnissen und Beschreibungen solcher Erfahrungen. Bemerkenswert ist, dass die versammelten Zeugnisse trotz ihres Ringens nach Worten durchweg urmenschlich und bestens verständlich sind. Beim Lesen des Buches stellt sich automatisch das Gefühl ein: Das kenne ich! Wenigstens im Ansatz. James hat diese Berichte, ganz gegen den damaligen wissenschaftlichen Trend, zunächst einfach einmal sprechen lassen und sie dann aus ihrer eigenen Logik heraus aufgeschlüsselt. Damit ist er zum Begründer der Religionssoziologie geworden. James folgert aus diesen Beschreibungen: *Religion ist Lebenssteigerung.* Denn kaum ein Mensch, der eine derartige Erfahrung gemacht hat, geht aus ihr nicht verwandelt, gestärkt, zustimmender, gelassener, dankbarer und froher hervor. Die Folge einer religiös bedingten Verwandlung ist für James daher »ein neuer Geschmack am Leben, der diesem wie ein Geschenk beigegeben wird; ... ein Gefühl von Geborgenheit und eine friedliche Grundstimmung.«[17]

Ein paar Beispiele aus der Sammlung von James seien zitiert: »Ich erinnere mich an die Nacht und fast genau an die Stelle auf dem Berg, wo meine Seele sich gleichsam ins Grenzenlose öffnete ... In diesem Augenblick gab es nur eine unaussprechliche Freude und Verzückung.« – »Als ich auf einmal das Gefühl hatte, ich würde über mich selbst erhoben, spürte ich die Gegenwart Gottes – ich erzähle die Sache genau so, wie ich sie erlebt habe –, als würden seine Güte und Macht mich vollständig durchdringen. Die emotionale Erschütterung war so heftig ... Dann setzte ich mich auf einen Stein, weil ich nicht mehr stehen konnte, und die Tränen flossen mir aus den Augen.« – »Ich kann es nur so ausdrücken: Ich legte mich in den Strom des Lebens und ließ ihn über mich fließen ... In jenem Augenblick fühlte ich, wie mich das schöpferische Leben durchströmte, und ich fühlte mich mit dem Unendlichen in Harmonie verbunden und von einem Frieden erfüllt, der jedes Verstehen übersteigt.« – Ein Mann schreibt im *Gefängnis*: »Solange ich lebe, werde ich diesen Augenblick nicht beschreiben können. Obwohl ich bis zu diesem Moment von unsagbarer Düsternis erfüllt war, fühlte ich nun die prächtigen Strahlen der Nachmittagssonne in mein Herz scheinen. Ich spürte, dass ich ein freier Mann war.« – »In der Tiefe meiner Seele fühlte ich eine Explosion brennender Freude; ich konnte nicht sprechen; ich wollte nicht wissen, was passiert war. Aber ich fühlte etwas Feierliches und Heiliges in mir, das mich nach einem Priester fragen ließ.« – »Die natürlichen Dinge waren verklärt, meine spirituelle Sicht war so rein, dass ich die Schönheit aller materiellen Dinge des Universums sah.« – »Alle meine Gefühle schienen sich zu erheben und überzufließen.« – »Es war wie der Atem Gottes selbst. Ich kann mich deutlich erinnern, dass es mir vorkam, als würden mir riesige Flügel Luft zufächeln. Keine Worte können die wunderbare Liebe ausdrücken, die sich in meinem Herzen ausbreitete.« – »Ich fühlte, dass ich betete, wie ich nie zuvor gebetet hatte, und erkannte nun, was das eigentliche Gebet ist: Einkehr aus der Vereinzelung der Individuation heraus in das Bewusstsein der Einheit mit allem, was ist ... Erde, Himmel und Meer erklangen in mir wie in einer großen weltumfassenden Harmonie.« – »Ganz plötzlich, ohne irgendein Vorzeichen, fand ich mich in eine flammenfarbene Wolke gehüllt. ... Dann bemerkte ich, dass das Feuer in mir war ... (Ich) glaubte nicht nur, sondern *sah*, dass das Universum nicht aus toter Materie besteht, sondern im Gegenteil eine lebendige Gegenwart ist.« – Und so immer weiter.[18] Man sieht: Diese Erlebnisse haben ganz unterschiedliche Konturen und verwenden verschiedene Sprachbilder. In ihrem Kern aber kreisen sie um ein intensives Erlebnis der umfassenden Harmonie mit allem Leben.

Unübersehbar ist immer wieder die Erfahrung der starken inneren Resonanz, die sich aus einer wachen Anschauung und Wahrnehmung heraus ergibt. Oft ergibt sie sich aber auch ganz unvorbereitet und ohne jede vorherige Ankündigung. Sie wird fast immer als eine große und wunderbare Verbundenheit mit dem Leben als Ganzem beschrieben, als die Erfahrung, ganz mit sich selbst eins und gleichzeitig ein Teil des großen Ganzen zu sein.

Die intensive religiöse Erfahrung ist natürlich ausgesprochen selten. Allerdings ist sie so überwältigend und auch so überzeugend, dass sie starke Veränderungen herbeiführen kann und auch von denen, die sie nur vom Hörensagen kennen, als höchst bedeutsam eingeschätzt wird. In der religiösen Erfahrung erscheint das Leben als Ganzes in einer neuen und vollkommen einleuchtenden Perspektive.

Bekannt geworden sind auch die Formulierungen von Rudolf Otto, dessen Buch »Das Heilige« (1917) zu einem der meist gelesenen über Religion im 20. Jahrhundert wurde. Otto fasst die religiöse Erfahrung als Gleichzeitigkeit von »fascinans« und »tremendum«, also als ein *fasziniertes Erschrecken*, das sich vor allem als »Kreaturgefühl« ausdrückt, als das Gefühl nämlich, sich vorzufinden angesichts einer größeren Macht. Das kann sich in einfacher Form als sklavische Dämonenangst ausdrücken oder als Gänsehaut, ebenso und vor allem aber in dem Gefühl der Eingebundenheit in einen Kosmos des Lebendigen; in dem demütigen Gefühl sündigen Geschöpfseins ebenso wie in dem der Würde einer Gleichheit mit Gott.

Rudolf Otto stellt sich mit seinen Beschreibungen der religiösen Erfahrung recht kritisch gegen die rationale Begrifflichkeit dogmatischer Glaubenslehren. Er spricht gar von einem »Gegensatz von Rationalismus und tieferer Religion«.[19] Die

Erfahrung des Heiligen *entzieht* sich dem rationalen Begreifen. Das »Numinose«, d.h. das Geheimnisvolle, das ein konstitutives Moment religiösen Erlebens ist, versteht nur, wer die Schattierungen der Ergriffenheit kennt – angefangen von der leisen Scheu, bis hin zum Erschauern angesichts der Erfahrung eines Umfassenden, Größeren, gar Überwältigenden oder Verzückenden. Otto nennt das daher ein »*Mysterium* faszinans et tremendum«, das den Menschen mit einer enormen Energie erfüllen kann, die sich dann in lebendiger Dynamik, aber auch in religiösem Eifer ausdrücken kann. Die religiöse Erfahrung ist verwirrend – und zugleich immer lebenssteigernd. Sie ist das »Gefühl des mysterium tremendum, des schauervollen Geheimnisses. Das Gefühl davon kann mit milder Flut das Gemüt durchziehen in der Form schwebender ruhender Stimmung versunkener Andacht. Es kann zu seltsamen Aufgeregtheiten, zu Rausch und Verzückung und Ekstase führen. Es kann zu fast gespenstischem Grausen und Schauder herabsinken. Und es hat seine Entwicklung ins Feine, Geläuterte und Verklärte. Es kann zu dem stillen demütigen Erzittern und Verstummen der Kreatur werden vor dem – ja wovor? Vor dem, was im unsagbaren Geheimnis über aller Kreatur ist ... Neben das Sinnverwirrende tritt das Sinn-berückende, Hinreißende, seltsam Entzückende, das oft genug zu Taumel und Rausch sich Steigernde, das Dionysische.«[20]

Religion ist eine unbedingte Erfahrung, die in allen Graden der Betroffenheit erscheinen kann. Sie ist Ergriffenheit vom Heiligen, vom Unbedingten, vom Großen und Ganzen, auf jeden Fall von einem als groß oder gar überwältigend Erfahrenen. Dass die Beschreibungen an dieser Stelle notwendig vage bleiben müssen, liegt genau daran, dass das Erfahrene in aller Regel als *unfassbar*, als überwältigend und kategoriensprengend erlebt wird.

Nüchtern ausgedrückt, heißt das: Religion thematisiert verschiedene Bewusstseinszustände: einfaches Gewahrwerden (also Aufmerksamkeit), Staunen, Schaudern, Erschrecken, Erschauern. Solche besonderen Bewusstseinszustände sind nichts Mysteriöses, sondern ganz menschlich. Sie sind im Grunde nicht einmal etwas Besonderes, sondern lassen sich durchaus mit dem Gefühl der Entspannung in der Sauna vergleichen oder mit einem Kunst-Erlebnis. Echt und tief sind sie immer dann, wenn das rationale Begreifen »schweigt« und einem umfassenden Gefühl der Verbundenheit Raum gibt. »Mit der religiösen Erfahrung gerät man in einen vivifizierenden Zirkel hinein: Man wird belebt und entfaltet Kräfte der Belebung – bis hin zur Begeisterung. Religiöse Erfahrung in diesem Sinne ist nicht etwas, woran man glauben müsste.«[21] Sie kann verändernd wirken und dem Leben eines Menschen sogar eine ganz neue Ausrichtung geben. Oft ist sie von dem Gefühl begleitet: Ich finde mich selbst, bin endlich einmal ganz bei mir.

Solche Erfahrungen hängen natürlich in hohem Maße ab von bestimmten Umgebungen, Inszenierungen und Atmosphären. Vor allem – aber keineswegs nur – stellen sie sich in der freien Natur ein, etwa auf einem Berg, in der Wüste oder am Meeresstrand; aber natürlich auch in einem heiligen Raum oder während einer heiligen Handlung. Religiöse Kultur gestaltet daher *Räume, Bilder und Prozesse,* in denen derartige Erfahrungen aufgehoben und gleichsam immer wieder nahe liegend sind, und sie tut das symbolisch, künstlerisch, sprachlich und kultisch. Sie versucht also, in diesen Gestaltungen die religiöse Erfahrung anderer nicht nur zu konservieren, sondern vor allem immer wieder zugänglich machen.

Religion und Ästhetik hängen engstens miteinander zusammen. Nur wer sinnlich sensibel ist, wird auch religiös aufgeschlossen sein. Und es ist kein Zufall, dass *alle* religiöse Kultur sich in Form von Kunst äußert und darstellt, in heiligen Räumen und Bildern, in poetischer Sprache, in liturgischen Prozessen, in feierlicher Musik usw. Dieser Bezug zur Ästhetik macht die Religion im Übrigen keineswegs unkritisch oder gar irrational. Im Gegenteil – es waren schon immer die religiös Sensiblen, die gegen alle Formen der Inhumanität und der Verletzung des Lebens besonders kritisch angegangen sind. Man sehe nur einmal auf die vielen Provokationen der Religionsstifter, Propheten und Ketzer – für sie war durch die Religion alles Leben in eine umfassende und überzeugende Perspektive gestellt, die einen Ruf in die *wahre Freiheit* bedeutete. Die Grundfrage echter religiöser Geister ist immer: Wie viel *Leben* steckt hier? Dass davon in den religiösen Kulturen oft sehr wenig zu spüren ist, erscheint merkwürdig und muss uns noch beschäftigen.

Die religiöse Erfahrung zeigt: Religion ist im Kern immer ein Vorgang der Bewusstwerdung, der aus dem Erlebnis der Verbundenheit kommt. »Ein religiöser Vollzug [ist] im ursprünglichen Sinn eine vollendete Bewegung, die das, was getrennt war, zusammenbringt.«[22] Das verbindet sich fast immer mit einem Gefühl des »Ach *so! So* ist das mit dem Leben!« Daher kann die Religion einem Menschen oder auch einer ganzen Gruppe eine ganz neue Blickrichtung auf das Leben eröffnen, die in der Regel als befreiend und inspirierend erfahren wird.

Wenn der Popsänger Phil Collins singt: »It's just another day in paradise« – hier und heute sind wir im Paradies!, dann ist das die Formulierung einer fundamentalen Einsicht in das Leben, die auch für andere zum Aha-Erlebnis werden will. »Oh, think twice!« Mach dir das einmal klar! Dass jeder Tag, den wir hier leben, das Paradies sein soll, das muss man ja erst einmal begreifen. Auch wenn Collins eher religionskritisch denkt, hat er hier eine urreligiöse Einsicht auf den Punkt gebracht.

Noch etwas anderes zeigt die religiöse Erfahrung, das für viele überraschend sein dürfte: Der Ursprung und der Kern der Religion ist kein Gottesglaube – und auch überhaupt kein Glaube. Religion ist Ek-stase im wörtlichen Sinne: Heraus-Stehen, Außer-sich-Sein im Sinne eines Eintauchens in die Welt und eines Bezugs zum Anderen, die aber bessere Auskunft über mich selbst zu geben vermögen als alle Planungsaktivitäten eines gestalteten Lebensentwurfs. Diese Auffassung steht nicht nur dem gegenwärtigen Kult der Autonomie klar gegenüber, sondern sie hat leider auch in der etablierten religiösen Kultur wenig Platz. Sie setzt auf Beziehung, nicht auf Selbstentfaltung und nicht auf Eingliederung.

In der Ekstase komme ich zu mir selbst: Das ist die Grund-Paradoxie der Religion – und auch die Grundparadoxie des Lebens. Wer ich bin, erfahre ich am intensivsten in der Liebe. Und den unbedingten Wert und die vollkommene Unverzichtbarkeit der Liebe erfahre ich oft genug erst in der Trennung und in der Entfremdung. Analytische und planende Rationalität sperrt sich gegen diese Einsicht. Das Wissen der religiösen Erfahrung aber ist: Alles Leben ist Beziehung; Erfüllung und Glück sind immer Erfahrungen der Übereinstimmung. Sie zeigen mir, wer ich bin; und sie zeigen das nicht mit Hilfe einer selbst gemachten Zuschreibung, sondern aus meinem Zusammenhang mit dem Leben heraus. Wer ICH bin, sagen mir meine Gefühle und Wahrnehmungen, die mich mit dem Leben im Ganzen verbinden.

Wer das für sich nachvollziehen kann, der wird auch seine *Autonomie* noch als ein *Geschenk* verstehen. Denn er weiß um seine »schlechthinige Abhängigkeit«, wie Schleiermacher das vor fast 200 Jahren ausdrückte: alles wirklich Wichtige im Leben, von der Erfahrung der Geborgenheit über die Erfahrung des Gelingens bis hin zu der der Verbundenheit, von der Wahrnehmung des eigenen Körpers bis hin zur Erfahrung der Liebe, entzieht sich meinem aktiven Zugriff. Ich kann es nur zulassen und geschehen lassen.

Und noch eine Paradoxie: Der Kern der Religion ist *meine* religiöse Erfahrung und keineswegs ein dogmatisch oder gar lehramtlich »gesicherter« Glaube. Meine Religiosität hat so kein anderer, auch kein Priester, und niemand kann mir da verlässliche Regeln angeben oder gar Vorschriften machen. Diese Sicht steht der etablierten religiösen Kultur durchaus kritisch gegenüber, obgleich sie dieser immer auch mehr verdankt, als sie vielleicht meint.

Wo kann man aber eigentlich solche religiösen Erfahrungen machen?

Die Antwort ist leicht und schwer zugleich: eigentlich überall. Natürlich kommt man eher zu ihnen, wenn man sich in religiösen Räumen aufhält oder in der Stille der freien Natur oder auch in einem Kunsterlebnis – etwa im Genuss der Musik. Da diese Erfahrung von den Menschen aller Zeiten als enorm wichtig eingestuft wurde, wundert es auch nicht, dass sich bestimmte Techniken ausgebildet haben, die zumindest für sie öffnen wollen. Garantieren lässt sie sich freilich niemals. Umgekehrt kann sie auch einen religionskritischen Menschen überfallen, wenn er am allerwenigsten damit rechnet – etwa beim Einkaufen. Der Geist weht, wo er will.

1.3 Trost oder Leben?

Auf der Suche nach lebendiger Religion

In der dunklen Ecke einer Kirche kniet eine Frau. Über ihr, in einer Nische der Kirchenwand, steht die Statue einer Madonnenfigur auf einem steinernen Sockel. Die Madonna ist in einen blau-goldenen Mantel gehüllt, hinter ihr sind Sterne in einem Strahlenkranz aufgereiht. Sie hat ihren sanften Blick etwas nach oben gerichtet, ihre Arme stehen leicht seitlich vom Körper ab und bilden zusammen mit dem Mantel ein schützend wirkendes Dach. Die Frau vor ihr hat eine gebeugte Körperhaltung und wirkt ganz in sich versunken. Sie bewegt leise ihre Lippen. Ganz offensichtlich ist sie von einer Last gedrückt, die sie andächtig der Muttergottes hinhält.

Man kann vermuten, dass die Frau in diesem Moment eine Entlastung erfährt. Was man einem anderen sagen kann, muss einen nicht mehr ganz so sehr drücken wie das, was man ganz alleine zu tragen hat. Vermuten kann man auch, dass es für die Frau ausgesprochen hilfreich ist, ihrem Gegenüber in die Augen blicken zu können – selbst wenn dieses Gegenüber, wie in diesem Fall, noch einmal woanders hinschaut. Mit dem Blick der Madonna nach oben ist ja gerade angedeutet, dass sie selbst die menschliche Not noch einmal weiterleitet an einen Größeren, der das ganze Leben in seiner Hand hält. Gut ist es jedenfalls, wenn man eine Figur mit einem menschlichen Gesicht vor Augen hat, noch dazu eine, die menschlich-sanft und mächtig zugleich ist. Dann fühlt man sich verstanden und angenommen, und vielleicht stellt sich sogar ein Gefühl der Geborgenheit ein. Man wird getröstet und erfährt wenigstens eine kleine Erleichterung der eigenen Not. Das Leben ist immer wieder hart genug. Wenigstens hier, in solchen frommen Momenten, soll sich das alte wunderbare Gefühl einstellen, ein Kind zu sein, das in seinem Schmerz zur Mutter läuft und sich trösten lässt.

In der katholischen Volksfrömmigkeit gibt es einen ganzen Kosmos von Heiligen, die bestimmte Zuständigkeiten für bestimmte menschliche Nöte haben: Einen kann man darum bitten, dass die Ernte nicht vom Hagel vernichtet wird, einen anderen kann man anrufen, wenn man den Haustürschlüssel verloren hat. Und natürlich geht es immer wieder um Sorgen und Ängste, die vor allem die eigenen Kinder und Verwandten betreffen, und am allermeisten natürlich um Schutz und Hilfe bei Krankheiten. Jesus wurde lange als der sanfte »gute Hirte« dargestellt, der auf seine Herde aufpasst und das schwache kleine Schaf auf seine Schultern legt.

Diese Suche nach Schutz und Trost ist in der Religion so dominant, dass man Religion insgesamt als eine Kultur des Tröstens und des Umgangs mit Not verstanden hat. Wenn es den Menschen schlecht geht, werden sie fromm. »Not lehrt beten«, heißt es ja bekanntlich. Wenn ich mit meinen Sorgen nicht mehr weiter weiß, wenn ich mich ungeliebt und bedürftig fühle, dann liegt die Religion auch deshalb so nahe, weil die eigene Not immer etwas Beschämendes hat. Wir scheuen uns davor, sie unseren Mitmenschen zu zeigen. Schwäche einzugestehen fällt niemandem leicht. Wohin also mit dem Schmerz? Die klassische Antwort ist: ins Heiligtum, dorthin, wo du dich nicht schämen musst, und wo es den einzig wirklich tragfähigen Trost gibt.

Gegen Ende der 80er Jahre ist in den Sozialwissenschaften und dann auch in der Philosophie eine neue Aufmerksamkeit für die Religion entstanden, nachdem sie der deutsche Philosoph Hermann Lübbe als Praxis der »Kontingenzbewältigung« bezeichnet hatte. Gemeint war damit: Religion ist der (rituelle und symbolische) Umgang mit Schicksalserfahrungen. Kurz gesagt also: Religion ist Trost-Kultur. Lange hatte man die Religion in den Geisteswissenschaften als überholte Mythologie verstanden, mit der sich in der fortgeschrittenen Moderne die Beschäftigung nicht mehr lohnte. Jetzt wurde auf einmal wieder sichtbar, dass die Religion einen persönlichen und auch gesellschaftlichen Nutzen bringt, der sich kaum ersetzen lässt. Religion ist eine Trost-Veranstaltung, ein einziges großes Entlastungs-Ritual für Erfahrungen, die sich nicht technisch bewältigen lassen.

Das scheint eigentlich ganz plausibel, ist aber falsch. Die großen Gestalten der Religion haben entweder gar nicht oder nur ganz am Rande getröstet. Eher muss man sagen: im Gegenteil! Von Jesus, dem Stifter des Christentums, werden jede Menge Provokationen, aber keine einzige Szene des Tröstens überliefert – und wer sich einmal etwas genauer mit ihm beschäftigt, wird schnell einsehen, dass das aus einer grundsätzlichen Haltung heraus so der Fall ist. Eine der Urszenen der jüdisch-christlichen Überlieferung ist der Auszug des Volkes Israel aus Ägypten, der die gesicherten »Fleischtöpfe Ägyptens« mit der angstvollen Ungewissheit der Wüste vertauscht. Besser die Freiheit als die Abhängigkeit, und wenn sie auch noch so teuer ist! Bereits ganz am Anfang beschreibt die Bibel sehr nüchtern das ganze menschliche Dasein als den Zustand einer Mühsal, die sich anfühlt, als sei man aus einem Paradies vertrieben worden. Und völlig quer zu allem Trost liegen die Warnungen der Propheten, die das eigene Volk aus seiner Ruhe aufschrecken und finsterstes Unheil ankündigen. Die Propheten haben sogar die *religiösen Feiern* als verlogenes Geplärr kritisiert. Und die vielen Ketzer und Reformatoren im Abendland – die oft tief religiös bewegte Menschen waren – haben weit eher verstörend gewirkt als tröstend.

Natürlich gibt es auch den Trost in der Religion. Etwa dort, wo Deuterojesaja dem Volk Israel die Rückkehr aus der Gefangenschaft verheißt: »Tröstet, tröstet mein Volk!« (Jes 40,1). Nur: Der Trost ist nur die eine Seite der Religion, und zwar ihre weit weniger wichtige. Wer Religion insgesamt auf den Trost verengt, der unterschlägt, was die Religion eigentlich ausmacht. In ihrem Kern ist die Religion immer Bewusstwerdung, wie wir sie unter dem Stichwort »religiöse Erfahrung« beschrieben haben; und solche Bewusstwerdung wird fast immer als beglückend und erfüllend, in aller Regel aber eben auch als verstörend und verwirrend erfahren. Sie »bewältigt« gar keine Kontingenzen, sondern vergrößert sie eher. Denn sie stellt die vollkommene Unverrechenbarkeit und Unkalkulierbarkeit des Lebens vor aller Augen. Von hier aus ist klar, dass die großen religiösen Geister dem Trost höchst skeptisch gegenüberstanden. Ihre Erfahrungen haben immer systemsprengende Wirkungen gehabt und entsprechend provozierend gewirkt.

Religiöse Menschen haben auch eine recht genaue Ahnung davon, dass sich Trost und *Vertröstung* gar nicht genau auseinanderhalten lassen. Wer sich trösten lässt, macht sich schwach und abhängig. Er steht in der Tendenz, sein eigenes Leben aus der Hand zu geben. Daher fordern die echten religiösen Naturen zur *Umkehr* und zur Veränderung auf. »Wandel«, »Wiedergeburt«, »Erleuchtung« usw. sind Grundbegriffe der Religion. Im Grunde ist damit genau das bestritten, was später der Religion so kritisch entgegengehalten wurde: dass sie nämlich eine infantile »Wunschprojektion« (Ludwig Feuerbach, Sigmund Freud) oder gar einschläferndes »Opium« sei (Karl Marx), also: seelisches Gift. Für weite Bereiche der Volksfrömmigkeit trifft das durchaus zu. Für die Propheten oder für Jesus von Nazareth ist das aber barer Unsinn. Die waren im Grunde weit religions-kritischer als die Kritiker der Religion.

Wo Religion als Trostpraxis oder »Kontingenzbewältigung« gedeutet wird, ist sie daher gar nicht wirklich verstanden. Im Gegenteil: Damit ist eher eine Erklärung dafür geliefert, warum sie vom Menschen heute immer mehr *gemieden* wird. Die Trost-Religion widerspricht nämlich klar und deutlich dem innersten Selbstverständnis des modernen Menschen: seinem Anspruch und Streben nach Autonomie. Kein vernünftiger Mensch möchte sich heute noch in der Rolle des Kindes sehen, das weinend zur Mama oder zum Papa rennt. Wir sind keine kleinen Kinder mehr! Erst recht sind wir nicht schwach und schon gar keine Schafe. Diese Bilder haben ihre Zeit gehabt. Heute stehen sie im Widerspruch zu den Idealen der Selbstverwirklichung, der freien Entfaltung und der Unabhängigkeit. Sie wirken wie der Ausdruck einer Weigerung, erwachsen zu werden. Und sie geben nicht die geringste Hilfe für die Schattenseiten und Nöte, die mit den Ansprüchen der Autonomie verbunden sind. Auf diese Ansprüche können wir heute aber gar nicht mehr verzichten.

Natürlich gibt es auch eine verbreitete Scheu vor der Autonomie, den Hang zur Bequemlichkeit, die Verweigerung der Verantwortung und die Sehnsucht danach, möglichst unbemerkt in der großen Masse unterzutauchen. Entsprechend gibt es auch eine Religiosität, die am besten unter autokratischer Vormundschaft gedeiht. Solche Religiosität vermag seelische Stabilisierung und einen begrenzten Halt zu geben, nicht aber das Leben als ganzes in eine humane Deutung zu stellen. Ebenso wenig vermag sie, die Potentiale eines Menschen zu entwickeln und ihn menschlich reifen zu lassen.

Wer bin ich? Ein Mensch, dem nicht alles gelingt, und der immer auf der Suche nach Liebe und Anerkennung ist – ja, durchaus. Aber jedenfalls kein Schwächling, der sich trösten und übernatürlich absichern müsste.

Das moderne Bewusstsein sieht sehr genau: Wer auf Trost setzt, der setzt auf Zuflucht. Damit unterstellt er sich einem »Übervater« (oder einer »Übermutter«) und begibt sich in Abhängigkeit. Damit aber dokumentiert er – unbewusst, aber wirkungsvoll – ein Desinteresse an seiner eigenen Reifung. Trost ist, psychologisch gesprochen, eine Regression, d.h. ein Zurücksinken in eine veraltete und überholte Stufe des Bewusstseins. Das kann *vorübergehend* und punktuell sehr sinnvoll sein. Als grundlegende Orientierung steht die Suche nach Trost aber der Veränderung und der Heilung im Weg, die einen Menschen neu ins Leben stellt. Daher weigern sich heute viele Menschen, sich trösten zu lassen. Trost ist für sie etwas *Peinliches*, ganz ähnlich wie das Mitleid.

Im Christentum ist diese Ambivalenz, die viele Menschen intuitiv auf Distanz zur Religion überhaupt hält, kaum bewusst. Vor allem in der katholischen Kirche ist man von einem »Gnadenschatz« überzeugt, den die Kirche gleichsam wie ein überirdisches Konto verwaltet, und von dem sie den demütig Bittenden reichlich austeilt. »Trost im Glauben« ist in diesem Kontext eine Standardformulierung, die nicht weiter problematisiert wird. Damit ist das Bild einer »Gnadenanstalt« gegeben, die die Menschen seelisch versorgt, sie aber auch klein und in Abhängigkeit hält.

Hinter dieser Einstellung steckt ein Bedürfnis nach Sicherheit, das zutiefst verständlich, aber eben auch lebenshemmend ist. Shakespeare hat das im »Macbeth« auf den provozierenden Satz gebracht: »Denn wie ihr wisst, ist Sicherheit des Menschen Hauptfeind alle Zeit.« Des Menschen Hauptfeind? Das erscheint im ersten Moment reichlich übertrieben. Doch sollte man sich klar machen, dass das Bedürfnis nach Sicherheit dem Bedürfnis nach Autonomie diametral gegenübersteht. Das Bedürfnis nach Sicherheit zeigt sich im Streben nach Macht und Reichtum, nach klaren Strukturen, nach Ordnung, Übersicht und Kontrolle, und es hat einen offenen Rand zum Zwang. Oft genug versteckt sich in diesem Streben ein schwaches Selbstwertgefühl, das *ohne* diese Dinge kaum zu leben im Stande ist. Das Streben nach Freiheit dagegen ist zwar durchaus mühsam, und es hat (wie gezeigt) durchaus seine Risiken, stellt aber ins Offene. Es findet seine Erfüllung im ungebundenen Gefühl der fließenden Lebendigkeit.

Die Alternative zwischen Freiheit und Sicherheit ist wohl die tiefste Ambivalenz im menschlichen Leben überhaupt. Sicherheiten aufzugeben verlangt eine große Portion Mut, (Selbst-) Vertrauen und Risikobereitschaft. Verblüffenderweise kann es sogar ausgesprochen schwer fallen, Leiden und *Schmerzen* zu verlassen. Das kann sogar höchst unbequem sein! »Leiden ist einfacher als handeln«, hat Bert Hellinger einmal hart und treffend formuliert. So viele Menschen ziehen das gewohnte Elend dem Aufbruch ins Ungewisse bei weitem und oft über Jahrzehnte hinweg eindeutig vor. Auch wenn es eigentlich absurd ist: Im eigenen Leiden kann man sich so einrichten, dass die eingespielten Reaktionen, Abwehrmechanismen und Ausflüchte ein stabiles Absicherungssystem ergeben, das sich an vielen Stellen sogar genießen lässt. Man fühlt sich dann z.b. im Recht, bestimmte Rücksichten einzufordern, oder erlebt das Mitleid anderer als eine Form der Zuwendung, auf die man nicht verzichten möchte.

Wo die Religion als Sicherungssystem auftritt und genutzt wird, wird sie unlebendig und statisch. Daher die allergischen Reaktionen innerhalb der religiösen Anhängerschaft: Wehe, irgendetwas soll im religiösen Ritus oder Denken verändert werden! Das würde immer eine Verunsicherung bedeuten. Deshalb wird alles, was sich einmal religiös etabliert hat, eisern festgehalten. Dadurch erstarren die einst lebendigen Erfahrungen zu toten Hülsen.

Lebendige Religion verfolgt hier eine grundsätzlich andere Linie. Sie weiß, dass dem Aufbruch in die ungesicherte Offenheit weit mehr Leben verheißen ist als dem beruhigenden Trost. Und sie weiß eben auch: Wer den Aufbruch ins Offene wagen will, braucht nicht nur Mut, sondern vor allem Vertrauen darauf, dass er gehalten und begleitet ist. Darum spricht die Religion dem Menschen ihr »Fürchte dich nicht!« zu, das vor aller Aktivität steht. Und darum hat der Glaube – als Lebensvertrauen verstanden – in ihr ein so zentrales Gewicht.

In der Tat: »Lebendigsein ist alles« (Donald W. Winnicott). Diese Einsicht muss immer wieder an die etablierte religiöse Kultur zurückgespiegelt werden. Wie viel Lebendigkeit steckt im religiösen Trost? Und wie viel von dem, was sich religiös etabliert hat, hat nur Trostfunktion, statt Menschen stark zu machen und neu ins Leben zu stellen, und zwar in *ihr* Leben?

Trost und Lebendigkeit sind auch in der religiösen Kultur selbst eine ganz grundlegende Alternative. Wo die Religion als Trösterin und Sicherungsagentur auftritt, tendiert sie immer zum Mirakelglauben, und der ist in der Religion so weit verbreitet, dass die Menschen der Religion überhaupt inzwischen sehr skeptisch gegenüberstehen. Der religiöse Glaube ist allzu häufig nicht ein inspiriertes Lebensvertrauen, das in die Freiheit führt, sondern eine Gläubigkeit, die sich ängstlich an kirchenamtlichen Vorgaben orientiert. Von *diesem* Glauben gilt: »Das Wunder ist des Glaubens liebstes Kind« (Goethe). Ein solcher Glaube braucht Mirakel und Spektakel, die ihm als Beweise für die Kraft der übernatürlichen Hilfe dienen. Leider wird diese religiöse Einstellung von der Kirche an vielen Stellen durchaus bedient, etwa in der Heiligenverehrung oder im wortwörtlichen Glauben an mythische und symbolische Erzählungen, oder im Festhalten von alten dogmatischen Glaubenslehren.

Hier ist das Vertrauen in eine Hilfe gesetzt, die von außen kommt und die mich selbst nicht verändert. Sie kann auf Dauer auch abhängig machen, und dann kommt sie auf lange Sicht einer Schwächung gleich. So kann Religion zur Lebens-Bremse werden statt zur Inspiration; sie kann zu einer Zusatz-Belastung werden statt zu einer echten Kraftquelle.

Eine solche Form von Religion ist im Grunde *Magie*. Als solche kommt sie immer noch vielen Menschen sehr entgegen, die den Traum von einer allgegenwärtigen Versorgung und Hilfe träumen, statt ihr Leben neu auszurichten. »Lebensenergie, die wir nur anzuzapfen brauchen, entspricht dem uralten Traum von der nährenden Allmutter, vom Land, wo Milch und Honig fließen. Doch die Materialisierung des Traumes ist Magie. Magie verhindert das, was der Traum will, nämlich die Belebung des Entwicklungstriebs.«[23] Spätestens dann, wenn die Erfahrung gemacht wird, dass Gott im Falle der akuten Not nicht eingreift, steht so ein Glaube auf dem Prüfstand. Dann geben die Menschen die religiöse Orientierung entweder ganz auf – oder sie versuchen, noch fester an Wunder zu glauben, noch mehr zu beten, noch frömmer zu sein. Ein innerer Zwang entsteht, der eine gute Portion der Lebensenergie verbraucht, die man eigentlich an anderen Stellen nötig hätte.

Das ist Trost-Religion. Sie dient einer Absicherung gegen Not und Schmerzen, die für einen nüchtern blickenden

Menschen einen ganz irrealen Zug hat. Gegen jede Form von Wundersehnsucht und Mirakelglauben steht für ihn die einfache, aber harte und darum nur allzu schnell verdrängte Einsicht: *Das Leben ist ungerecht.* Es gibt keinen Ausgleich, auch wenn man sich den noch so sehr wünschen würde. Diese Einsicht ist zwar kaum zu widerlegen, aber doch so hart, dass viele Menschen ein Leben lang brauchen, um sie zu akzeptieren. Viele kommen gar nie so weit. *Die Wirklichkeit anerkennen* ist nun allerdings keineswegs ein Akt, der in die Resignation oder zum Zynismus führen muss. Er ist die unverzichtbare Voraussetzung für jedes Wachstum und für jede echte Lebendigkeit.

Aberglaube und Religion stehen sich geradewegs gegenüber – obwohl es innerhalb der religiösen Kultur immer beides zugleich gibt. Das macht die Einschätzung der Religion so schwierig. Trost-Religion beschwichtigt, stützt und macht abhängig von religiösen Lehren, Riten und Personen. Wahre Religion dagegen ist inspirierend und führt ins Freie, in neue unbekannte Lebensdimensionen. Sie stellt die grundlegenden Fragen, ist kritisch und bisweilen durchaus provokativ. Immer steht sie in der Tendenz, die religiösen Bräuche, Sakramente, Sitten, Schriften und Glaubenssätze *hinter sich* zu lassen, denn sie will Neuorientierung und Lebenssteigerung – *Leben eben!*

Darum lehnt eine lebendige Religion die Sehnsucht nach Wundern, Spektakeln und übernatürlichen Offenbarungen schlichtweg ab, so wie Jesus das mit der Forderung nach »Zeichen« getan hat. Heilige Schriften gelten ihr als historische Dokumente, die lediglich die Spuren religiöser Erfahrungen weiterleiten, nicht aber als wörtliche Offenbarungsquellen. Priester und Sakramente sind ihr Hilfsmittel zur Selbstentfaltung des Menschen und zu seiner Verbindung mit dem Leben, nicht aber heilige Dinge, die per se eine Verehrung oder einen sakralen Status beanspruchen dürften. Nicht ein unerklärliches Ereignis, sondern *alles* ist für den religiösen Blick eigentlich ein Wunder.

Hinter den verschiedenen Möglichkeiten, Religion zu deuten, stehen verschiedene Bewusstseinsformen, für die sich eine bestimmte Abfolge angeben lässt. Das erste Denken der Menschen war ein magisches Denken, das eine ganz normale Stufe der gesunden Entwicklung von Kindern ist und das sich allerdings bis heute auch im erwachsenen Denken erhalten hat. Die *Magie* rechnet mit der direkten Beeinflussbarkeit übernatürlicher Dinge durch das Denken oder durch bestimmte Praktiken. Zu diesem Bewusstsein gehören alle Formen des Aberglaubens und des Okkultismus, wie z.b. das Tragen von Amuletten, die Befragung des Horoskops, die Vermeidung der Zahl 13, aber auch die Verehrung von Stars oder die Wertschätzung von Fan-Artikeln. Und es gehören zu ihm auch weite Teile der Volksfrömmigkeit, etwa der Glaube an die direkte Hilfe des Gebets, an die unbedingte Heilsnotwendigkeit des Sakramentsempfangs, oder der Glaube an die Sakralität kultischer Gegenstände usw. Für dieses Bewusstsein gilt: Bestimmte Riten *müssen* befolgt, bestimmte Gedanken müssen gedacht werden, sonst entsteht Angst.

Die zweite Ebene des Bewusstseins ist das *mythische* Denken. Es ersetzt das magische nicht, wie man annehmen könnte, sondern überlagert es. Zum mythischen Denken gehören viele biblische Erzählungen und viele Geschichten der Urzeit, die menschliche Grunderfahrungen in symbolische Sprache und oft in archaisch anmutende Bilder und Worte fassen. Hier geht es vor allem um Fragen nach der Entstehung der Welt, um mögliche Deutungen des Lebens und um Fragen nach dem Sinn des Ganzen. Oft kommen göttliche oder halbgöttliche Gestalten vor. Die moderne Philosophie und Psychologie haben gezeigt, dass das mythologische Denken einen starken Bezug zum Traum und zum Unbewussten hat und darin die tiefsten Emotionen des Menschen anspricht. Kultus und religiöses Ritual sind sehr oft Wiederholungen alter Mythen, die deren Aussagen gegenwärtig halten und immer wieder neu der Vergewisserung zur Verfügung stellen. Aber auch das moderne

Leben ist keineswegs frei von Mythologie. Das können die *Titanic*, Gerd Müller, Steve Jobs, die Automarke *Jaguar* oder viele Bilder der Werbung schnell klar machen.

Die letzte und aktuelle Stufe des Bewusstseins ist die *mentale*, die sich im rationalen Denken artikuliert. Sie bezeichnet vor allem die Fähigkeiten der planenden Organisation und der klärenden Analyse. Letztere vor allem hat eine enorme Wirkungskraft entfaltet. Auf allen denkbaren Gebieten des Lebens – Physik, Chemie, Gesellschaft, menschliche Seele usw. – hat die rationale Analyse zu einer genauen Erforschung umfassender Wirkungsgesetze und kleinster »Bauteile« geführt. So lassen sich in der Chemie z.b. alle Dinge in Atome und Moleküle einteilen, deren Verhalten ziemlich genau bekannt ist. Daraus lassen sich dann neue Zusammensetzungen ableiten. So entsteht die technische Möglichkeit der Herstellung von Medikamenten, von bestimmten Kunststoffen usw. Ganz ähnlich ist das in der Physik. Wenn einmal klar ist, dass die Materie Kräfte nach der Formel $E = mc^2$ enthält, lassen sich Atombomben konstruieren. Oder: Wer früher schlicht als »Dorftrottel« gegolten hätte, ist aus heutiger psychopathologischer Sicht z.B. ein Mensch, der bestimmte traumatische Erfahrungen in bestimmte Reaktionsmuster übersetzt hat, die ihn vor der Wiederbelebung der traumatischen Erfahrung schützen, ihn aber zugleich zu einer seltsamen Figur machen, und deren seelische Belastungen möglicherweise sogar heilbar sind.

Das rationale Bewusstsein ist das Denken der Wissenschaft und der Technik. Es prägt die Moderne auf allen Ebenen. Gegen Magie und Mythologie verhält es sich ausgesprochen kritisch und abweisend. Beide gelten ihm als *Regressionen*, als überholt und als Zeichen der Unreife. Darum werden die alten Mythen und kultischen Rituale, die früher das Leben begleitet haben, ausgegrenzt. Sie werden unverständlich und verlieren ihre lebensdeutende Kraft. Zugleich mit ihnen gerät auch die Religion insgesamt immer mehr an den Rand der Kultur, denn Mythen – ebenso wie Symbole und Rituale – spielen in ihr ja eine große Rolle. Für die großen Existenzfragen wie z.B. die nach dem Sinn des Lebens gibt es dann aber keine Antworten und Zuständigkeiten mehr. Das rationale Bewusstsein ist höchst leistungsfähig, aber auch merkwürdig einseitig. Das kann man sich vor allem an seinem Grundmerkmal deutlich machen: der Analyse. Ana-Lyse heißt wörtlich: Zergliederung, Auflösung. Wenn man verstehen will, wie eine Sache funktioniert, dann zerlegt man sie eben in ihre Einzelteile. Nur: Mit dieser Zerlegung sind Verluste verbunden. Rationalität reimt sich auf *Rationalisierung*, und das heißt: Man schneidet alles weg, was stört. Weite Teile des Lebens aber *lassen* sich gar nicht zerlegen oder zerschneiden. Das gilt vor allem für die seelischen und bedeutungsvollen Bereiche des Lebens. Wie problematisch die rationale Analyse ist, zeigen bereits die Tierversuche in den Labors der Wissenschaftler und der chemischen Industrie. Ganz grundsätzlich lässt die Rationalität vom Leben nur ein »Realitätenskelett« (Werner Müller) übrig. Liebe ist für sie eine chemische Substanzenmischung, das Abendrot eine physikalisch beschreibbare Lichtbrechung. Ein Gemälde von Matisse ist eine Anhäufung von bestimmten Molekülen, Bachs »Kunst der Fuge« besteht aus messbaren Schallwellen. Und wenn man wissen will, warum das Kind in den Brunnen gefallen ist – dann natürlich aufgrund der Gravitationskraft.[24] Der Mensch ist ein Körper, der aus Röhrensystemen besteht und in erstaunlich vielfacher Hinsicht reparierbar ist. Die Welt ist ein Materiallager.

Die letzte Stufe der Rationalisierung zeigt sich derzeit in der Reduktion der menschlichen Kommunikation, die sich immer umfassender in eine Reaktion auf technisch induzierte Signale verwandelt. Nicht Gesichter, sondern Maschinen, Bildschirme und Werbebroschüren bestimmen unsere Aktivität. Die Räume für spontane Kreativität und freigelassene Emotionen engen sich immer mehr ein.

Das rationale Denken ist im Grunde gar nicht in der Lage, Erklärungen zu geben. Es kann lediglich *beschreiben* – das freilich so genau, dass sich die Beschreibungen technisch nutzen lassen. Dieses Denken hat zu einer ganz grundlegenden Veränderung unserer Lebenswelt geführt. Es hat die moderne technische Zivilisation mit ihren unabsehbaren Optionen und Entfaltungsmöglichkeiten geschaffen. Und es ist ebenso sinnvoll wie unverzichtbar für alle Formen der kritischen Prüfung und Hinterfragung. Es ist allerdings ausgesprochen *kühl*. Und es hat ein gähnendes Vakuum erzeugt für die Bedürfnisse der menschlichen Seele: für Gewissheit, für Sinndeutungen und für die Erfahrung der leidenschaftlichen Verbundenheit mit dem Leben.

Wie lebens-fremd das rationale Denken sein kann, kann man sich an einem einfachen Beispiel klar machen: Wer das Vertrauen einer geliebten Person kritisch analysieren und überprüfen würde, würde dieses Vertrauen ganz wirkungsvoll zerstören. Hier wäre rationales Verhalten also gerade nicht vernünftig, sondern geradezu absurd. Erklären kann man das relativ einfach damit, dass das rationale Bewusstsein in *Funktionen* denkt (wie funktioniert etwas? Was kommt dabei heraus? Was sind Effekt und Nutzen?), aber keine *Bedeutungen* versteht. Der Mensch ist hier eben keine Person, sondern »Arbeitskraft«, »Lebensabschnittspartner«, also Träger einer Funktion und Teil einer kalkulierbaren Menge. Daher kann man auch sagen: je rationaler, desto effektiver; und: je rationaler, desto respektloser.

Einwenden könnte man gegen diese Sicht allenfalls, dass ja auch die modernen Menschenrechte ein Erfolg des rationalen Denkens seien. Man mache sich aber klar, dass diese Rechte reine Idealbildungen sind und in vielfacher Hinsicht von der derzeitigen Zivilisation eher ausgehöhlt und unterlaufen, als wirklich respektiert werden. In allen Fragen um Geburt, Tod und die technische Reproduzierbarkeit des Lebens ist die Ethik vollkommen ohnmächtig. Sie läuft den faktischen Veränderungen hinterher.

Rationalität ist ein mächtiges Werkzeug, das Effizienzen und Verfügungsmöglichkeiten steigert. Es schützt aber auch vor Selbsterkenntnis. Die einzige erstaunliche Ausnahme bildet hier nur die Psycho-Analyse und mit ihr das gesamte therapeutische Denken – das aber greift, was wohl kein Zufall ist, stark auf Symbole und mythische Deutungen zurück.

Die elementaren Fragen und Vergewisserungen unseres Lebens spielen sich nicht auf der mentalen Ebene des Bewusstseins ab, sondern auf der mittleren Ebene der Mythologie und der Symbolik. Während die rationale Analyse trennt, garantieren Mythos und Symbol das Bewusstsein der *Einbindung in die Welt*. Vertrauen, Liebe, Sinndeutung, Kunst und Religion können sich nur in mythischen Formen äußern, zu denen man Symbole, Metaphern, archaische Geschichten, Gleichnisse usw. rechnen kann. Das Bedeutsame an einer Lebensgeschichte ist nur in der Erzählung begreifbar zu machen, der Sinn der Welt ebenso.

Es ist durchaus richtig, dass das rationale Bewusstsein magische Strukturen innerhalb der Religion der Kritik unterzieht. Religiöse Magie ist Aberglaube, der dem Leben nicht weiterhilft. Wer religiöse Mythen und Deutungen wortwörtlich nimmt, sie gar als Glaubensgegenstände versteht, der liefert sie angesichts des heutigen Denkens der Absurdität aus. Freilich gilt ebenso: Wo immer das rationale Bewusstsein meint, auch die *mythologische* Ebene hinter sich lassen zu können oder sie gar bekämpfen zu müssen, liefert sie das Leben dem Gefühl der Bedeutungslosigkeit aus.

Die moderne Hirnforschung liefert uns inzwischen ganz klare Hinweise darauf, dass die Struktur des menschlichen Bewusstseins insgesamt einen mythisch-symbolisch-bildhaften Zug trägt. Alle Eingangssignale, die das Gehirn verarbeitet, sind sinnliche Wahrnehmungen. Die Grundfunktion des Gehirns ist ein Muster-Vergleich, der höchst komplexe *Vorstellungsbilder* untereinander vermittelt. Rationalität ist eine Sonderfunktion des Denkens – wenn auch eine sehr leistungsfähige. Wenn das rationale Denken aber meint, den bildhaft-sinnlichen Mythos eliminieren zu können, so wäre das einer Großhirnrinde zu vergleichen, die dabei ist, sich vom Kleinhirn zu trennen. Das Leben wäre sofort stillgestellt.

Unser rationales Denken hängt ebenso wie alles Denken ganz grundsätzlich und unverzichtbar an sinnlichen Wahrnehmungen. Andernfalls wird es zur lebensfremden Spekulation. Wahrnehmungen aber sind immer mit Gefühlen verbunden. Je intensiver die Wahrnehmungen, die ein Mensch macht, desto wacher ist sein Bewusstsein, und desto effizienter und lebensbezogener auch seine Rationalität. Nur ein wacher Mensch ist wirklich vernünftig. Genau dies gilt für die Religion: Sie will das wache Bewusstsein. Sie ist sinnlich, ästhetisch, leidenschaftlich, und darin dem Leben weit näher als die abstrakte Operation.

Diese Überlegungen zeigen noch einmal, dass die Religion orientierende Deutungen anbietet, die aus sinnlicher Leidenschaft heraus entstehen und aus dem Wissen und der Erfahrung um die Einbindung in den großen Lebensfluss; dass sie auf seelische Kraft, auf Heilung und auf gesteigerte Lebendigkeit setzt. *Leben* eben – und nicht Trost. Leidenschaft – nicht Absicherung. Wo immer die Religion vorwiegend oder gar ausschließlich für Trost steht, kann es gar nicht ausbleiben, dass sie zu einem verwalteten System wird, das die menschliche Not zwar vorübergehend abmildert, im Grunde aber auf Dauer stellt. Denn sonst würde sie sich ja selbst überflüssig machen. Das religiöse System bedeutet schließlich das Desinteresse am Menschen überhaupt. Es verhindert die freie Entwicklung. Es will die Eingliederung, nicht das Leben. Nur innerhalb des Systems ist alles in Ordnung. Das erklärt die inspirationslose Lustlosigkeit vieler Geistlicher und die verbreitete Langeweile eingespielter religiöser Praxis.

Es erklärt weiter, dass die frei entfaltete Lebendigkeit innerhalb der religiösen Kultur sogar als *bedrohlich* erfahren wird. »Die Kirche hat durch ihre Geschichte alle Versuche vereitelt, ohne Rücksicht einfach die Lebendigkeit des Lebendigen zu feiern.«[25] Man denke nur einmal an die weitgehende Ablehnung oder gar Tabuisierung der Sexualität im Christentum als »Sünde«, obwohl die Sexualität ja nun wirklich auch beglückend sein kann. In der Sexualität will das Leben exemplarisch sich selbst. Ihre religiöse Abwertung ist nicht nur eine Ablehnung von Leben, sondern sie hilft vor allem gerade denen nicht weiter, die mit der Sexualität ihre Nöte haben. Dasselbe gilt heute vor allem für die Nöte und Folgelasten der individuellen Autonomie: die Orientierungsschwierigkeiten, die oft übergroße Verantwortung für das eigene Leben, die Entscheidungsprobleme, die zunehmende Isolation. Wo die menschliche Autonomie tendenziell als Sünde oder gar als »Hybris« (Überheblichkeit) eingestuft wird, wird der moderne Mensch insgesamt nicht ernst genommen. Von einer solchen Religion kann er sich nur abwenden. Er muss es sogar.

Diese Überlegungen sollen keineswegs dazu aufrufen, das religiöse System oder die religiöse Kultur überhaupt zu verlassen und sich seine eigene Religion zusammenzubasteln oder etwa zum Buddhismus zu konvertieren. Im Gegenteil: Die religiöse Kultur ist und bleibt – wie noch gezeigt werden soll – völlig unverzichtbar. Daher käme es entscheidend darauf an, sie sinnvoll und autonom zu *nutzen*.

Dafür spricht auch die merkwürdige, aber auffällige Parallele des religiösen Trosts zur narkotischen Tendenz unserer Kultur, die den Menschen mit Versorgung, Konsumgütern und Unterhaltung so sehr zudeckt, dass für die Frage nach sich selbst und für Entwicklung und Reifung oft kaum noch Platz ist. Echte Religion aber will Veränderung und neue Orientierung. »Es geht darum, die Beziehung zu sich selbst neu zu organisieren, und nicht darum, sich möglichst wohl zu fühlen. Das Ziel der *Heilung* relativiert die Rolle des (animalischen) Wohlbefindens zugunsten der (menschlichen) Freiheit.«[26]

Noch einmal: Trost ist begrenzt sinnvoll und in vielen Situationen unersetzbar, und darin ist er zutiefst human. Als Grundfunktion der Religion aber ist Trost Unsinn. Trost ist ein *Antibiotikum*, was wörtlich heißt: ein Lebens-Zerstörer –

in Notsituationen manchmal ganz unverzichtbar, aber mit einer Reihe von gravierenden Neben- und Folgewirkungen. Auf Dauer schneidet der Trost von der eigenen Lebendigkeit ab. Dasselbe gilt für die Vergebung von Schuld oder den Gedanken der *Erlösung*. Diese haben durchaus ihr begrenztes Recht, gelten aber keineswegs als umfassende Bestimmungen des menschlichen Lebens.

Einer der tiefsten Gründe dafür, dass die christliche Kultur heute so sehr an den Rand des Lebens gerät, liegt in einem überholten Menschenbild, das die tiefsten Bedürfnisse des heutigen Menschen nicht mehr benennen kann. Fast alles, was dogmatisch über den Menschen gesagt wird, kreist um eine *Schuld* des Menschen vor Gott. In diesen Aussagen steckt eine tiefe Wahrheit. Denn der Mensch kann sein gesamtes Dasein tatsächlich als eine Schuld empfinden, zumindest als eine Last, die ihm auf die Seele drückt. Der heutige Mensch kann die Erfahrung von Schuld, Konflikt, Verfehlung und Vergebung aber oft kaum noch nachvollziehen. Denn in einer effektivitätsorientierten Kultur ist weit eher die Erfahrung von *Scham* die grundlegende existentielle Negativerfahrung. Scham ist die Folge und der Ausdruck des Gefühls, nicht genügen zu können, nicht auf der Höhe zu sein und die nötige Kraft für das Leben nicht aufbringen zu können. Beschämung braucht nicht Trost oder Vergebung, sondern das Gefühl, *gesehen zu werden*. Scham braucht keinen Ausgleich und keine Gerechtigkeit, sondern Liebe.

Mit der Scham steht das Selbstwertgefühl des Menschen auf dem Spiel. Darum kann sie als vernichtend erfahren werden. Wer sich schämt, möchte im Boden versinken oder sich in Luft auflösen – um den entlarvenden Blicken der anderen entzogen zu sein. Wer sich schämt, verträgt auch kein Mitleid. Am ehesten hilft ihm das Eingeständnis der anderen, dass auch sie ihre Schwächen haben. Höchst wirkungsmächtig ist dieses Eingeständnis im Kreuz symbolisiert, das keinen Erlösungstrost und keine Entsühnung von Schuld meint, sondern die

Solidarität Gottes mit dem Leiden bezeichnet. Darin ist es ein kaum auszulotendes Symbol für die Liebe.

Wo die Religion den *Trost durch Erlösungshoffnung* ins Zentrum stellt, wirkt sie heute sogar ganz besonders skurril. Damit etabliert sie eine Art internen Zirkelverweis: Der Mensch muss zuerst einmal von seiner eigenen Minderwertigkeit und Schuld überzeugt werden, wenn die Erlösung Realität werden soll. Das freilich wirkt wie eine selbst eingeredete Schwächung. Und es bedeutet im Grunde, dass das ganze Leben in eine negative Sicht gerückt wird: Ich bin grundsätzlich *schwach*, ich bin immer *negativ* verwickelt, ich muss von meinen sinnlichen Bedürfnissen *loskommen* usw. Weiten Teilen der christlichen Kultur ist hier ein Umdenken abverlangt. Es ist weit weniger ein Erlösungsglaube als vielmehr eine Sinnvergewisserung und eine Daseinsstärkung, die ins Leben stellt.

Wie gezeigt: Der Kern jeder lebendigen Religion ist die leidenschaftliche Erfahrung der Verbundenheit. Religion ist Lebenssteigerung – und nicht ein Beruhigungsmittel. Man mache gern jeweils die Probe: Wie viel Selbstzweck steckt in religiösen Darstellungen und Äußerungen – und wie viel Leben?

Man gehe aber auch davon aus, dass weite Teile der religiösen Kultur weit mehr an Leben anzubieten vermögen, als das auf den ersten Blick oft scheinen mag. Auf die Frage nach der eigenen Identität – Wer bin ich? – antwortet sie sehr ähnlich, wie das auch der moderne Mensch tut. Wer ich auch bin, wie unvollkommen und angewiesen auch immer, so bin ich doch immer autonom und für mich selbst verantwortlich. Aber die Religion begnügt sich mit dieser Antwort nicht. Denn was mich eigentlich ausmacht, liegt mir voraus. Es ist meine Beziehung zum Leben.

Die Frau, von der eingangs die Rede war, mag also ruhig auf Trost hoffen, wenn sie vor der Marienstatue kniet. Aber abgesehen einmal von der Frage, ob die »unbefleckte Muttergottes« nicht eine recht schlichte Wunschprojektion darstellt, oder ob man sie in einem sehr weiten Verständnis als einen speziellen

Ausdruck des Göttlichen verstehen kann – die Frau sollte ihre Suche nach Trost jedenfalls nicht auf Dauer stellen, und schon gar nicht als innere Verpflichtung empfinden. Irgendwann sollte sie zurück ins Leben kommen.

1.4 Meine Religiosität – mein Leben

Sich religiös verstehen

»Da uns wenig Grenzen von außen auferlegt sind, müssen wir uns selbst begrenzen: sagen, wer wir sind; bestimmen, was wichtig ist; ausmachen, wie wir unsere Wichtigkeiten verfolgen; erklären, zu welcher Geschichte wir uns rechnen ... Wie kommen wir aus unserem wissenslosen und ziellosen Taumeln zu einer Richtung, die wir für uns selbst für verbindlich erklären? Wohin werden wir gehen, und was werden wir mit Ernst verfolgen?«[27] In der Tat: Es scheint für immer mehr Menschen heute zu einer ganz grundlegenden Frage zu werden, wer sie eigentlich sein wollen. Was ist wirklich wichtig für mich? Welche Entscheidungen soll ich treffen?

Ein typischer Zeitpunkt, an dem die Folgen der eigenen Lebensentscheidungen (oder auch *Nicht*entscheidungen) ganz deutlich bewusst werden können, ist die Lebensmitte. Immer mehr Menschen, die ganz selbstverständlich »auf Karriere gesetzt« haben, bemerken erst jetzt, dass sie den beruflichen Erfolg dem Privatleben untergeordnet haben. In vielen Berufssparten ist das schon zur Normalität geworden. Die Leistungserwartungen, die dort gestellt werden, verlangen ein so hohes Maß an Zeit und auch an örtlicher Flexibilität, dass der Privatbereich im Leben nur eine kleine Nebenrolle spielen kann.

Die alten Träume, die man als Jugendlicher einmal geträumt hat, haben nie einen Platz im eigenen Leben gefunden. Das, was man schon immer eigentlich tun wollte – einen kreativen Beruf zu ergreifen vielleicht, oder einen, der einen mit Menschen umgehen lässt –, ist längst zu den Akten gelegt worden. Jetzt taucht das alles zusammen mit dem Gefühl wieder auf, etwas Wichtiges versäumt zu haben, das sich nun aber nicht mehr nachholen lässt. Oder: Statt sich um die eigene Familie zu kümmern, ist oft nur noch Zeit für schnell abrufbare Entspannungsformen, die so wie alles andere mittelbar dem beruflichen Erfolg dienen müssen – etwa das Fitnesscenter. Spätestens dann, wenn die Kinder sich selbstständig machen und kein Interesse mehr an der Familie zeigen, kommt die Frage auf, ob man sich nicht viel zu wenig Zeit für sie genommen hat. Wer in der Lebensmitte gar bemerkt, dass er die Entscheidung für eine Eheschließung oder die Entscheidung für eigene Kinder überhaupt so lange hinausgeschoben hat, bis sie sich ganz von selbst erledigt hat, der blickt dann oft mit großen traurigen Augen auf das Familienleben anderer. Dass die Erziehung von Kindern viel Kraft und Verzicht kostet, erscheint dann eher unwichtig.

Es stimmt schon, auch wenn es banal klingt: Wer älter wird, oder wer gar ans Sterben denken muss, der wird sich im Rückblick sicher nicht wünschen, mehr Zeit seines Lebens im Büro verbracht zu haben. Dennoch leben und orientieren wir uns ziemlich oft genau so.

Was ist wirklich wichtig für mich? Die Entscheidungen, die ich treffe, sagen viel über das aus, was und wer ich sein will. Das große Problem mit den Entscheidungen allerdings ist, dass uns viel zu viele davon überlassen und aufgebürdet sind. Kaum etwas ist noch selbstverständlich und vorgegeben, kaum etwas kann sich noch nach bewährten Mustern richten. Welchen Beruf (aus einer kaum noch zu überblickenden Vielfalt an möglichen) ich wähle, welchen Partner ich liebe, ob und wie viele Kinder ich habe, welchen Wohnort ich wähle, welchen Stil ich pflege – all das ist in hohem Maße der eigenen freien Wahl unterstellt. Niemand sagt mir da, was ich tun soll. Das ist natürlich auch gut so. Niemand ließe sich heute z.B. noch von den Eltern vorschreiben, welchen Ehepartner er zu nehmen hätte. Das käme uns fast wie ein Sakrileg vor. Umgekehrt heißt das aber auch: Wir müssen alles selbst entscheiden. Und vor allem müssen wir die Folgen unserer Entscheidung ganz allein tragen; niemand hilft uns da.

Wir haben heute ein Maximum an Freiheiten, und zwar in allen Lebensbereichen, aber mit diesen Freiheiten ist uns auch die Verantwortung für unser Leben ganz in die eigene Hand gegeben. Typisch, aber eigentlich ziemlich kurzsichtig, ist daher der immer wieder geäußerte Standardsatz: »Das muss jeder selbst entscheiden.« Das Problem an diesem Satz ist das *muss.* Das wird zwar zumeist als *kann* verstanden, nur: Kann ich wirklich alles selbst entscheiden? Sind nicht manche Lebensentscheidungen zu groß für mich, weil ich deren Folgen gar nicht absehen kann? Werde ich mich überhaupt entscheiden, oder werde ich nicht lieber immer alle Optionen offenhalten und mich möglichst *nicht* festlegen? Und ist nicht vieles auch Zufall, Fügung und Schicksal, das dann einfach angenommen sein will?

»Jeder ist seines Glückes Schmied«: Das ist das Glaubensbekenntnis der Moderne. So formuliert, klingt der Satz noch etwas freundlicher und verheißungsvoller als: Das muss jeder selbst entscheiden. Aber er unterliegt derselben Ambivalenz. In der Tat haben wir so wenige Zwänge und Verbindlichkeiten und so viele Entscheidungs- und Entfaltungsmöglichkeiten wie nie zuvor. Das ist auch gut so, und niemand soll das revidieren. Aber man sollte sich doch auch die Kosten dieser Möglichkeiten klar machen und realistisch mit ihnen umgehen. Die »Orientierungslosigkeit«, von der heute so viel die Rede ist (und die besser eigentlich Orientierungs*unsicherheit* genannt werden sollte), ist eine direkte Folge davon. Viele Menschen unterliegen heute einem regelrechten Entscheidungsüberdruss und ziehen sich immer mehr in ihr seelisches Schneckenhaus zurück. Kein Wunder: Innere Leere, Lustlosigkeit und Müdigkeit sind ein Massenphänomen geworden.

Wer bin ich? Diese Frage hängt, wie gesagt, nicht nur von meinem Erfolg und Styling ab, sondern in ganz hohem Maße von meinen Lebensentscheidungen. Will man aber sinnvolle Entscheidungen treffen, taucht eine andere Frage auf, nämlich: Was ist wirklich wichtig im Leben? Das aber ist eine Grundfrage der Religion.

In der Religion geht es zentral um eine Deutung des Lebens und der Welt, aus der sich bestimmte Orientierungen und Haltungen ergeben. Religionen kommunizieren Lebensansichten, aus denen sich – wenn man sie teilt – bestimmte Entscheidungen ganz von selbst ergeben. Solche Deutungen und generellen Ansichten sind weit bedeutungsvoller, als das zunächst den Anschein haben mag. Es macht eben einen erheblichen Unterschied aus, ob man das Leben als Wunder versteht oder als eine Absurdität, aus der man einfach nur möglichst viele Kicks herausholen sollte. Ob man es als eine kreative Spielwiese versteht oder als Rennstrecke zum Erfolg. Oder ob man die Welt als opulente Schönheit wahrnimmt oder als Materiallager für eine möglichst effiziente Nutzung.

Auch in der Religion sind die Deutungen keineswegs eindeutig oder einheitlich. Das Leben kann, wie im Buddhismus, als große Ansammlung von Leid verstanden werden oder, wie im Taoismus, als umfassende Polarität, in der immer nur gegenteilige Positionen zusammen eine Wahrheit ergeben. Es kann als Prüfung und Einübung in den Gehorsam unter Gottes Gebot verstanden werden, auf die Strafen und Belohnungen stehen, wie im Islam. Oder als eine aus Gnade gegebene Fülle, in der an allen Orten und Zeiten die Erfahrung des Heiligen gemacht werden kann, wie im ursprünglichen Christentum. Freilich käme es darauf an, solche Lebensansichten zu kennen, sie kritisch zu prüfen und für sich selbst nachzuvollziehen.

Die religiöse Kommunikation über derartige Lebensdeutungen ist heute weitgehend abgebrochen. Das hat seinen Grund vor allem darin, dass sie bisher nur innerhalb des religiösen Systems gepflegt wurde und auch dort oft nicht mit der erforderlichen Offenheit und Beteiligung der Menschen.[28] Über die religiösen Systemgrenzen hinaus ist das Gespräch über die Lebensdeutungen kaum je gesucht worden, abgesehen nur von dem akademischen Austausch zwischen Philosophen, Psychologen und Soziologen mit der Religion. Das liegt nicht nur an der religiösen Insiderorientierung, sondern auch an ihrer langen kulturellen Dominanz. Allzu lange konnte die Religion den Ton angeben, und allzu lange war sie kulturell und gesellschaftlich einfach allzu selbstverständlich. Das hat sich heute grundlegend verändert. Religion ist eine Möglichkeit, nicht mehr. Sie wird heute mit skeptischem Abstand betrachtet und weitgehend kritisch gesehen, oft auch ganz abgelehnt. Entsprechend gering ist das Wissen um sie: Es herrscht ein regelrechter religiöser Analphabetismus. Natürlich steht die Religion als *Reservoir* der Lebens- und Selbstdeutung nach wie vor zur Verfügung – eingeschränkt bei uns allerdings durch ihre »Verkirchlichung« und ihre oft sehr naiv und veraltet anmutenden Glaubenssätze, die den Zugang zu ihr nicht eben gerade leicht machen. Außerdem sind die religiösen Deutungen durch die spätmoderne Optionenlandschaft nachhaltig relativiert worden, in der alles, auch geistige Angebote, nur noch als Möglichkeiten unter vielen anderen erscheinen. Keine dieser Deutungen kann mehr eine absolute und überzeitliche Wahrheit sein. Es sind nur Vorschläge.

Diese Vorschläge können, wie gesagt, durchaus Bedeutung für mein Leben bekommen. Nur müssen sie eben gesehen, angeeignet und auch genutzt werden. Die Eingliederung ins religiöse System kann und darf dafür heute nicht mehr Voraussetzung sein, auch wenn das weder das religiöse System, noch die meisten Zeitgenossen so sehen.

Es ist schon angedeutet worden, dass vor allem die christliche Religion einen ausgesprochen realistischen Blick für das Leben hat. Bruchstückhaftigkeit, Scheitern und Schuld sind für sie gängige Selbstverständlichkeiten. Die Passion hat in ihr eine starke Bedeutung. Ihre Grunderfahrung ist allerdings eine ganz andere, nämlich die einer umfassenden Geborgenheit, die den Menschen gerade nicht klein, sondern souverän machen will. Diese Grunderfahrung lautet, kurz gesagt: *Keine Angst, du wirst geliebt.*

Wenn ich mich nicht permanent um meine Erfolge, meine Pläne, mein Image und vor allem: um mein Selbstwertgefühl kümmern muss, dann bin ich erheblich freier, aufrechter und lebenszugewandter, als wenn ich dauernd nur um mich selbst kreise. Die Idee, der Mensch sei das Ebenbild Gottes, lässt sich als ein Urbild der Liebe verstehen. Wer ich bin, erfahre ich im Spiegel. Und zwar besser nicht in einem, der mir nur mein Äußeres zeigt, sondern auch mein Herz.

Dass Gott und Mensch in einem intimen Spiegelverhältnis stehen, will da keineswegs nur sagen, dass man möglichst aufwändig ein privates Gottesverhältnis kultivieren sollte. Nein, das keineswegs. Das käme eher einem ständigen Putzen des Spiegels gleich, als einer Erfahrung, die mein Leben prägt. Es will dagegen darauf hinweisen, dass ich – auch wenn das paradox klingt – in der Beziehung besser verstehe, wer ich bin, als in der Beschäftigung mit mir selbst. »Ich ist ein anderer«: Dieser Satz des französischen Psychoanalytikers und Philosophen Jaques Lacan, der viel Wirbel gemacht hat, ist ja nicht nur eine Variante des resignierten Satzes von Sigmund Freud: »Der Mensch ist nicht einmal Herr im eigenen Haus«, dem Haus der Vernunft nämlich. Sondern er zeigt, dass wir zwingend angewiesen sind auf den Anderen, auch wenn uns das gar nicht ins moderne selbstbestimmte Konzept passt. Wer ich bin, erfahre ich am Du, und dieses Du ist oft genug unberechenbar.

Auch Partnerschaften gelingen immer dann am besten, wenn sie ein Spiegelverhältnis etablieren. Das impliziert nicht nur gegenseitiges Interesse, sondern auch gegenseitige Kritik und Infragestellung. Nur so aber können wir uns in einer Weise entfalten und entwickeln, die uns immer besser sagt, wer wir eigentlich sind.

Die Lebensdeutungen, die in der Religion überliefert und kommuniziert werden, geben noch für eine andere Frage eine Richtung an, die mit der Frage nach der eigenen Identität eng verbunden ist. Nämlich: Was gibt mir (Lebens)Kraft? *Vitalität* ist in der heutigen Welt zum zentralen und entscheidenden Bedürfnis geworden. Wer nicht vital genug ist, kommt unter die Räder. Konkret heißt das: Er wird lustlos, apathisch und depressiv. Seelische Energie ist heute das wichtigste Erfordernis überhaupt – so wie es früher einmal die Sittlichkeit war. Wer früher nicht den sittlichen Standards genügte, konnte schnell ausgegrenzt werden. Eine alleinerziehende Mutter etwa war früher eine Widerlichkeit, und ein Selbstmörder erregte weit eher Abscheu als Mitleid. Wer den Kaiser nicht ehrte, nicht in die Kirche ging, nicht patriotisch oder christlich linientreu war, erntete schnell Verachtung. Derartige Pflichten und Traditionserfüllungen sind dem modernen Leben fast völlig fremd geworden. Auf sittlichem Gebiet gibt es keine Standards mehr und auch kaum noch irgendwelche Tabus. An ihre Stelle sind ganz andere Erwartungen und Anforderungen getreten, die nicht mehr Pflichterfüllungen sind, sondern die Folgen der Selbstentfaltung, der vielen Entscheidungen und der eigenen Ansprüche.

Die Selbstentfaltung braucht schon deshalb viel Kraft, weil sie nie wirklich abgeschlossen werden kann. Vor allem brauchen die allgemeinen Ansprüche an Leistung und Fitness und Erfolg große Mengen an seelischer Energie. Auch das häufige Kreisen um sich selbst (Wer bin ich? Wer will ich sein? Bin ich gut, erfolgreich, schön genug? Wie stehe ich vor den anderen da? ...) zieht eine Menge seelischer Energie ab. Energiezehrend ist schließlich auch die durchgehende Erfahrung, alles allein tun zu müssen und kaum Hilfe erwarten zu können. Auch die anderen sind ja mit ihren Ansprüchen und Lebensprojekten beschäftigt.

Alain Ehrenberg spricht von der »Last des Möglichen« und beschreibt sie durch die Verlagerungen der Anforderungen von außen nach innen. Nicht mehr der ödipale Konflikt, sondern die narzisstische Selbstbespiegelung ist das seelische Grundproblem. »An die Stelle der alten bürgerlichen Schuld und des Kampfes um die Befreiung vom väterlichen Gesetz [tritt] die Angst, nicht auf der Höhe zu sein, und die Leere und Ohnmacht, die daraus resultieren.« Die Tendenz zur Erschöpfung resultiert daraus, dass es keine Standards und Leitlinien mehr gibt, die uns die Entscheidungen abnehmen.[29] Das große Problem der modernen Seele ist die Kraftlosigkeit, und sie zeigt sich in Burnout, Depression und Demenz.

Wenn die Erschöpfung aber eine Folge der Initiative ist, die dem einzelnen Individuum aufgebürdet ist, dann kommt seelische Energie umgekehrt ganz offensichtlich aus den Erlebnissen der *Verbundenheit,* die in der Religion das zentrale Erfahrungsfeld bilden. Religion ist Inspiration, die aus der Verbindung zum Leben entsteht. Erfüllende Erfahrung, Glück und Euphorie stellen sich ja bekanntermaßen immer dort ein, wo Menschen in eine intensive Übereinstimmung geraten – in der Liebe, in einem Naturerlebnis oder im Genuss von Musik. Natürlich kann auch ein Erfolg berauschen. Aber er kann oft genug auch zum neuen Antreiber werden.

Alle Erfahrung der Übereinstimmung, überhaupt alles, was Kraft gibt, ist religiös bedeutsam. Alle religiösen Gestaltungsformen (Kultus, Ritual, Heilige Schriften usw.) wollen, wie schon gesagt wurde, diese besonderen Erfahrungszustände konservieren und immer wieder neu zugänglich machen. Vor allem gilt das für den Kultus. Er will vergewissernd wirken, indem er zum Ursprung des Lebens zurückführt und zur Quelle, an der man auftanken kann. Hier kann ich erfahren, wer ich bin.

Wer bin ich? Das ist natürlich nicht so schnell abschließend zu sagen. Die Religion gibt mir hier eine Entlastung, weil sie mich vom Kreisen um mich selbst frei macht. Sehr schön kommt das in einem Gedicht von Dietrich Bonhoeffer zum Ausdruck, das er in der Gefangenschaft geschrieben hat:

»Wer bin ich? Sie sagen mir oft, ich träte aus meiner Zelle gelassen und heiter und fest wie ein Gutsherr aus seinem Schloß.

Wer bin ich? Sie sagen mir oft, ich spräche mit meinen Bewachern frei und freundlich und klar, als hätte ich zu gebieten ...

Bin ich das wirklich, was andere von mir sagen? Oder bin ich

nur das, was ich selbst von mir weiß? Unruhig, sehnsüchtig, krank, wie ein Vogel im Käfig, ringend nach Lebensatem ...
Bin ich denn heute dieser und morgen ein anderer? Bin ich beides zugleich? Vor Menschen ein Heuchler und vor mir selbst ein verächtlich wehleidiger Schwächling? ...
Wer bin ich? Einsames Fragen treibt mit mir Spott. Wer ich auch bin, Du kennst mich, Dein bin ich, o Gott!«[30]

Ich komme mit dieser Frage sicher nicht so schnell zu Ende; aber wenn ich mich von einem größeren Gegenüber her verstehe, kann ich die Frage auch abgeben und auf sich beruhen lassen und mich den Dingen zuwenden, die ich zu tun habe. Die sind oft schwer genug.

Die Religion weiß jedenfalls: Die Beziehung ist besser als das Projekt. Es ist besser, das Leben zunächst einmal als Wunder zu sehen und nicht als reine Gestaltungsaufgabe. Die Religion verweist damit auf eine Vergewisserung und eine Erfüllung in der Gegenwart, und sie stößt gleichzeitig ein persönliches Wachstum an. Daraus lassen sich sehr konkrete Entscheidungen ableiten.

Es käme nun allerdings darauf an, *sich religiös zu verstehen* – im doppelten Sinne von: sich selbst mit Hilfe der Religion einen Identitätsgewinn zu verschaffen, und auch im Sinne von: sich selbst als religiösen Menschen zu begreifen. Viele sagen heute: »Ich bin schon religiös – aber nicht so, wie die Kirche will.« Das ist eher eine abgrenzende als eine aktive Selbstzuschreibung. Wir sollten unsere eigene Religiosität aber weit ernster nehmen, als wir das oft tun. Trotz, neben und inmitten der kirchlichen Verwaltung und theologischen Ausdeutungen der christlichen Religion muss die überlieferte religiöse Erfahrung ja mit dem eigenen Leben verbunden werden, wenn sie nicht als lebensfern und absurd erscheinen soll. Das heißt aber auch: Man darf auch die symbolischen und rituellen Angebote der religiösen Kultur nutzen – ohne sich dafür besondere Erlaubnisse zu besorgen.

Ebenso gilt aber auch: Was wir Menschen in unseren besten Momenten erfahren, *ist* oft religiös. Es gibt heute eine verbreitete Scheu, die Bezeichnung »religiös« auf sich selbst zu beziehen, weil es scheinbar der eigenen Selbstvergewisserung im Weg steht. Eine freie, selbst verantwortete und autonome Religiosität darf sich aber trauen, die grundlegenden Lebenserfahrungen und die eigene Person als *religiös* zu bezeichnen.

Die Religion beantwortet die Frage »Wer bin ich?« mit einem Hinweis, den man in die Fragen fassen könnte: Wie lebendig bin ich eigentlich? Was brauche ich wirklich? Was empfinde ich? Darum ist es alles andere als Zufall, dass die Religion nicht nur in ihren oft ungewohnten Perspektiven und in ihren Aufforderungen zur Um-Orientierung (»Umkehr«, »Wiedergeburt« ...), sondern auch in ihrer Praxis Raum, Zeit und Gelegenheiten für derartige Fragen schafft. Religion ist Unterbrechung. Genauer: Sie ist eine *Kultur* der Unterbrechung, die die Erfahrung der Verbundenheit wach und offen halten will. Alle ihre Sakralräume, Klöster, rituellen Auszeiten und spirituellen und asketischen Übungspraktiken dienen der Unterbrechung der glatten und routinierten Abläufe. Sie haben zum Ziel, Empfindungen zu schärfen, Kräfte zu mobilisieren, Perspektivwechsel anzuregen und mit neuer Kraft ins Leben zu stellen.

Solche Rückzugsorte und solches Wissen der Religion sollte man aber auch nutzen, d.h. bewusst für sich auswählen, kritisieren, verändern und konsequent für sich selbst anwenden.

Praxishinweis: In die Wüste gehen

Wenn ich herausfinden will, wer ich bin, dann muss ich erst einmal nachsehen, wo ich stehe und wie es mir geht. Das klingt einfach, ist es aber nicht. Oft bedeutet es nämlich: Ich weiß gar nicht, wer ich bin und was ich eigentlich will. Oft ist es schon mühsam, die Frage zu beantworten: Was brauche ich eigentlich? Darum ist es ausgesprochen sinnvoll und empfehlenswert, sich von Zeit zu Zeit aus dem alltäglichen Lebensfluss herauszunehmen. Solche Unterbrechungen sind »heilige Zonen schöpferischer Leere«[31], auf die wir vor allem unter modernen Lebensbedingungen dringend angewiesen sind.

Die Unterbrechungsräume der religiösen Kultur waren bisher vor allem die kultischen Feiern, also die Messen, Gottesdienste und Andachten, die der Selbstbesinnung des Menschen dienen sollten. Diese Funktion erfüllen sie heute für viele Menschen aber nicht mehr. Daher sind es eher die sakralen Räume wie Kirchengebäude und Klöster, die sich für eine private Auszeit anbieten.

Natürlich bietet sich dafür ganz ausgezeichnet auch die freie Natur an, so wie das auf dem Buchumschlag angedeutet ist. Besondere Plätze, zu denen man sich hingezogen fühlt, vor allem aber das Meer oder Berge und Erhebungen mit freier Sicht, die den Blick ins Weite geben und den Himmel groß werden lassen, eignen sich dafür. Ein Gespür dafür, wo es einen in solchen Momenten der Selbstbesinnung hinzieht, dürfte wohl jeder kennen. Auch eine Kur kann diesen Effekt haben.

Ein Ausdruck für solch einen bewussten Rückzug, der sich auch im psychotherapeutischen Jargon findet, ist: *In die Wüste gehen.* Die Wüste ist das Symbol der äußeren Leere, die die innere Wahrnehmung anregt und neu fokussiert. Wer schon einmal in einer richtigen Wüste war, kann nachvollziehen, wie beeindruckend die Leere und vollkommene Stille dort sind. Kein Wunder, dass die großen Religionen alle in der Wüste entstanden sind.

Die Wüste ist aber auch ein hoch riskanter Ort. Geht man in die Wüste, beginnen nämlich die Dämonen zu tanzen. Es kann dann wie bei einem Lehrer sein, der sich einer unruhig tuschelnden Klasse gegenübersieht, deren Disziplinlosigkeit ihm über den Kopf zu wachsen droht. Die eigenen lange versteckten Gedanken treten hervor, aber auch die unterdrückten Sehnsüchte und Schmerzen. Bereits *die Leere auszuhalten* kann eine enorme Zumutung sein, da sie in Konfrontation führen kann mit allem Unerledigten und Sinnlosen im eigenen Leben. Daher gibt es bei den allermeisten Menschen eine übergroße Scheu, sich der Leere überhaupt zu stellen. Die Wüste, die die Konfrontation mit sich selbst bedeutet, ist eben ein heiliger Ort; und Heiligkeit ist immer beides: faszinierend und erschreckend.

Der Vorteil religiöser Kultur ist es, dass sie den Gang in die Wüste in mehrfacher Weise erleichtert und schützt. Sie bietet bergende Räume an. Und schließlich bietet sie ritualisierte Formen für Unterbrechungen, die vorstrukturiert und entsprechend entlastend sind. Der erste Weg sollte darum in eine Kirche führen, in der man sich an den Platz begibt, zu dem es einen gerade hinzieht. Versuchen Sie, eine »Nullstunde« einzulegen: eine Stunde lang nur dazusitzen und *nichts* zu tun, als Ihre Gedanken frei ziehen zu lassen und auf aufkommende Gefühle zu hören. Versuchen Sie weiter, alles, was da durch Ihr Gemüt zieht, einfach nur wahrzunehmen und nicht zu bewerten oder zu erklären. Je liebevoller und aufmerksamer Sie anschauen, was da kommt, desto besser.

Eine weitere Möglichkeit ist der Rückzug in ein Kloster. Viele Klöster bieten inzwischen tageweise Auszeiten an.

Der Gang in die Wüste ist spätestens dann an der Zeit, wenn Sorgen und Fragen drücken und die Lebensgeister müde werden. Natürlich kann und sollte er auch zum individuellen Ritual werden: Immer wenn ich mich resigniert und kraftlos fühle, dann gehe ich los.

In der Wüste ist eine Bestandsaufnahme, eine Selbst-Inventur empfehlenswert. Wie geht es mir eigentlich? Gibt es verborgene Wünsche, Träume und Sehnsüchte? Welche Tagträume stellen sich ein? Wie groß ist eigentlich meine Verbundenheit mit dem Leben? Was brauche ich wirklich? Das sind Fragen, die man sich am allerbesten auf ein weißes Blatt Papier schreibt – und beim nächsten Mal wieder hervornimmt. Immer ist es besser, den aufkommenden Schmerz wahrzunehmen, als ihn zu überspielen. Denn das kann seelische Lebensgefahr bedeuten.

Natürlich kann man sich auch an einen Ort begeben, der einem persönlich heilig ist und an dem man von niemandem gestört wird, etwa an einen Waldrand, eine Anhöhe mit freiem Blick oder in eine alte Pension zur Wintersaison. Und dann gibt es bestimmte Schwellen im Leben, an denen eine größere Reise in die Einsamkeit ansteht. Ob man dann für einige Wochen in eine wirkliche Wüste geht, oder nach Norwegen fährt, oder sich auf den Jakobsweg begibt (auf dem man leider nicht wirklich allein ist) – das weiß die eigene Seele im Fall des Falles recht genau.

Der Aufbruch wird freilich nicht leicht fallen. Man muss sich frei machen, und man wird der eigenen Einsamkeit begegnen. Der Gang in die Wüste kann aber gerade dort, wo der Schmerz wirklich wahrgenommen wird, ausgesprochen überraschende Perspektiven öffnen, neue Kraft und Ideen hervorbringen und oft genug eine erstaunliche neue Orientierung geben. Vielleicht wird er sogar zur Lebenswende.

2. Wo ist Gott?

Inspirations-Potentiale von Kirche und Theologie

»Wer es ausschlägt [nach Gott zu fragen], nimmt Schaden – der Gläubige an seiner Seele, der Ungläubige an seinem Intellekt.«[32] Eine erstaunliche Feststellung, die da von ernst zu nehmenden Geisteswissenschaftlern getroffen wird. Denn Gott und die Religion waren über Jahrzehnte hinweg ein geisteswissenschaftliches Tabuthema.

Erstaunlich ist das auch deshalb, weil die Frage nach Gott auch im Alltag nicht mehr kommuniziert wird. Gott gilt als Privatsache. Man spricht nicht über ihn. Wer seine Erfahrungen mit Gott zum Thema macht, der wirkt peinlich. Man stelle sich vor, ein Berufskollege beginnt beim Mittagessen in der Kantine, die Frage nach Gott zu stellen.

Kaum jemand möchte noch klare Aussagen über Gott machen. Es entspricht dem Stand des gegenwärtigen Bewusstseins, dass Gott nicht mit Worten bestimmbar ist. Deshalb wirken alle Aussagen über Gott heute merkwürdig platt. Auch die, die in der Kirche gemacht werden. An dieser Stelle ist das moderne Bewusstsein der klassischen Frömmigkeit offenbar deutlich voraus. Es weiß um die begrenzte Reichweite von Worten. Und deshalb wirken Reden über Gott für viele so seltsam bescheidwisserisch und überholt.

Damit ist freilich die Frage nach Gott noch keineswegs vom Tisch. Nach Gott wird nämlich durchaus gefragt – freilich nicht mehr mit so klaren Worten, in so gewohnten Szenerien oder gar altbekannten dogmatischen Formulierungen wie bisher. Die Frage nach Gott ist eine Suche, eine vage und offene Sehnsucht. Mit der gewohnten Benennbarkeit Gottes ist offenbar etwas sehr Wichtiges und Großes verloren gegangen.

Wie und ob ich die Frage nach Gott stelle, das dürfte über mich und meine Lebenseinstellung mindestens ebenso viel aussagen wie so manche bewusst getroffene Lebensentscheidung. Wo ist Gott? Was lässt sich über ihn sagen? Kann man mit der Quelle und Tiefe des Lebens in Verbindung treten?

2.1 Der Gott Jesu als Zumutung

Alltagswissen um das Heilige

Auch in unserer weitgehend religionsfernen Kultur gibt es eine verbreitete Suche nach Gott. Kaum ein Mensch ließe sich finden, für den Gott wirklich vollkommen gleichgültig geworden wäre. Freilich ist die Unsicherheit groß, wo man ihn finden kann, und wie man sich Gott eigentlich vorstellen soll. Wir haben ein detailliertes Wissen um die Evolution und um das Leid der Welt. Wie passt Gott zu diesem Wissen? Wo sollte Gott denn sein in einer bis ins Kleinste erforschten Welt? Wo angesichts all der unschuldig Leidenden? Die klassischen kirchlichen Vorstellungen eines trinitarischen himmlischen Herrn überzeugen da viele nicht mehr. Daher bleibt die Frage nach Gott ganz im Privatbereich. Und das heißt: Man bleibt mit seinen Fragen und seiner Suche nach Gott meist allein.

Jesus gibt in seinen Gleichnissen eine Antwort auf die Frage nach Gott, die etwas Verblüffendes hat. Oft wird Gott da gar nicht eigens erwähnt, und doch ist er immer das eigentliche Thema. Eine der bekanntesten Geschichten, die Jesus erzählt, ist die vom sogenannten »barmherzigen Samariter« (Lk 15). Das ist nun leider ein ganz und gar missverständlicher Titel für diese Geschichte. Wenn man sie einmal genauer ansieht, und wenn man sie mit dem sonstigen Auftreten und Reden Jesu vergleicht, dann muss einem ein ausgesprochen scharfer Zug auffallen, der denn auch die eigentliche Pointe darstellt.

Die Geschichte ist eine Beispielszene, ein Gleichnis. Sie erzählt, dass ein Mann von Räubern überfallen, ausgeplündert, geschlagen und am Rand des Weges mitten in einem Wüstengebiet liegen gelassen wird. So wie er da liegt, hat er kaum eine Überlebenschance. Nacheinander gehen ein Priester, ein Tempeldiener und ein Mann aus Samaria vorbei; erst der Letztere hilft dem Überfallenen und versorgt ihn.

Die Exegeten sind sich darüber einig, dass es in diesem Gleichnis gar nicht um die Frage danach geht, wer denn nun »mein Nächster« sei, so wie der Evangelist Lukas die Sache einleitet. Dazu wäre die Pointe der Geschichte viel zu umständlich. Sie läuft ja darauf hinaus, dass *ich selbst* jemand *anderem* zum Nächsten werde, und das ist eine Antwort, die gar nicht richtig zur gestellten Frage passt. Es geht hier aber gar nicht um den Nächsten und auch nicht um eine Aufforderung zur Liebe, obwohl man das Gleichnis fast immer so verstanden und ausgelegt hat. Es geht also nicht um einen Akt der Barmherzigkeit, der den Zuhörern als moralisches Beispiel vor Augen gestellt würde.

Man mache sich klar: Wenn Jesus seinen Zuhörern lediglich hätte sagen wollen, dass man einem Menschen, der in Not geraten ist, helfen solle, dann hätte er für die damalige Sitte eine reine Banalität erzählt. Jedem Zuhörer damals musste vollkommen klar sein, in welcher Situation der Überfallene sich befand. Es gab keinen sanitären Rettungsdienst. Im Falle der Not zu helfen – das war eine vollkommene Selbstverständlichkeit.

Genau so ist das aber auch gemeint: Helfen ist eine Selbstverständlichkeit. Das Gleichnis setzt diese Selbstverständlichkeit voraus und hat gerade darin seine Pointe. Was es nämlich verdeutlichen will, ist ein Konflikt, der für Jesus offenbar zentrale Bedeutung hat. Dieser Konflikt ist kein moralischer, sondern ein *religiöser*. Der Priester nämlich, der an dem verletzten Mann vorbeigeht, tut das mit dem weitgehenden Einverständnis der Zuhörer. Er konnte, ja, er durfte gar nicht helfen, denn wenn er Blut berührt hätte, dann hätte er für Tage oder gar Wochen keinen Tempeldienst mehr versehen können. Die Berührung mit Blut hätte ihn kultisch unrein gemacht. Das jüdische Gesetz schrieb in diesem Fall lange und umständliche Reinigungszeremonien vor. Dann aber hätten die Gläubigen und Pilger, die oft weite und mühsame Wege zurückgelegt hatten, vor einem geschlossene Tempel gestanden, in dem keine gottesdienstliche Feier gehalten werden konnte. Dasselbe gilt noch einmal für den Tempeldiener. Das religiöse Personal ist für eigene, wichtige Aufgaben zuständig. Es muss also, wenn überhaupt, ein anderer helfen. Das war den Zuhörern vollkommen klar.

Was das Gleichnis damit zum Ausdruck bringt, ist eine religiöse Provokation, die sich kaum schärfer formulieren ließe. Die Vertreter der Religion, die es mit der Frömmigkeit besonders ernst nehmen, gehen exakt an dem vorbei, was Gott eigentlich will. Anders gesagt: Wenn Gott die Liebe ist – und das ist für Jesus der klare Fall –, dann stehen die Religionsvertreter außerhalb Gottes. Und Jesus setzt noch einen drauf: Der, der schließlich hilft, ist ein Ausländer, der die heiligen Gesetze missachtet und sogar einen eigenen, nach damaligem jüdischen Verständnis illegitimen Tempel hat. Die Samariter hatten sich von den Israeliten in Judäa distanziert und galten bei diesen als Anhänger einer Ketzerreligion. Das Gleichnis ist also alles andere als eine freundliche Moralpredigt, sondern eine doppelte religiöse Provokation. Es sollte besser heißen: Gleichnis von der Ohrfeige gegen die Religionsvertreter.

Die Rede von *Liebe* ist keine brave Betulichkeit, sondern verstörend; zumindest dort, wo sie wirklich ernst genommen wird. Dass Gott Liebe ist, dass wir geliebt sind und selbst lieben sollen, das *widerspricht* unserer Auffassung von Moral, Gerechtigkeit und Religion. Denn Liebe kennt keine Regeln, und damit erteilt sie unserem tiefen Bedürfnis nach dem fairen Ausgleich eine glatte Absage. Es gibt keine Gerechtigkeit. Die Menschen empfangen nicht nach ihrem Verdienst, und Leistung und Frömmigkeit sind keine Kriterien für die Beurteilung einer Person. Liebe hält außerdem sehr wenig von moralischen und gesetzlichen Regeln; sobald sie dem, was das Herz als notwendig erkennt, entgegenstehen, werden sie über den Haufen geworfen. Das aber läuft dem Grundbedürfnis nach menschlicher Absicherung strikt entgegen. Wer Gott die Liebe nennt, der sagt damit auch: Gott hat in einer verwalteten, nach Ansehen gestuften sozialen Welt wenig Platz.

Wie kann man das verstehen? Für Jesus ist Gott alles andere als fern, er ist kein Herr, kein himmlischer König, kein Allmächtiger, sondern er ist das, was kaum jemand – und schon gar nicht ein frommer Mensch – von ihm je sagen würde: Er ist *das Allerselbstverständlichste*. Er ist Feigenbaum, Acker, Weg, menschliches Gesicht – also alles, was wir vor Augen und um uns herum haben. Fast alle Gleichnisse, die Jesus erzählt, sprechen vom Reich Gottes und haben darum diese Pointe. Gott ist überall, und daher ist er vor allem dort, wo wir ihn am allerwenigsten vermuten: direkt vor und bei uns. Man übersieht Gott also, weil man in der Regel zu weit wegschaut; oder weil man überhaupt zu wenig sieht. Gott aber ist da, wo man ihn wahrnimmt. Das Mindeste, was wir von Gott annehmen können, ist, dass er das Leben will, seine freie Entfaltung und seinen ungehinderten Fluss. Denn er hat es schließlich geschaffen. Darum kann man sich Gott vorstellen wie einen Vater, den Jesus sogar mit »abba« (»Papa«) anredet.

Man muss sich immer wieder klar machen, dass ein solches Denken von Gott eine Zumutung ist – damals wie heute. Entsprechend hoch war unter den Zuhörer damals die Verwirrung, die sich im etablierten, theologisch ausgedeuteten Christentum kaum noch nachvollziehen lässt. Alles andere lässt sich von Gott ja leichter denken, z.B. dass er ein himmlischer König, ein Herrscher, ein Weltenrichter ist oder doch wenigstens ein unbegreifbares Abstraktum. Und vor allem neigt die religiöse Sicht (also die Frömmigkeit) normalerweise dazu, Gott an bestimmten Orten zu lokalisieren und seine Erfahrung bzw. den Kontakt zu ihm an bestimmte religiöse Praktiken zu binden: Tempel, Kirchenräume, Sakramente, Gebete und heilige Handlungen. Das Gottesbild Jesu steht zu dieser gängigen Vorstellung vollkommen quer. Gott ist überall und ist in religiösen Handlungen und religiösen Ort oft gar nicht zu finden. Er ist zwischen den Menschen, und er ist auch in mir selbst. *Alles ist in dieser Sichtweise profan*, nichts kann eine besondere Heiligkeit für sich beanspruchen. Alles Profane ist freilich zugleich der Ort einer möglichen *Erscheinung* des Heiligen.

Wie alltäglich für Jesus Gott ist, zeigt auch seine schlichte Sprache, die ihre Bilder und Szenen aus dem Allerweltsleben nimmt. Sie dokumentiert ein Erfahrungswissen um das Heilige, das sich in schlichte Poesie übersetzt. Gott ist in allem. Dieser Gott will keine religiöse Verehrung, keine Anbetung, er nimmt keine Sündenzuschreibungen vor, und er legt keine moralischen oder religiösen Pflichten auf. Dieser Gott ist der Gott einer radikal konsequenten Verbundenheit allen Lebens, die nur wenige Große der Religion so haben nachvollziehen können. Das religiöse Normalbewusstsein dagegen setzt auf seine Heiligen, Priester, Gebetsrituale und dogmatischen Glaubenssätze.

Der Grund für dieses Denken Jesu ist ebenso einfach wie irritierend. Irritierend, weil es unseren gängigen religiösen Erwartungen widerspricht und weil es Religion – genauer: die Glaubens- und Äußerungsformen der religiösen Kultur – insgesamt einer scharfen Kritik unterzieht. Wenn Gott in allem ist und ganz besonders dort, wo sich das Leben entfaltet, dann kann die Religion gar nichts Besonderes und Würdevolles sein. Einfach und darin im wirklichen und echten Sinne *religiös* ist es, weil es den Gottesgedanken schlicht ernst nimmt, und zwar in zweifacher Weise:

Zum einen kann Gott nicht an einem Ort sein, sondern nur überall. Andernfalls würde man ihn auf einen bestimmten Bereich einengen. Das entspricht zwar den gängigen religiösen Erwartungen des Menschen, widerspricht aber dem Gedanken des Göttlichen vollkommen. Das aber heißt umgekehrt: Gott ist überall und daher auch dort, wo wir gerade sind: im Alltag, vor, in und unter uns. Er kann dann in Blumen und Vögeln, im Wind, in den Bäumen, im Acker, im ausgestreuten Samen des Bauern, in Kindern, Bettlern, Blinden, Prostituierten, Kollaborateuren ... wahrgenommen werden. Entscheidend ist: Man muss ihn sehen können. Gott will eher erfahren als »geglaubt«

werden! Und genau das ist die eigentliche Absicht der Gleichnisse: den Blick auf Gottes Wirklichkeit zu öffnen. Daraus folgt dann genau die Haltung zur Religion, die bereits als besonders religions-kritisch beschrieben wurde: Wenn dieser Gott nah ist, dann braucht es zwar vielleicht Geschichten, die einem die Augen öffnen, aber keinerlei religiöse Vermittlungsformen. Alle Darstellungsformen der Religion, angefangen von den religiösen Schriften, über die religiösen Rituale, bis hin zum religiösen Personal, geraten dann ins Visier, ganz besonders dann, wenn sie sich als sakral oder gar als unverzichtbar für das menschliche Heil verstehen.»Jede Vermittlung ist Gott fremd«, so hat das Meister Eckhart einmal treffend auf den Punkt gebracht. Gott ist die Tiefe des Seins, der Grund des Seins, der Hintergrund der Wirklichkeit. Die einzige»Vermittlung« zu ihm können nur Aufforderungen zum genauen Hinsehen sein.

Zum anderen hebt diese religiöse Einstellung alle sozialen und hierarchischen Unterscheidungen auf, die uns Menschen normalerweise so vertraut sind, dass wir sie kaum eigens bemerken. Wenn Gott ernst genommen wird, wird er auch als Ursprung allen Lebens gedacht. Dann aber wäre es eine menschliche Anmaßung, den Erscheinungen des Lebens bestimmte Bewertungen zukommen zu lassen. Wenn die Menschen von Gott geschaffen sind, können wir keine Unterschiede zwischen ihnen machen. *Alles* Leben ist dann geheiligt: Menschen, Tiere und Pflanzen ebenso wie die Natur und der Kosmos insgesamt. Streng genommen heißt das: Nichts Lebendiges darf irgendeinem Kalkül unterworfen werden.

Jesus hat das nicht nur gesagt, sondern sich auch entsprechend verhalten. Und auch darin ist etwas Irritierendes. In seinem Auftreten und Verhalten zeigt sich nämlich immer wieder eine beeindruckende Freiheit von jeder Berührungsangst. Er nimmt körperlichen Kontakt zu den Unreinen und Ausgestoßenen der Gesellschaft auf, zu schmutzigen Bettlern, unreinen Prostituierten und politischen Kollaborateuren, und er lebt hier eine prinzipielle menschliche Gleichheit und Freiheit von allen sozialen und moralischen Abgrenzungen, die einem normalen Menschen reichlich schwer fallen wird. Er kennt keinerlei Schranken zwischen Nationen, Männern und Frauen, Guten und Bösen, Armen und Reichen, Anerkannten und Verworfenen. Sichtbarer Ausdruck ist dafür seine Jüngergemeinschaft, zu der unter anderen auch ein zelotischer Gewalttäter gehörte, außerdem auch seine deutliche Zuwendung zu den Frauen, die zu dieser Zeit keine öffentlichen oder gar religiösen Rechte hatten. Hier zeigt sich eine Liebe, die Leben ermöglicht und die vollkommen frei ist von jeder Sentimentalität. Sie enthält sich jeder Beurteilung. Moralische und religiöse Gebote ordnet sie klar und eindeutig der Not und den existentiellen Bedürfnissen des Menschen unter. Dieser Liebe sind die gängigen Vorstellungen eines Gottes im Himmel und ihre Begriffe der göttlichen »Allmacht« und »Gerechtigkeit« völlig unangemessen.[33]

Was Jesus zeigt, ist ein Leben, das frei ist von jedem Sicherungsdenken und das leidenschaftlich für Freiheit und Entfaltung eintritt. Gott ist die Liebe, sagt der Verfasser des ersten Johannesbriefs, und der Mensch soll Gott und seinen Nächsten lieben wie sich selbst – so sagt es Jesus selbst. Gott ist da besonders nah, wo diese Liebe geschieht.

Eine solche Liebe ist natürlich nur möglich, wenn ein Mensch frei ist vom Zwang zur Selbsterhaltung und ein ziemlich großes Vertrauen in sich trägt. Nur: Wer hat das schon? Wir alle würden sicher zugeben, dass die Liebe das beste Lebensmotto wäre; aber wer liebt schon genug? Das alles kann also auch als massive persönliche Anfrage empfunden werden. Wer die nicht aushalten kann, wird schnell aggressiv – und verlässt sich lieber auf die etablierten Religionsstrukturen.

Jesus dagegen lebt nach dem Motto: »Gottes Ehre ist der lebendige Mensch« (Irenäus). Der Mensch steht im Zentrum. Die Religion ist dem Menschen untergeordnet, nicht umgekehrt. Darum wendet Jesus sich Randsiedlern, Armen und Tabuisierten zu und stellt sie in die Verbindung mit dem Leben zurück. »Nimm deine Trage und geh!« Durch Heilung, Zuspruch, Resozialisierung, prinzipielle Vergebung bringt er das Leben wieder in Fluss. Er sieht mit dem Herzen und lebt nicht nach Prinzipien.

Die Zumutungen Jesu werden noch einmal dadurch unterstrichen, dass er nahezu keine religiöse Praxis vollzogen hat und auch nirgends zu ihr auffordert. Das ist in der Überlieferung der Evangelien ganz deutlich, hat aber für den weiteren Gang der christlichen Religion praktische keine Folgen gehabt. Jesus zieht sich nur ab und zu in die Wüste zurück. Aber er vollzieht keine eigene Gottesverehrung und keine Reinigungen. Er geht zum Tempel nicht im Sinne einer religiösen Pflicht, sondern als ein Prophet, der weiß, dass sich in Jerusalem sein Schicksal erfüllen wird. Lediglich ein einziges Gebet ist von ihm überliefert, nämlich das Vaterunser; und auch das noch ist eine deutliche Reduktion eines jüdischen Gebets, das auf die basalen Wichtigkeiten eingeschränkt wird – und zwar mit dem ausdrücklichen Hinweis: Was macht ihr viele Worte? Gott weiß, was ihr braucht (Mt 6). Übersetzt heißt das: Je mehr ein Mensch betet, desto weniger Vertrauen hat er auf Gott. Auch das ist: irritierend. Wer das nicht nachvollziehen will und religiös engagiert ist, wird schnell zum Gegner Jesu.

Und noch eine Zumutung muss ausgesprochen werden. Jesus ist ausgesprochen nüchtern in seinem großen Vertrauen auf den nahen Gott. Dieser Gott *hilft nicht und greift nicht ein*, mehr noch: Er ist an menschlichen Erwartungen gemessen *ungerecht*. Dennoch ist er aber nah und kann gebeten werden. In seinen Gleichnissen erzählt Jesus davon, dass Arbeiter in einem Weinberg (Mt 20) ganz unterschiedlich viel Arbeit tun und trotzdem alle denselben Lohn erhalten – jeder hat sein eines Leben, könnte man übersetzen, aber dafür, dass die einen viel, die anderen wenig haben, gibt es keinen Ausgleich. Es gibt auch keine Leistungsgerechtigkeit. Manche arbeiten hart und bekommen wenig dafür, manche sind faul und haben Überfluss. So ist das halt, es lohnt sich nicht, sich darüber aufzuregen oder gar dafür eine Rechenschaft zu verlangen! Realistisch ist einzig und allein die Freude an dem, was man hat. Der Vergleich mit anderen oder die Erwartung einer ausgleichenden Gerechtigkeit sind eigentlich kindisch.

In einem anderen Gleichnis (Lk 18) wird eine Witwe als gutes Beispiel aufgeführt, dass sie einem *ungerechten* Richter so lange zusetzt, bis dieser ihr gibt, was sie will. Der Richter steht eindeutig für Gott! Der Hinweis Jesu auf den einfallenden Turm von Siloah, der einige Menschen unter sich begrub (Lk 13), wird mit dem Kommentar verbunden: Meint doch nicht, die Toten hätten mehr Sünden als andere begangen! Nein, Gerechtigkeit ist von Gott nicht zu erwarten. Das läuft der menschlichen Erwartung wiederum diametral entgegen – denn wir entlasten uns vom Anblick des Leidens in aller Regel dadurch, dass wir es als selbstverschuldet ansehen. Deine Sache! Was geht mich das an!

Wenn Gott als Liebe gedacht wird, dann heißt das: Er geht von der Situation aus, vom Bedürfnis, vom Menschen – und nicht vom Prinzip oder von der vorgeschriebenen Regel. Dann ist das Leiden nicht etwas, das sich erklären oder rational verrechnen ließe, sondern ein Appell an unsere eigene Liebe.

Liebe und Gerechtigkeit haben eine sehr unterschiedliche Logik. Gerechtigkeit will Gleichheit und Ausgleich als Prinzip. Liebe dagegen will das Leben. Sie gibt keine Erklärungen. Ihr Ziel ist es, das Leben wieder in Fluss zu bringen und der freien Entfaltung zuzuführen. Die Religion der Liebe ist »Lebenssteigerung«, zu der dann auch die Lebensfreude und der Genuss gehören. Man kann gut verstehen, warum die besonders religiösen Menschen immer zur Strenge, zur Askese und zum Verzicht neigen – Jesus dagegen immer wieder von Hochzeitsfesten erzählt hat und sogar als »Fresser und Weinsäufer« beschimpft wurde.

Die Vorstellung von einer ausgleichenden oder auch strafenden Gerechtigkeit Gottes, die im Christentum so dominant war, widerspricht der Botschaft Jesu ganz eindeutig. Sie eignet

sich bestens dazu, ein System der moralischen Leistungsver-
rechnung zu etablieren, nicht aber, wirkliche Liebe zu motivieren. Von einer Gerechtigkeit Gottes lässt sich allenfalls im
zusprechenden Sinne einer Gerechtmachung oder Gerecht-
sprechung des schwachen, beschämten, schuldigen oder ori-
entierungslosen Menschen reden, so wie Luther das in seiner
»Rechtfertigungslehre« getan hat. *Diese* Gerechtigkeit aber ist
erkennbar wiederum ein Ausdruck von Liebe.

Dass Jesus keine dogmatischen Lehrsätze verkündet, sondern
Gleichnisse erzählt hat, hat noch eine weitere besondere Bedeutung. Es zeigt, dass seine Rede von Gott keine Feststellung
ist, die man einfach zu übernehmen hätte, sondern eine Deutung. Man muss prüfen, ob man sie für sich selbst übernehmen
kann. Da ist eigentlich nichts zu glauben – eher ist eine Perspektive zu übernehmen und sind die Augen zu öffnen.

Freilich ist Jesus selbst als Erzähler dieser Geschichten so
faszinierend und immer wieder so verblüffend, dass man auch
seine Person selbst als eine religiöse Zumutung einstufen kann.
In dieser Hinsicht kann man dann tatsächlich sagen: *Ecce homo!*
Seht, da ist ein echter und ganzer Mensch, so wie er eigentlich sein sollte. Man muss freilich erst einmal die Dogmatisie-
rungen um den Gottessohn, den himmlischen Christus, den
Weltenrichter hinter sich lassen, um das zu sehen. Denn erst
dann »bleibt uns ein bemerkenswertes Bild eines Menschen,
der alle menschlichen Grenzen hintern sich zu lassen schien«[34]
– anders gesagt: für den die Verbundenheit mit dem Leben der
oberste Wert war. Einer der großen Religionsgründer – und *der
Mensch* schlechthin. Es ist dann durchaus sinnvoll, zu sagen: In
ihm spricht und zeigt sich Gott selbst in exemplarischer und
umfassender Weise.

Jesus erhält dadurch eine ganz herausragende Bedeutung.
Niemand hat Gott den Menschen bisher *so* nah gebracht wie
er – nah bis zur ständigen Übersehbarkeit. Wenn man sich
von seiner Botschaft ansprechen lässt, dann kann man deshalb

auch annehmen, dass Gott selbst in ihm anwesend ist. Für die Christen ist er darum der *Christus*, der »Sohn Gottes«, der »zur Rechten Gottes sitzt«. Das sind symbolische Aussagen, die seinen einzigartigen Rang unterstreichen. Nimmt man die Botschaft Jesu freilich ganz ernst, so müssen derartige Aussagen eigentlich auch für mich gelten. Auch ich bin ein Sohn, eine Tochter Gottes. *Es gibt kein Außerhalb Gottes*, Das wäre ein logischer und auch ein theologischer Widerspruch, denn Gott ist kein Ding oder Phänomen, das sich auf einen bestimmten Bereich eingrenzen ließe. Gott ist die umfassende Wirklichkeit, die Tiefe des Seins, der Grund der Welt oder wie immer man das versuchsweise formulieren will, aber er ist niemals definierbar und auf bestimmte Erscheinungs- oder Wirkungsweisen eingrenzbar. Meister Eckhart hat daraus die Konsequenz gezogen, die für die allermeisten Gläubigen bis heute so irritierend ist, dass sie sie für ihre eigene Frömmigkeit nur ablehnen können: »Gott und ich, wir sind eins.«

Hier ich, Gott dort: Das ist eigentlich und streng genommen die einzige Gotteslästerung, weil sie Gott eingrenzt. Und sie geschieht keineswegs aus Überheblichkeit, sondern aus Ängstlichkeit. Nein, ich bin mitten im Heiligen.

2.2 Orte der Gotteserfahrung

Kirche zwischen Mausoleum und Kraftort

Wie oft habe ich mich schon geärgert darüber, dass viele evangelischen Kirchengebäude an Wochentagen abgeschlossen sind. So oft kommt es ja nun auch wieder nicht vor, dass ich mir zwischen irgendwelchen Geschäften und Besorgungen die Zeit nehme, einen Kirchenraum aufzusuchen. Ich erinnere mich, dass mir das auch in Momenten passiert ist, in denen es mir nicht gut ging. Da hätte ich einen Moment des Rückzugs in einen stillen Raum gut gebrauchen können. Dann der Griff an die meist großen und schweren Klinken einer Kirchentür, ein Rütteln: Zu. Abgeschlossen. Ich laufe um das Gebäude herum, probiere noch weitere Türen: kein Zugang. Ich bin enttäuscht.

Warum werden Kirchen zugeschlossen? Dort gibt es sehr viele Kunstgegenstände, die man schützen will. Viele der alten Figuren und Gemälde haben einen hohen finanziellen und natürlich auch ideellen Wert. Kirchenraub ist etwas, womit ein Pfarrer leider rechnen muss. Also schließt er seine Kirche ab. Es wäre nicht bezahlbar, tagtäglich jemanden zur Bewachung abzustellen.

Dass die Kirchen vor allem in protestantischen Gegenden zugeschlossen werden, lässt sich freilich auch historisch erklären. Für den Protestantismus war immer das »Wort« von zentraler Bedeutung, das dem priesterlichen Amt und der sakramentalen Verdinglichung des Katholizismus gegenübergestellt wurde. *Solo verbo*: Allein das Wort wirkt den Glauben, nicht die Kirche – so die Reformatoren. Die Kirche hat nur Vermittlungsfunktion, und sie hat den Auftrag, das Wort Gottes auszurichten. Die Lesung aus der Bibel, das Glaubensbekenntnis und vor allem die Predigt haben darum bis heute in den evangelischen Gottesdiensten den zentralen Platz. Daraus folgt: Die Kirchen sind die Räume für das Wort Gottes, das im Gottesdienst verkündet und ausgelegt wird. Nach dem Gottesdienst kann man sie wieder abschließen.

Abgeschlossene Kirchenräume sind freilich auch ein Symptom. Sie werden da nicht nur auf eine ganz nüchterne Zuträgerfunktion reduziert, nämlich auf ihren Nutzen als gottesdienstliche Versammlungsorte. Ihre räumliche Atmosphäre, ihre oft prachtvolle und reiche künstlerische Ausgestaltung haben in dieser Sicht allenfalls einen dekorativen Wert. Sie sind Verzierungen der Verkündigung, die man im Grunde auch weglassen könnte. Darum gibt es in einigen Zweigen der protestantischen Tradition, etwa im Calvinismus, oder in einigen pietistischen Gemeinden gottesdienstliche Räume, die vollkommen ohne künstlerischen Schmuck sind und ausgesprochen nüchtern wirken.

Religiös noch problematischer als diese nüchterne Funktionalisierung der Kirchenräume ist allerdings etwas anderes. Verschlossene Kirchenräume werden der religiösen Selbstbesinnung der Menschen entzogen, ganz besonders dort, wo die Menschen individualisiert sind und schon ganz grundsätzlich Probleme damit haben, persönliche existentielle Fragen ausschließlich in Versammlungsgruppen zu traktieren. Ihnen müssen abgeschlossene Kirchen wie Mausoleen vorkommen: tote Räume, die über uralte Ereignisse gestellt sind. Kirchen erscheinen dann wie Museen, in denen vergangene Wahrheiten ausgestellt sind, aus denen das Leben aber längst gewichten ist; wie Burgen, die etwas zu verbergen haben. Ohne es zu wollen, demonstrieren sie damit ein grundsätzliches Desinteresse an der Religiosität der Menschen.

Nun könnte man natürlich sagen: Wenn Gott überall ist, auch im Alltag und selbst in mir, dann brauchen wir doch gar keine besonderen Räume für religiöse Erfahrungen. Dann brauchen wir überhaupt keine religiöse Kultur! Würde die Ablehnung aller religiösen Räume, Bräuche und Sakramentalien nicht der Lehre Jesu entsprechen? Wäre sie nicht die fällige Konsequenz, wenn man ihn wirklich ernst nimmt? So hat man auch im Christentum immer wieder gedacht.

Wir brauchen sie aber eben doch. Nicht als Ersatz für die Wahrnehmung Gottes, sondern als *Einübung* in sie. Denn kaum jemand ist in der Lage, frei von allen religiösen Ausdrucksformen so ganz und gar von der Nähe Gottes überzeugt zu sein, wie Jesus das war. Wir brauchen die religiöse Überlieferung seiner Worte und Gesten, wir brauchen religiöse Rituale, wir brauchen immer wieder auch die Vergewisserung durch eine religiöse Gemeinschaft, und wir brauchen vor allem die bergende Atmosphäre der religiösen Räume. In ihnen lassen sich die Erfahrungen der stets neuen Hinführung zur Quelle machen, die neue Kraft und Orientierung geben können. Kirchenräume sind nicht nur Orte der religiösen Kommunikation, sondern zunächst einmal Orte der religiösen *Erfahrung*.

Diese Überlegung kann man in den Satz fassen: Religiöse Traditionen sind Medien. Sie haben ihren Wert nicht in sich selbst, sondern sie sind Vermittlungsbrücken, die der religiösen Inspiration dienen sollen. Natürlich haben religiöse Traditionen damit immer auch eine besondere Würde, denn in der Religion geht es um grundsätzliche und wichtige Dinge. Aber das heißt eben gerade nicht, dass religiöse Traditionen eine bestimmte Heiligkeit oder gar Exklusivität für sich beanspruchen könnten. Denn dann stehen sie nicht mehr dem Leben zur Verfügung, sondern dann stehen sie für sich selbst. Sie werden *lebensfremd*. Genau so muss sie dann der Mensch heute empfinden, der nicht nur seine Autonomie gewohnt ist, sondern auch danach fragt, was ihm im Leben weiterhilft.

In einer Konsumgesellschaft, die vom Angebot an nutzbaren Optionen lebt, ist es längst eine gewohnte und ganz selbstverständliche Sache geworden, nach Nutzen und Effekten zu fragen. »Was bringt mir das?« Diese Fragerichtung hat durchaus ihre problematische Einseitigkeit. Aber sie macht klar, warum eine Religion, die nicht lebensdienlich ist, nur noch wenig Interesse findet.

Im Christentum ebenso wie in allen großen Religionen der Welt haben religiöse Traditionen und Autoritäten nun freilich immer einen ganz besonderen Stellenwert eingenommen. Die Hüter der Religion, die »für alle Zeit gültigen« Wahrheiten, die heiligen Zeremonien und Bräuche haben schon immer eine herausgehobene gesellschaftliche Bedeutung gehabt, und sie wollen daher entsprechend geehrt werden. Sie beanspruchen einen bestimmten Platz im Leben der Menschen, der seine eigenen Verpflichtungen mit sich bringt. Gleichzeitig geht damit aber tendenziell auch das Interesse der religiösen Autoritäten am konkreten Leben der einzelnen Menschen verloren. Jede Form der religiösen Tradierung hat immer eine Tendenz zur Entfremdung vom konkreten Leben in sich, die sie sich kritisch bewusst machen muss. Nicht die Inspiration der Menschen ist dann das primäre Ziel der religiösen Kultur, sondern ihr Selbsterhalt.

Wenn religiöse Traditionen konsequent als Medien verstanden werden, die dem Leben dienen sollen, dann ist damit keine Harmlosigkeit ausgesprochen. Denn die Autoritäten der religiösen Kultur *wehren* sich dagegen, dass die religiösen Traditionen oder gar die eigenen religiösen Ämter als Medien verstanden werden. Und die Frommen kommen ihnen in dieser Abwehr nur allzu oft entgegen. Wo das der Fall ist, setzt sich freilich Traditionsorientierung an die Stelle der Inspiration. Kirchenzugehörigkeit wird zur Heilsvoraussetzung, hat aber oft keinerlei sichtbare Effekte mehr für das eigene Leben. Schrift-Gläubigkeit wird zur Bewährung der eigenen Frömmigkeit, während man sich ansonsten genauso verhält wie die anderen Mensch auch. In einem solchen Christentum muss es gar nicht weiter auffallen, dass im apostolischen Glaubensbekenntnis die zentrale Botschaft des eigenen Gründers – nämlich die vom nahen Reich Gottes und seiner Liebe – gar nicht vorkommt.

An dieser Stelle liegen wohl die tiefsten Gründe dafür, warum so viele Menschen heute Schwierigkeiten mit der Religion haben. Autorität und Tradition haben im modernen Leben nahezu jeden Kredit verloren. In der Religion aber scheinen sie nach wie vor einen zentralen Platz zu beanspruchen. Das moderne Leben orientiert sich nicht mehr an Vorgaben, sondern an offenen Entfaltungsmöglichkeiten. Nicht Pflichten, Gehorsam, Einpassung und moralische Ansprüche bestimmen heute das Leben, denn sie laufen dem Grundprinzip der Freiheit ebenso entgegen wie den vielen nutzbaren und attraktiven Optionen des Konsummarktes. An ihre Stelle ist die freie Selbstentfaltung getreten, die mit einer offenen Zukunft rechnet. Autoritäten stören diese Entfaltung, darum werden sie abgelehnt. Traditionen haben für diese Einstellung nur noch den Rang von Folklore; wo sie ihren Platz behaupten – etwa im Vereinsleben, beim Volkstrauertag oder in der Volksmusik – werden sie von vielen Menschen heute eher belächelt als ernst genommen.

Es ist diese Verhaftung der religiösen Kultur in Autorität und Tradition, die dazu führt, dass Religion inzwischen von vielen Menschen *komplett* abgelehnt wird. Dass das nicht nur zum Schaden der religiösen Kultur, sondern oft auch zum eigenen Schaden geschieht, ist vielen gar nicht oder nur sehr unterschwellig bewusst. Denn dann stehen die vielen ausgesprochen klugen Lebensdeutungen und Praxishinweise der religiösen Kultur nicht mehr zur Verfügung. Und für die Frage nach dem Sinn gibt es dann praktisch keine Kommunikationsmöglichkeiten mehr.

Religiöse Traditionen als Medien zu verstehen (und religiöse Autoritäten als reine Funktionsträger) hat also religiöse Konsequenzen. Was bedeutet das für die Kirchenräume? Dass sie Räume für die Religiosität der Menschen sein müssen – und nicht Behälter für kirchlich tradierte Lehren oder Riten. Kirchen sind besondere Erfahrungsräume, die der *Einübung* in die Wahrnehmung Gottes dienen sollen. Das gilt für die Kirche insgesamt, also auch die Institution Kirche: Sie kann im Sinne einer lebendigen Religion nichts anderes sein als »Kirche für die Religion der Menschen« (Martin Kumlehn). Die Kirche bleibt in dieser Sicht ganz und gar unverzichtbar; sie ist aber nicht »heilsnotwendig« und nicht aus sich selbst heraus sakral, also unabhängig von der menschlichen Erfahrung. Sie ist ein Eröffnungs-Raum, eine »Herberge«, wie man gesagt hat, und nicht Ziel und Endstation. So wichtig die Kirche für meine Erfahrung sein kann, so ist das Wichtigste an ihr immer der Moment, in dem die Kirchentür hinter mir wieder ins Schloss fällt: der Weg nach draußen und ins Leben.

Wenn man sich daran erinnert, dass die christlichen Kirchen ursprünglich aus den Basiliken heraus entwickelt wurden und nicht aus den heidnischen Tempeln, dann leuchtet dieser Gedanken auch historisch ein. Die Basiliken waren die römischen Markthallen, in denen Gemüse und Hühner verkauft wurden und die für jedermann zugänglich waren. Erst im Laufe der abendländischen Entwicklung sind die Kirchen immer mehr künstlerisch ausgestaltet worden. Noch sehr lange aber waren sie Bürgerkirchen. Viele der großen Stadtkirchen hatten weit mehr Platz, als sie für die Einwohner ihrer Städte gebraucht hätten. Sie waren Versammlungskirchen, in denen die Räte getagt haben oder öffentliche Feste gefeiert wurden und in die manche hohen Herren auch einmal mit dem Pferd geritten kamen. Die fest installierten Kirchenbänke, die solche Versammlungen unmöglich gemacht haben, gibt es erst seit etwa 200 Jahren.

Die Stadträte haben heute ihre eigenen Räume, und das ist auch gut so. Der Kirchenraum konnte sich daher für seine eigentliche Bedeutung profilieren: nämlich als Kraftort. Der Sakralraum wurde schon immer als das Zentrum und der Nabel der Welt erfahren, und das heißt eben: als Ort der tiefsten Verbundenheit. *Darin* ist er religiöser Raum und nicht darin, dass er Belehrung oder Sakralität anbietet. Er ist der Ort für die Zentrierung des Lebens. In ihm kann in ganz besonderer Weise die Frage nach dem wirklich Wichtigen gestellt werden. Woher komme ich? Was trägt mich? Wohin kann ich gehen? Kein anderer Raum ist für derartige Fragen so lebens-dienlich wie der Sakralraum. Er hat eine Atmosphäre und eine Aura, die es sonst nirgendwo gibt und die einen Menschen zur Konzentration auf das Wesentliche bringen kann. Man stelle sich einmal andere Räume vor, in denen das möglich sein soll: etwa ein menschenleeres Kaufhaus oder ein Fußballstadion bei Nacht. Da würde sich ein Mensch eher verlassen als zentriert fühlen. In einer Kirche dagegen können Erfahrungen ganz besonderer Art gemacht werden.

Besonders in der Nacht kann im Kirchenraum die Erfahrung des Heiligen gemacht werden, die, wie gesagt, immer faszinierend und unheimlich zugleich ist. Die Berührung mit dem Göttlichen ist ebenso inspirierend wie beängstigend. Daher gibt es seit vielen Jahren bereits Bestrebungen, die Kirchen – vor allem die großen Stadtkirchen – neu zu inszenieren und zu nutzen. An zahlreichen Orten wurden Tanz, Jazzmusik, geführte Turmbesteigungen, nächtliche Meditationen und anderes etabliert, die die großen Kirchenbauten in ein ganz besonderes Licht rücken und bei vielen der zahlreichen Besucher tiefe emotionale Erfahrungen auslösen.

Ich habe selbst einmal eine Nacht in einer Kirche erlebt, die mir unvergessen bleiben wird und die mein eigenes Verständnis von Religion geprägt hat. Als Student hatte ich Bekanntschaft mit einer Gruppe, die in einer kleinen holsteinischen Dorfkirche die Osternacht auf eine besondere Weise begangen hat. Die Kirche war von den Bänken frei geräumt, die Menschen hatten Decken und Schlafsäcke mitgebracht. Allein schon die Suche nach dem eigenen Fleckchen in diesem Raum war ungewohnt und eine eigene Erfahrung. Die Nacht hatte mit einem gemeinsamen Abendessen begonnen; ab 22.00 Uhr standen, saßen und lagen dann alle in der Kirche. Zu jeder vollen Stunde, immer wenn im alten Holzgebälk des Kirchturmes die Glocke anschlug, kamen alle nach vorn in den Altarraum, der nur spärlich von Kerzen erleuchtet war. Dann gab es eine kurze biblische Lesung, einen Psalm und einen meditativen Taizé-Gesang. Danach begaben sich alle wieder an ihre Plätze im Kirchenschiff und – schwiegen. Die ganze Nacht durch. Diese Erfahrung des Schweigens war ein außerordent lich intensives Erlebnis. Erst nach gut drei Stunden hatte ich das Gefühl, dass meine Gedanken allmählich zur Ruhe kamen und eine besonders wache Wahrnehmung einsetzte. Vielen anderen ging es ganz ähnlich, wie sie später berichteten. Die Dunkelheit, das fahle Kerzenlicht, die Atmosphäre im Raum wirkten bergend und faszinierend. Gleichzeitig hatte ich selten in meinem Leben so sehr das Gefühl der Unheimlichkeit: Vor allem die Nacht draußen erschien mir ebenso faszinierend wie bodenlos. Um 5.00 Uhr morgens füllte sich die Kirche allmählich mit schweigend hereinströmenden Menschen, die dann alle gemeinsam und mit vielen hundert Kerzen sehr feierlich den Ostermorgen begrüßten. Seither weiß ich, dass die Kirche zum Nabel der Welt werden kann.

Die gängige Erwartung an den Kirchenraum ist nun freilich eine andere: Der Kirchenraum ist für den Kultus da. »In die Kirche gehen« meint landläufig: den Gottesdienst bzw. die Messe besuchen. Da sind so intensive Erfahrungen wie die beschriebene weit weniger wahrscheinlich – wenn auch keineswegs auszuschließen. Im Kultus ist man eben weit mehr in vorgegebene Abläufe eingespannt, als in freie Erfahrungsräume entlassen. Und viele kultische Feiern wirken zeremoniell erstarrt, leidenschaftslos und ganz ohne Interesse an religiöser Erfahrung.

Die Gottesdienste sind aber eigentlich ganz anders gemeint. »Hier geht es um die Reaktivierung von Urerfahrungen und um die Entdeckung einer Wirklichkeit, die hinter allen Urerfahrungen steht.«[35] Manfred Josuttis hat den Gottesdienst als den »Weg in das Leben« bezeichnet und ausführlich als einen solchen beschrieben. Dieser Weg repräsentiert symbolisch und in ritualisierten Prozessen, was jeder Mensch in einem elementaren Sinne braucht: die Reinigung von belastenden Erfahrungen im Taufstein, der am Eingang der Kirche steht, und auch im Schuldbekenntnis der Liturgie. Dann den Zuspruch, den jeder Mensch braucht, der sich isoliert fühlt und nach Liebe sehnt, in den Lesungen und in der Predigt. Dann das Bedürfnis nach Nahrung und Liebe, das in der Abendmahls- bzw. der Eucharistiefeier symbolisch gestillt wird. Hier geschieht die Begegnung mit dem Heiligen, die die Lebenskräfte erneuert. Schließlich die Stärkung des Lebensmuts, die im Segen zugesprochen wird, der die Menschen wieder in ihr Leben entlässt. Von dieser Entlassung (lateinisch: missio, *ite missa est*) hat die katholische »Messe« sogar ihren Namen erhalten. Entscheidend, wie gesagt, ist der Weg nach draußen!

Die Erwartungen an den Gottesdienst, die man durch Umfragen erheben und statistisch auswerten kann, entsprechen der lebens-bezogenen religiösen Erfahrung ganz genau. Gottesdienste sollen 1. authentisch sein, also eine innere Beteiligung zeigen, die deutlich macht, dass die Leiter des Gottesdienstes nicht in Routine erstarren, sondern auch wirklich hinter dem stehen, was sie da tun. Sie sollen 2. nah am Leben sein, also nicht in abgehobene, lebensferne Sonderwelten führen. Sie sollen 3. Möglichkeiten der Beteiligung bieten, die dem autonomen Selbstentwurf des modernen Menschen entsprechen und ihm Ideen für die eigene Orientierung geben. Sie sollen 4. Emotionen anbieten und zulassen, also sinnliche Elemente wie Musik, Bilder, Gerüche, Bewegung und Stille bringen, die zu Erlebnissen und im besten Falle auch zu prägenden Lebensorientierungen werden können. Zusammengefasst: Man erwartet Leidenschaft und Lebensbezug. Diese Erwartungen entsprechen in hohem Maße dem, was von der religiösen Erfahrung als dem Kern der Religion gesagt wurde. Sie werden im etablierten Christentum aber leider sehr oft enttäuscht.

Eher noch kommt diesen Erwartungen die katholische Kirche entgegen. Ihre gottesdienstlichen Feiern sind mit Ministranten, Weihrauch und opulenten Gewändern durchaus sinnlich angelegt. Das erklärt auch, warum sich viele katholische Christen ihrer Kirche enger verbunden fühlen als die meisten evangelischen. Katholische Christen treten auch seltener aus der Kirche aus, obwohl die katholische Kirche in vielen Bereichen etwas ganz Unmodernes, fast Mittelalterliches an sich hat.

Natürlich sollten die Kirchen auch *Kommunikationsräume* für religiöse Erfahrungen und existentielle Fragen sein, wenn sie Religion nicht nur als fertig gedeutete Botschaft weitergeben, sondern sie dem heutigen autonomen Menschen auch wirklich erschließen wollen. Kirchen sollten Foren für die urmenschlichen Fragen und Bedürfnisse sein. Das hieße, dass die Menschen auch mitreden und ihre Lebensfragen und Lebenserfahrungen einbringen und ausdrücken dürften. Diese Erfahrungen bringen sie ja längst schon mit, und gerade da möchte ein autonomer moderner Mensch auch ernst genommen werden. Davon ist man im traditionellen Kultus freilich weit entfernt.

Es hieße aber auch, die *religiöse* Erfahrung erst einmal zu *eröffnen.* Man kann über Religion nicht gut kommunizieren, wenn ihre grundlegende Erfahrung gar nicht bekannt ist! Kirchen sind Kraftorte. Sie sind Nabel und Zentrum der Welt, die die immer brüchige oder gar verloren gegangene Verbindung zum Leben bewusst halten und wieder herstellen soll. Die Potentiale einer im echten Sinne religiösen und darin wirklich menschlichen Kirche liegen in der kompetenten *Kultivierung der menschlichen Religiosität.*

Man kann es auch so sagen: Kirchen sind einerseits etwas ganz Besonderes. Weil es nämlich kaum andere Orte gibt, die für den einzelnen Menschen so wertvoll sein können. Und andererseits sind sie gerade nichts Besonderes, in dem Sinne, dass sie nichts Be-*sonderes*, Ab-getrenntes vom Leben sein dürfen. Das gilt für alle religiöse Kultur.

Selbst die klassischen religiösen Absonderungsbereiche, die Klöster (*claustrum* heißt: abgeschlossen) haben das inzwischen bemerkt. Viele von ihnen öffnen sich für Rückzüge und Auszeiten gestresster und notbeladener oder auch einfach nur ruhebedürftiger Menschen. Die Angebote, die in diese Richtung gehen, sind höchst begehrt und haben oft lange Anmeldefristen. Es gibt für viele Menschen heute kaum etwas Wohltuenderes und Stärkenderes als solch ein Rückzug in eine religiös gestaltete »Wüste«. Dessen Sinn und Ziel ist es dann aber natürlich gerade nicht, selbst zum Mönch zu werden – sondern mit neuer Kraft ins Leben zu gehen.

Immer mehr Kirchenräume, die einmal an Wochentagen geschlossen waren, sind inzwischen tagsüber geöffnet. Man kann sie also aufsuchen. Dabei spielt es nur eine untergeordnete Rolle, ob es sich um eine katholische oder ein evangelische Kirche handelt. Oder um eine Synagoge. Oder ... oder auch um die freie Natur. Oder um einen Bahnhof. Warum auch nicht! Prinzipiell sind alle Orte für die Begegnung mit dem Heiligen gleich geeignet. Erfahrungsgemäß fällt diese Begegnung einem Menschen aber halt sehr viel leichter, wenn er sich in einem religiös gestalteten Raum befindet, in dem unzählige Andere vor ihm auch schon den Weg ins Leben beschritten haben.

Die Kirche bietet darin noch einen weiteren großen Vorteil. Sie ist eine Gemeinschaft, in der auch andere unterwegs und auf der Suche sind und in der es einen großen Schatz an überlieferten und ausgedeuteten religiösen Erfahrungen gibt. Nicht immer kommt es einem modernen Menschen entgegen, sich auf eine Gemeinschaft einzulassen. Aber oft kann das eine große Erleichterung und ein großer Gewinn sein.

2.3 Sakralität als Gottesersatz?

Konfessionelle Sackgassen und religions-kritische Theologie

Religion kann Lebenskraft schwächen!

Ein Mann, der seit seiner Jugend so gut wie keinen Gottesdienst ausgelassen hat, geht am Sonntagmorgen zum Abendmahl. Während der Austeilung empfindet er, wie so oft, einen kleinen frommen Schauer. Er fühlt sich Gott in diesem Moment nah. Am nächsten Sonntag hat er eine Erkältung. Zwar will er nicht im Bett liegen bleiben, aber er schafft es nicht, sich zum gewohnten Kirchgang aufzuraffen. Den ganzen Tag über und sogar noch zum Beginn der nächsten Woche plagt ihn ein schlechtes Gewissen. Er hat den Gottesdienst versäumt! Das macht ihn ganz unruhig.

Für diesen Mann ist die religiöse Praxis eine innere Verpflichtung, ein Zwang. Typischer Weise steht sie in keiner Verbindung zu seinem sonstigen Alltagsleben. Man würde diesem Mann nicht anmerken, dass er ein religiöser Mensch ist. Wo immer er aber religiöse Pflichten versäumt, oder bestimmte Glaubenssätze nicht mehr hundertprozentig für sich nachvollziehen kann, gerät er in eine seelische Defensive. Er fühlt sich schuldig. Das aber heißt: Seine Religion schwächt seine Lebenskraft. Ganz besonders dann, wenn ihn, den evangelischen Christen, Glaubenszweifel plagen. Warum lässt Gott so viel Leid zu? Warum hat er mir damals nicht geholfen, als ich ...? Stimmt das, was die Wissenschaftler über die Evolution sagen, oder muss man nicht an die Schöpfungsberichte der Bibel glauben?

Der Tiefenpsychologe Carl Gustav Jung, ein bedeutender Kenner der menschlichen Seele und ein sehr religiöser Mensch, hat einmal gesagt:»Was man gewöhnlich und im allgemeinen ›Religion‹ nennt, ist zu einem so erstaunlichen Grade ein Ersatz, dass ich mich ernsthaft frage, ob diese Art von Religion, die ich lieber als Konfession bezeichnen möchte, nicht eine wichtige Funktion in der menschlichen Gesellschaft habe. Sie hat den offensichtlichen Zweck, *unmittelbare Erfahrung* zu ersetzen durch eine Auswahl passender Symbole, die in ein fest organisiertes Dogma und Ritual eingekleidet sind. Die katholische Kirche erhält sie aufrecht durch ihre absolute Autorität, die protestantische ... durch Betonung des Glaubens an die evangelische Botschaft. Solange diese beiden Prinzipien Wirksamkeit haben, sind die Menschen erfolgreich verteidigt gegen die unmittelbare religiöse Erfahrung.«[36] Dass man sich gegen Erfahrungen *verteidigen* will, erklärt sich für Jung daraus, dass die unmittelbare religiöse Erfahrung immer (auch) bedrohlich ist. Nicht nur, weil sie etwas Überwältigendes mit sich führt, sondern auch deshalb, weil sie aus den gewohnten Lebens- und Denkschemen herausreißen kann.

Eine solche Einschätzung ist religiös ungewohnt, entspricht aber ganz der Sicht der wirklich Großen in der Religion. Es dürfte bereits klar geworden sein, warum Jesus von Nazareth mit seiner religiösen Haltung als Provokateur empfunden wurde. Alles soll profan sein? Das wäre ja eine Absage an Tempel, Priester und heilige Pflichten, und die Religion verlöre mit dieser Einstellung jede besondere Würde. Die Liebe soll allen Menschen gelten, vorwiegend sogar denen, die sie gar nicht verdient haben? Das wäre ja eine Absage an alle selbstverständlichen und eingespielten sozialen und sittlichen Regelungen und Bewertungen unter den Menschen, es wäre die Absage an jede *Gerechtigkeit* durch die Belohnung von Tüchtigkeit, Einsatzwille und Leistung, und es wäre implizit die Aufforderung, alle Menschen unbedingt gelten zu lassen. Auch die, die nichts taugen!

Die vielen Provokationen des Jesus von Nazareth aber gehen alle genau in diese Richtung. Er verwirft die Priester und hält die angesehenen Frommen für Heuchler. Er lässt sich die Salbung einer Prostituierten gefallen (Lk 7), er distanziert sich schroff von seiner eigenen Familie (Mk 3), er macht irritierend flapsige Bemerkungen über die Pflicht zur Bestattung (Mt 8), er hält Reichtum für lebensfremd (Mt 19, Mk 12), und er macht wegwerfende Bemerkungen über den allerheiligsten Tempel: Das sind Steine, die bald in Schutt liegen werden! (Mk 13)[37] Man muss sich nicht sehr wundern darüber, dass Jesus am Kreuz geendet ist.

Ganz zentrale Gedanken und Strukturen im abendländischen Christentum haben diese Zumutungen nun allerdings abzumildern, zu neutralisieren oder komplett abzuschaffen versucht. Das Christentum hat sich als priesterliche und sakramentale Religion entfaltet, die ihren Vermittlungsformen eine besondere Heiligkeit beigemessen und sich vor allem als *Glaubenssystem* Ausdruck verschafft hat. Freilich sind deshalb auch die bohrend fragenden Stimmen der Ketzer und Reformatoren in ihm nie wirklich zur Ruhe gekommen.

Von zentraler Bedeutung ist im Christentum die Glaubens-Lehre geworden, für deren genaue Bestimmungen die Theologie die Wahrheit garantiert hat, während die Kirche für deren Durchsetzung und Verbreitung sorgte. Die zentralen Axiome dieser Theologie sind Offenbarung und Glaubenswahrheit. Damit etablieren sie ein durchaus faszinierendes und an tiefen Einsichten reiches System. Dieses System ist allerdings ein System des internen Verweises und macht »den Glauben« bereits zur Voraussetzung für das Verstehen. Wer einen solchen Glauben nicht mitbringt – und das sind heute die allermeisten Menschen und auch viele der »Gläubigen« selbst –, kann dieses ganze dogmatische System nur noch als merkwürdiges, abgehobenes Gebilde einschätzen, das bedenkliche Züge einer *Ideologie* trägt. Oder als eine Last. Die Ideologie ist dadurch gekennzeichnet, dass sie sich der kritischen Überprüfung von außen entzieht und ihre Wirklichkeitsdeutung dem Leben vor- und überordnet. Das trifft in der Religion oftmals eindeutig zu.

Der Stifter des Christentums aber war von einem lehrbaren Glauben meilenweit entfernt. Ihm ging es um einen Vertrauensglauben, der sich nicht in Dogmatik übersetzen lässt, sondern allenfalls in gleichnishafte Hinweise oder in Zeichenhandlungen. Die Dogmatik kann die Stimmigkeit eines solchen Vertrauensglaubens allenfalls *überprüfen* – soweit Gefühle überhaupt eine rationale Stimmigkeit vorweisen müssen.

Und noch etwas steht in merkwürdigem Kontrast zu den Worten und dem Auftreten Jesu: die zentralen Themen der Dogmatik sind durchgehend *Begriffe des Rechts,* und nicht der Liebe oder der Wahrnehmung des nahen Heiligen. (Erb-)Sünde, Schuld, Gericht, Gerechtigkeit Gottes, Sühne- und Opfertod, Erlösung usw. dokumentieren einen Gott, der nicht liebt, sondern Gerechtigkeit einfordert und da auch härteste Strafen anwendet. Und sie gelten einem Menschen, der nicht bedingungslos geliebt wird, sondern der sich allergrößte Sorgen und Ängste um sein Heil machen sollte. Damit hat sich ein religiöser Heilsegozentrismus etabliert, der weder für den menschlichen Körper, noch für die natürliche Welt besondere Interessen ausgeprägt hat und auch hier noch einmal in auffälligem Kontrast zu Jesus von Nazareth steht. Für die klassische dogmatische Theologie, die sich vorwiegend als Absicherung des Glaubens verstand, fühlt man sich an den Satz von Lichtenberg erinnert: »Der Mann hatte so viel Verstand, dass er fast zu nichts mehr in der Welt zu gebrauchen war.«[38]

Die heilige Mutter Kirche, die die Ängste des sündenschuldigen Menschen rituell abgemildert und gleichzeitig immer wieder neu geschürt hat, wird für ein solches Heilsdenken natürlich zur unverzichtbaren Größe. *Extra ecclesiam nulla salus*, außerhalb der Kirche gibt es kein Heil – so formulierte es bereits sehr früh der Kirchenvater Cyprian. Für die Zugehörigkeit zu Gott, also für die »Gemeinschaft der Heiligen«, ist das sicher richtig. Aber für die kirchliche Institution? Dieser Satz gilt in der katholischen Kirche bis heute. Einen modernen Menschen provoziert das regelrecht dazu, die Gegenfrage zu stellen: *Intra ecclesiam salus?* Gibt es denn *innerhalb* der Kirche Heil? Norbert Bolz formuliert das so: »Die Kirche überlebt, gerade weil und wo die religiösen Motive schwach sind ... Die

Stärke der Kirche liegt in der Schwäche der religiösen Motivation.«[39] Ersetzt die Kirche also die religiöse Empfindung der Menschen? Und ist sie nicht selbst eine heillos selbstzentrierte, machtbesessene und heuchlerische Gestalt?

Man wird bei einiger Kenntnis der Geschichte selbstverständlich nirgendwo eine böse Absicht unterstellen, vielleicht nicht einmal dort, wo die kirchlichen Machtinteressen überdeutlich sind. Die intellektuelle Rationalität der Theologie, die sakralen Ansprüche der Kirche und die Heilssehnsucht der Menschen bilden eine stabile religiöse Einheit, die sich historisch sehr gut herleiten und erklären lässt.[40] Freilich hat sie zu einer maximalen *Entfernung* des Menschen von Gott geführt, der sich als sündiger Erdenwurm so weit weg vom Heiligen fühlen musste, dass er alles Religiöse mehr oder weniger den Priestern überließ.

In der mittelalterlichen Legende vom heiligen Gral wird dieses Problem der religiösen Kultur besonders augenfällig. Der Gral war die geheimnisvolle Schale des letzten Abendmahles, aus dem Christus getrunken haben sollte und dem die allergrößte Sehnsucht galt. Angeblich sollte der Gral die größten Schmerzen lindern. Freilich war er verschollen: Niemand wusste, wo er war. Die größte religiöse Sehnsucht galt also einem *Ding* mit *unbekanntem Ort*. Wie weit muss sich der Mensch von Gott gefühlt haben, dessen unmittelbare Nähe doch Jesus verkündigt hatte! Ein solches ungestilltes Bedürfnis spiegelt der gesamte Reliquienkult des Mittelalters, die Wallfahrten an bestimmte Heiligtümer, aber es zeigt sich auch in den großen gotischen Domen. Wer sich einmal z.B. in den Kölner Dom stellt, dem kann bewusst werden, wie unendlich weit weg einem mittelalterlichen Menschen der Himmel erschien, der da im Deckengewölbe symbolisiert ist. Und in der Frömmigkeit hat es sich bis heute erhalten, zuerst einmal die eigene sündige *Unwürdigkeit* vor Gott zu bekennen und damit das Gefühl des prinzipiellen *Ungeliebtseins* mit aller Deutlichkeit zu benennen.

Wo immer die Bibel als wortwörtliche göttliche Offenbarung, wo die Religion als ein Lehrglaube gilt, liegt keine lebendige Religion, sondern ein System von Ideen vor, das Züge einer Ideologie trägt. Sie ordnet ihre eigene Ideenwelt dem wirklichen Leben vor. Das aber widerspricht dem nüchtern-realitätsbewussten Menschen heute zutiefst. Für ihn sind alle Offenbarungen psychologisch erklärbar, alle Wahrheitsbehauptungen relativ und alle Dogmen rational erklärbare Mythen. Damit begibt er sich auf eine Position, die der klassischen Religionskultur diametral gegenübersteht. Und er unterliegt dann freilich der Tendenz, alle Religion überhaupt als überholtes altes Märchen abzutun.

Besser wäre es, den Blick auf das Göttliche zu weiten und von rationalen Zuschreibungen, soweit es immer geht, abzusehen. Man meinte zwar in der klassischen religiösen Kultur, die Ehre Gottes besonders hochzuhalten, wenn man den Glauben auf dogmatische Wahrheiten gründete. Diese Wahrheiten können aber nie etwas anderes sein als theologische *Interpretationen,* die selbst immer auf vorausliegende Erfahrungen zurückgreifen müssen. Aus moderner Sicht wird es der Ehre Gottes viel eher gerecht, wenn man ihn überall in der Welt vermutet – also auch in der Natur, im Kosmos, in den Abläufen der Technik, in einem shintoistischen Schrein oder selbst in der Auffassung scheinbar »Ungläubiger«.

Gott will keine Verehrung und keine Anbetung, und er lässt sich nicht in religiöse Praktiken und Orte einbinden – das ist die christliche Urprovokation. Gott will das Leben. Mit diesem Gedanken hat das Christentum einen Kern berührt, der es in gewissem Sinne ganz einzigartig unter den großen Weltreligionen macht. Am nächsten verwandt ist ihm darin wohl der Buddhismus, der das Wissen um die Nicht-Fixierbarkeit des Heiligen vor allem in seiner spirituellen Praxis tief verankert hat.

Paul Tillich, der große, immer noch unterschätzte protestantische Theologe, hat Gott daher mit neuen Namen bedacht. Er nennt ihn den »Mut zum Sein« und die »Tiefe des Seins«.

Religion ist nach Tillich alles, was einen Menschen »unbedingt angeht«; also das, was für ihn von letzter und nicht ersetzbarer Bedeutung ist. »Unbedingt, daher göttlich (nicht umgekehrt)«[41] – schreibt Matthias Kroeger dazu mit provokanter Schärfe. Auch wenn es ungewohnt klingt: Nicht Gott ist das Erste in der Religion, sondern die religiöse Erfahrung. Wird sie symbolisiert, dann *benennen* wir sie mit dem Namen Gott, über den wir aber keine »wahren Aussagen« machen können.

Wo dieses Offenhalten der Religiosität nicht sehr bewusst beachtet wird, stellt sich schnell die Sakralität der religiösen Lehren, Riten und Personen ein. Wo immer Erfahrungen einer besonderen Heiligkeit gemacht werden, da ist es auch ganz naheliegend, dass sie in Sätze gefasst, in Schriften gesammelt und immer wieder gelesen, ausgedeutet und weitergegeben werden. Dann werden sie unter einer Gruppe von besonders eingeweihten Menschen bewahrt, in Lehren übersetzt, von religiösen Personen gehütet, an besonderen Orten dargestellt und mit heiligen Zeremonien und einer spezifischen Sitte umgeben. Es entsteht eine religiöse Kultur. In ihr soll die ursprüngliche religiöse Erfahrung nicht nur gehütet, sondern immer wieder auch neu dargeboten werden. Freilich wird diese religiöse Erfahrung in der religiösen Kultur immer auch eingeschnürt und unterdrückt. Die religiösen Ausdrucksformen der Ursprungserfahrung setzen sich nämlich unmerklich allmählich an die Stelle der Erfahrung selbst.

Sakralität – also die besonders herausgehobene religiöse Wichtigkeit und Würde – gilt landläufig immer als der sichtbarste und demonstrativste Hinweis auf Religion. Sie ist aber für den tieferen religiösen Blick das genaue Gegenteil dessen, nämlich *Religionsblockade*. Sie ist das scheinbar Allerbedeutsamste – das sich aber doch vom Fluss des gegenwärtigen Lebens erkennbar abschottet. Weit eher führt sie zu sich selbst als zu Gott. Sakralität fasziniert – und macht gleichzeitig auch abhängig wie eine Sucht. Sie fördert die Heteronomie, also die Fremdbestimmung im Bereich des Bedeutendsten überhaupt.

Daraus entwickelt sich ein religiöses Leben, das wie in einer Parallelwelt neben dem Alltag herläuft und oft kaum Verbindungen zu diesem zulässt. Aberglaube und Magie blühen in ihm, während die kritische Rückfrage sich schwer tut und schnell als *Unglaube* abgewehrt wird. Und gleichzeitig damit kommt es zu einer ausgesprochen banalen *Verwaltung* des Heiligen: Kirchen werden zu Finanzorganisationen, Priester erscheinen unter psychologischem Blick als unmündig-unreife Menschen, die ihre unverarbeitete Mutterbindung mit der Bindung an die Mutter Kirche vertauscht haben. Viele Fromme erscheinen als Menschen, die aus lauter Schwäche jede Veränderung in ihrem Leben ablehnen – usw.

Mit den Repräsentanzen der Religion verbindet sich in allen menschlichen Kulturen immer eine besondere Würde. Hier geht es ums Heilige, um das Allerwichtigste, das man ganz besonders hoch halten und schützen will und das man jedem profanen Zugriff am liebsten ganz und gar entziehen möchte. Priester, Sakramente, heilige Schriften, religiöse Moralvorstellungen usw. beanspruchen in allen traditionellen Kulturen darum einen übergeordneten Rang. Sie verlangen Glauben und Gehorsam, und der wird ihnen in aller Regel auch willig und fleißig entgegengebracht. Dadurch wird die religiöse Kultur für die Menschen aber auch zur Pflichtaufgabe. Die Erfüllung der religiösen Pflicht besteht dann im Empfang des Sakraments, im Gang zum Priester oder im Glauben an dogmatische Sätze, der *unbedingt* zu leisten ist – und nicht in der Wahrnehmung Gottes inmitten aller Dinge des Lebens. Die religiösen Pflichten können Gott vollkommen zudecken und ersetzen, ohne dass das dem religiösen Menschen besonders auffallen müsste.

»Nicht alles an den Religionen ist religiös.«[42] Das stimmt, und es entspricht auch der eigenen Erfahrung. Nur ist es noch zu harmlos gesagt. Denn mit ihren religiösen Unbedingtheiten stellt sich die Religion *an die Stelle* ihrer ursprünglichen Inspiration und wird lebensfremd. Nicht nur aus heutiger kritisch-moderner Sicht, sondern auch aus der Sicht tiefer religiöser Geister wird sie damit regelrecht absurd. Der Glaube an die Jungfrauengeburt, an die Trinität oder an die Höllenfahrt Christi sind ja nun wahrlich nicht dasselbe wie der Glaube an Gott! Dieser Unterschied fällt der normalen Frömmigkeit aber meist gar nicht auf.

Die Unbedingtheit der religiösen Pflichtvorgaben hat sogar noch einen anderen lebensfremden Zug. Sakralität tendiert nämlich immer zur Gewalt. Denn sie fördert und fordert die Kompromisslosigkeit und den Fanatismus. Das muss sich nach außen gar nicht in Form von offener Gewalt bemerkbar machen, sondern kann auch als die innere Gewalt des Gewissenszwanges und der religiös bedingten Angstvorstellung auftreten.

Für die Unbedingtheit der religiösen Kultur gibt es im Christentum zwei konfessionstypische Formen. Die katholische ist die einer archaisch-prunkvollen Selbstherrlichkeit, die mit einer entsprechenden Faszination einhergehen kann. Der Katholizismus ist eine religiöse Diktatur mit einer klaren, von oben verordneten Glaubens- und Verhaltensvorgabe, in der es eine päpstliche »Unfehlbarkeit« gibt und in der in allen strittigen Fragen das Kirchenrecht entscheidet, nicht die Bibel oder gar die Liebe. Zugleich ist er eine sehr milde erscheinende Art der Bemutterung, die in Maiandachten, Marienfrömmigkeit, unbedingter Kirchenbindung und sanfter Sprechweise die Regression jeder freien religiösen Entfaltung vorzieht.

Die evangelische Form des Zwangs ist dem gegenüber zwar in vielfacher Hinsicht abgemildert, da der Protestantismus die Kirche als Amt versteht und jeden getauften Gläubigen als einen potentiellen Priester. Allerdings ist die Fixierung aufs Pfarramt hier oft noch größer als in der katholischen Konfession, und vor allem sind die außen kaum erkennbaren Unbedingtheiten in innere Zwänge verlegt. Alles muss der evangelische Christ mit sich selbst ausmachen. Nicht nur in den Entscheidungen der Kirchenleitungen, sondern vor allem im Glauben der Einzelnen herrscht eine Glaubensfixierung, die die »Offenbarung«, die »Rechtgläubigkeit« und das eigene Heil einem angestrengten Glaubens-Willen überlässt. Zudem gibt es in den protestantischen Kirchen eine sinnliche Nüchternheit, die für die ohnehin schon recht anstrengende Frömmigkeit der Gläubigen keinerlei Entlastung kennt. Die katholische Frömmigkeit hat ihre Heiligen und die Beichte, der Protestant nur sein eigenes Gewissen. Daher ist er oft nüchternen, aufrichtiger und moderner, aber auch zwanghafter und weniger fröhlich als der Katholik. Beim Blick auf manche protestantischen Gemeinden kann man sich durchaus fragen: Ist das überhaupt eine Religion, oder ist das nicht eher ein abgeschottetes Vereinsleben?

Katholizismus ist Mutterbindung. Das religiöse System ist dem einzelnen Gläubigen klar vor- und übergeordnet. Hier dominiert die Delegation aller religiösen Dinge an den Papst und die Heiligen, hier tritt die Gottesmutter für mich ein, hier werden das Kindsein und eine gefühlige Geborgenheit gepflegt. Protestantismus ist Vaterbindung: Gott sitzt im Regiment, und man kann nur auf sein Eingreifen hoffen. Er ist gütig, aber auch streng und blickt dem Gläubigen tief ins Herz. Da gibt es kein Ausweichen. Daher kommt es schnell zu Schuld- und Minderwertigkeitsgefühlen. Der Katholizismus neigt nach der negativen Seite hin zur Heuchelei und zur Hysterie, der Protestantismus zur Zwanghaftigkeit und zur Depression.

 Sichtbar wird das immer wieder an der mangelnden Übersetzung religiöser Verortungen ins eigene Leben. Beide können wie getrennte Welten vollkommen berührungslos nebeneinander herlaufen. »Warum fällt die wahre Nachfolge mit Herz und Charakter immer wieder so schwer, aber die mit Lehrsatz und Spekulation so leicht? Nicht nur, weil Lehrsatz und Spekulation echtem existentiellem Ernst leichter ausweichen können ... Sie projizieren nach außen und erwarten entsprechend von außen her, was ... innerlich geleistet werden müsste. Die Lösung aller Probleme von einem externen Mirakulum zu erwarten, das ist nur eine spezifische Form der so schwer abzustreifenden Infantilität, der Verantwortungsscheu.«[43] Das erklärt dann auch die religiöse Unmündigkeit vieler scheinbar religiöser Menschen. Solange man die Religion dem religiösen System überlässt, wird man sich auch die religiösen Fragen mehr oder weniger von dort vorgeben lassen. Damit etabliert sich ein Zirkel, der der eigenen freien Entwicklung entgegensteht und auch die Sklerotisierung der religiösen Kultur selbst erklärt. Zumindest so lange, bis Fragen auftauchen, die sich nicht mehr mit den etablierten Vorgaben abspeisen lassen.

Dieser Zirkel zeigt aber auch, warum es innerhalb der religiösen Kultur selbst immer wieder zu ketzerischen Unruhen kommt. Die Religion stellt sich nämlich mit diesem Zirkel nicht nur an die Stelle des Lebens, sondern auch an die Stelle Gottes. Der Glaube gilt dann den dogmatischen Sätzen des Glaubensbekenntnisses oder der sorgenden Fürbitte der Maria. Wenn einem sensibleren religiösen Geist das auffällt, kann er im religiösen System durchaus auch einmal rabiat werden – so wie Jesus in der sogenannten »Tempelreinigung«. Es ist sicher ungewohnt, aber vollkommen stimmig, Jesus als den größten Ketzer der Religionsgeschichte zu bezeichnen.

Der Kontrast zwischen Jesus von Nazareth und der christlichen Kirche könnte in den wirklich wichtigen Punkten auch kaum größer sein. Jesus wollte keinerlei Trennung zwischen heilig und profan, die Kirche dagegen, vor allem die katholische, setzt auf sakramentale Macht. Gottes Liebe galt Jesus als unbedingt und unbegrenzt für alle Menschen, während sie in den Kirchen von den Bedingungen der Mitgliedschaft und der Rechtgläubigkeit abhängt. Wo Jesus Gott im Alltag sehen lässt, gibt es in den Kirchen ein gut gehütetes »Geheimnis des Glaubens.« Der unbedingte, aufrichtende Zuspruch des Jesus zu allen belasteten Menschen steht der durchgehenden kirchlichen Rede von der Sündenschuld des Menschen vor Gott gegenüber. Dort der arme Wanderprediger, hier die imposanten prunkvollen Bauten. Dort die spontane und flüchtige Poesie der Gleichnisse, hier eine hoch intellektuelle Theologie. Dort die unbegrenzte, schrankenlose Liebe, hier das klar gefasste Kirchenrecht. »Wer der Größte sein will«, ist für Jesus der, der dient, während in der Kirche die Größten und Entscheidungsbefugten die Päpste und Bischöfe sind. Während Jesus sagt, Gott lasse es regnen über Gute und Böse, ist vor allem das katholische Kirchensystem auf Macht und Hierarchie gebaut, das moralische und religiöse Ausgrenzung gegen alle betreibt, die anderer Meinung sind. Hier ist sogar der Zugang zum Sakrament – und damit zu Gott selbst – an klar definierte religiöse und moralische Bedingungen gebunden.

Für den anglikanischen Bischof John Shelby Spong kann »die einzige Voraussetzung für die Teilnahme am gemeinsamen Mahl nur noch darin bestehen, dass der Mitfeiernde hungrig sein muss«[44]. Das ist im Sinne Jesu gedacht. Alle Religionsverwalter stehen immer in der Tendenz und Gefahr, die religiöse Tradition um deren besonderer Heiligkeit willen dem Menschen vorzuordnen. Darum herrscht im religiösen System der Wille zur Ein- und Unterordnung. Sinnvolle Religion aber will die Stärkung der menschlichen Autonomie, sein Wachsen und Reifen. »Der Sabbat ist um des Menschen willen da« – dieser Grund-Satz Jesu gilt für alle Dogmatik, für die Kirche und für alle religiöse Praxis.

Jede religiöse Kultur bräuchte daher ganz dringend eine ebenso religions-kompetente wie religions-kritische Theologie; eine Theologie, die sich als kritische religiöse Weisheit verstünde, die auf das konkrete Leben bezogen ist, und nicht als eine gravitätisch-ernste Heilslehre. »Vielleicht hat das Heilige mit dem Heiteren doch mehr gemein, als sich ein kleinmütiger Ernst träumen lässt – wenn er denn träumt.«[45]

Eine solche Theologie sollte Frömmigkeits-, also Religiositätsklärung betreiben, statt sich ins Historische ihrer eigenen gelehrten Tradition zu vergraben und dort bis zur Unverstehbarkeit zu spezialisieren. Eine solche Theologie sollte keine Angst vor religiöser Beliebigkeit haben, vor »Patchworkreligion« oder »Religion light« oder »Cafeteria-Religion«, wie das theologisch oft abfällig heißt. Sie kann stattdessen durchaus darauf vertrauen, dass sich die großen theologischen Deutungsmuster der Tradition auch von selbst immer wieder herstellen. Eine solche Theologie sollte schließlich Anleitung zur Wahrnehmung des Heiligen sein und entsprechende Wege dafür aufzeigen.

Die religiöse Kultur mit ihren dogmatischen Sätzen, Riten und Sakramenten ist *Ausdruck und Übungsfeld* für die menschliche Religiosität und darin durchaus wichtig, nicht aber die Sache selbst. »Nicht die religiöse Praxis macht den Christen«, so hat es Dietrich Bonhoeffer einmal formuliert. Auf derselben Linie liegt es, wenn man folgert: Gott will das Leben – und nicht die Frömmigkeit. Nicht ein Glaube ist der Kern einer lebendigen Religion, sondern die Wahrnehmung des Heiligen in allen Dingen, die sich mit einer Haltung des Vertrauens verbindet. Wichtiger als alle religiöse Tradition ist die religiöse Aufmerksamkeit auf das Leben selbst. Religiöse Beliebigkeit ist lebensnäher als religiöse Bevormundung.

Lebendige und leidenschaftliche Religiosität ist also eine bestimmte Sicht auf die Welt, die aus einer bestimmten Erfahrung bzw. Einstellung kommt. Diese Erfahrung kann durchaus die der überlieferten Tradition sein, und in den allermeisten Fällen ist die religiöse Tradition die *Quelle* solcher Religiosität. Daher werden religiöse Praxis und religiöse Traditionen keineswegs überflüssig, sie bleiben sogar ausgesprochen sinnvoll – freilich nicht mehr im Sinne eines besonderen Anspruchs auf Würde und Befolgung, sondern als Lebens-Hilfen für mich selbst.

Das gilt für alle religiöse Kultur. Hermann Timm hat einmal gesagt: Das Wichtigste an der Lektüre der Bibel ist der Moment, in dem mir etwas klar wird – »Ach so!« – und in dem ich das Buch wieder zuschlage. Entsprechend gilt: Das Wichtigste am Beichtstuhl ist der Moment, in dem ich in Zeiten der Belastung wieder auf meine Füße komme. Der wichtigste Moment einer sakralen Handlung ist der, in dem ich den Kirchenraum verlasse.

2.4 Einübungen in die Wahrnehmung Gottes

Ein kleiner Grundkurs zur Mystik

Wer wissen will, wo und wie Gott ist, der stelle sich einfach einmal in den Wind. Und spüre die Bewegung der Luft, die Grundlage allen Lebens ist. Diese Luft ist überall, vom Himmel oben angefangen bis hinunter in die Erde: Es ist der Sauerstoff, der das Leben gibt. So ist Gott: wie die Luft, die wir atmen, und die überall in unserem Körper ist.

Einen solchen Vergleich muss man nicht glauben. Man kann ihn als Unsinn ablehnen oder als Betulichkeit. Aber selbst wenn man ihn akzeptiert und überzeugend findet, muss man ihn nicht glauben, sondern eher spüren und mit der eigenen Erfahrung abgleichen.

Ist das zu einfach gedacht? Ist die Frage nach Gott nicht viel größer? Immerhin füllt sie riesige theologische Bibliotheken. Was hier einfach scheint, ist aber eigentlich wieder verwirrend. Ganz ähnlich wie die Aussagen Jesu, der in seinen Gleichnissen gezeigt hat: Gott ist nicht (nur) im Tempel, sondern im Alltag, und da ist er so nah, dass wir ihn permanent übersehen. Die Antwort auf seine Gleichnisse muss entsprechend sein: »Ja, stimmt eigentlich!« Oder: »Natürlich, wie denn auch sonst!« Diese Alltäglichkeit in Sachen Gott widerspricht allerdings, wie wir gesehen haben, zutiefst der allgemeinen religiösen Erwartung.

Ähnlich verwirrend kann ein Satz sein wie »Es gibt keinen Zufall. Der Zufall ist Gotteslästerung«, den Gotthold Ephraim Lessing gesagt hat. Was hieße denn das eigentlich, wenn ich alle Wendungen und Ereignisse in meinem Leben als gottgewollt oder als *in Gott* oder gar als *göttlich* verstehen wollte? Das wäre jedenfalls nicht möglich ohne einen völlig veränderten Blick.

Der religiöse Blick auf die Welt, der alles in Gott und Gott in allem sieht, ist nirgendwo sonst so kultiviert worden wie in der Mystik. Alle wirklich großen religiösen Geister hatten einen deutlich mystischen Zug – von Jesus über Franz von Assisi, Luther, Schleiermacher bis Tillich, von Buddha bis Rumi. Die Mystik kann als Kern der Religion bezeichnet werden. Freilich ist sie wenig bekannt und auch mit einer Reihe von Vorurteilen behaftet. So etwa meinen viele, Mystik sei eine Sache meditierender Mönche in der Klosterzelle; oder sie verbinde sich immer mit der Versenkung ins Leid (wie das die sogenannte Leidensmystik tut, etwa die des Bernhard von Clairvaux oder der Theresa von Avila). Zu welcher Lebenszugewandtheit und souveränen Klarheit die mystische Einstellung aber gelangt, lässt sich an Meister Eckhart zeigen, der wohl am meisten unterschätzten Figur des Abendlandes. Eckhart ist weit entfernt von jeder Geheimniskrämerei. Im Gegenteil – über die abergläubischen religiösen Praktiken seiner Zeit schüttet er immer wieder seinen mit mildem Humor vermischten Spott aus. Und darin schließt er nicht nur die klösterlichen Meditations-Asketen, sondern sogar das wörtliche *Gebet* ein.

Eckharts grundlegende Botschaft ist ebenso einfach wie darin wiederum verwirrend. Gott ist nicht »draußen«, und deshalb muss er weder gesucht noch beschrieben werden. Wenn Gott überhaupt gedacht wird, dann muss er *überall*, also auch und vor allem in mir selbst sein. »Manche einfältigen Leute wähnen, sie sollten Gott so sehen, als stünde er dort und sie hier. Dem ist nicht so.«[46] So lapidar kommt das bei ihm daher. Und so scharf: Denn mit den *einfältigen Leuten* dürften ja vor allem die Anhänger der Glaubenslehre, also die allermeisten christlichen Gläubigen gemeint sein.

Das christliche Ideal war es immer, Christus nachzufolgen. Das, so die Mystik, ist aber nur dann wirklich erfüllt, wenn Menschen selbst *Christus werden*. Und damit ist gerade keine Blasphemie ausgesagt, wie man vielleicht denken könnte, sondern es ist mit dem religiösen Weg einfach nur Ernst gemacht. Die Nachfolge kann allzu schnell äußerlich bleiben. Allzu oft ist sie das Streben nach einem größeren und im Grunde immer unerreichbar bleibenden Ideal. Dann sind ständige Bemühungen, religiöse Pflichten, Anstrengungen und Zwänge die automatische Folge und natürlich auch Schuld- und Versagenserfahrungen. Damit kommt es ganz unausweichlich zur *Veräußerlichung* der Religion, die schnell auch zur Heuchelei führt. Wenn die Religion nicht Sache des Herzens und des veränderten Blicks ist, wird sie zum Unsinn. »Wird Jesus noch so oft zu Bethlehem geboren und nicht in dir, so bist du doch verloren« – so hat es der barocke Mystiker Angelus Silesius gesagt.

Auch Jesus war Mystiker, auch wenn diese Bezeichnung für ihn sicher ungewohnt ist. Für ihn war Gott in allem, und er polemisierte immer wieder recht heftig gegen jede Form der religiösen Äußerlichkeit. An ihm zeigt sich auch, dass echte Mystiker *Alltagspragmatiker* sind.

Die Mystik steht allen Menschen offen, im Gegensatz zu den oft komplizierten Ideen der Theologen und der Kirchenregeln. Sie hat nur ein einziges Thema: Gott ist Liebe, die Liebe ist Gott. Das will einfach nur wahrgenommen sein.

Damit steht die Mystik im Kontrast zur etablierten religiösen Kultur. »Wenn der Gott, den ich anbete, mit den altertümlichen Worten des Glaubensbekenntnisses wörtlich identifiziert werden müsste, würde Gott für mich nicht nur unglaubwürdig werden, sondern taugte geradezu nicht mehr dazu, Gegenstand meiner Verehrung zu sein.«[47] So beginnt John Shelby Spong, ein tief religiöser anglikanischer Bischof, der ebenfalls der Mystik zuneigt, sein bemerkenswertes Buch über die Krise des Christentums. Gott ist keine Tatsache und kein verwaltbares Faktum. Für die Mystik ist Gott nicht in dogmatischen Begriffen zu Hause, in »Wesensbestimmungen« oder Zeremonien. Sie wendet sich weit ab von den gewohnten Denk- und Vorstellungsschemen, die sich die Menschen über Gott machen: seine »Allmacht«, seine »Güte«, seine »Herrschaft« oder seine »Trinität«. Gott ist auch keine Person im Himmel. Welche Ferne Gottes steckt nicht in diesen Begriffen und Vorstellungen! Sollte Gott denn ein überweltlich-außerzeitlicher Herr sein, der seinen »präexistenten«, »sündlosen«, göttlichen Sohn vom Himmel auf die Erde schickt, um die Menschen von ihrer Sündenschuld zu erlösen, durch die sie von Gott getrennt sind? Solche »metaphysischen« Ideen sind einer der Gründe dafür, warum viele Menschen der Religion heute mit einem grundsätzlichen Zweifel begegnen. Sie können vom heutigen Zeitbewusstsein nur noch als alt-befremdliche Mythologie eingestuft werden, die weder dazu geeignet ist, in die Erfahrung Gottes zu führen, noch das eigene Leben zu orientieren. Paradoxerweise verstoßen solche Vorstellungen sogar gegen das erste Gebot: »Du sollst meinen Namen nicht missbrauchen!« Gottes Name wird immer dann missbraucht, wenn er auf menschliche Begriffe eingeengt wird.

Das Wissen der Mystik lässt sich in vier aufeinander folgende Stufen gliedern, die dann sozusagen im Rückwärtsgang eine Anleitung für die eigene religiöse Orientierung enthalten, die auch unter modernen Verstehensbedingungen ausgesprochen plausibel ist:

1. Gott ist *alles*. Kein anderer Gedanke kann der Gottesidee überhaupt angemessen sein. Will man sie überhaupt in Worte fassen, so können nur sehr umfassende dafür geeignet sein – etwa die, die Paul Tillich verwendet: »Der Name dieser unendlichen Tiefe und dieses unerschöpflichen Grundes alles Seins ist *Gott*. Und wenn das Wort für euch nicht viel Bedeutung besitzt, so übersetzt es und sprecht von der Tiefe in eurem Leben, vom Ursprung eures Seins, von dem, was euch unbedingt angeht, von dem, was ihr ohne irgendeinen Vorbehalt ernst nehmt. Wenn ihr das tut, werdet ihr vielleicht einiges, was ihr über Gott gelernt habt, vergessen müssen, vielleicht sogar das Wort selbst ... Wer um die Tiefe weiß, der weiß auch um Gott.«[48] Für Eckhart ist Gott das gesamte Sein: »Deus est esse.« Er ist das »Sein selbst«, so wiederum Tillich. Und die praktische Folge daraus lautet: »*Der* erkennt Gott recht, der ihn in *allen* Dingen gleicherweise

erkennt.«[49] Dogmatische Formulierungen und überhaupt alle Begriffe führen von der Erkenntnis Gottes auch *weg*.

2. Wer Religion verstehen will, muss die Logik der Bilder verstehen. Auch »Gott« ist eine Idee, ein Bild, eine Vorstellung, die dem *Wesen* Gottes niemals umfassend gerecht werden kann. Man sage allerdings nicht: *nur* ein Bild – denn Bilder können umfassende, bewegende Aussagen machen und starke Wirkungen haben, oft sehr viel stärkere jedenfalls als rationale Argumente. Umgekehrt heißt das: Jede Aussage über Gott *muss* bildlich sein und zugleich um ihre Bildlichkeit wissen. Gott ist immer größer, hinter und jenseits unserer sprachlichen und gedanklichen Annäherungen. Auch Martin Luther wusste, dass wir einerseits »nichts ohne Bilder denken und verstehen können«, dass Bilder aber immer vorläufig und unzulänglich sind. »Gott« ist auch in Luthers Großem Katechismus, was den Menschen – mit Tillichs berühmten Worten gesagt – *unbedingt angeht*: »Woran du nun dein Herz hängst und worauf du dich verlässt, das ist eigentlich dein Gott.« Wahrhaft Gott ist allein der »Gott über Gott«, wie Tillich ihn nennt. In seiner ebenso schlichten wie tiefgründigen Art hat Meister Eckhart bereits um 1300 herum ganz grundsätzlich davor gewarnt, Gott in bestimmten »Weisen« oder sogar »Gedanken« zu suchen. Gott zeigt sich nur in, hinter und jenseits unserer Begriffe und Bilder, die Gott regelrecht *zudecken* können.

Bezeichnenderweise macht die Bibel keinerlei Lehraussagen über Gott, sondern redet *durchgehend* in Bildern und Gleichnissen von ihm. Allein im Alten Testament hat man 77 verschiedene Gottes-Bilder gezählt: Er ist dort Burg, Fels, Heerführer, Hirte, Glucke, Wind usw., und diese Bilder sind gerade keine überzeitlich gültigen Begriffs-Aussagen, sondern Niederschlag von Erfahrung und Poesie.[50]

Der Dichter Rainer Maria Rilke, ebenfalls ein mystisch Inspirierter, schreibt von Gott:

Ich liebe dich, du sanftestes Gesetz,
an dem wir reiften, da wir mit ihm rangen;
du großes Heimweh, das wir nicht bezwangen,
du Wald, aus dem wir nie hinausgegangen,
du Lied, das wir mit jedem Schweigen sangen,
du dunkles Netz, darin sich flüchtend die Gefühle fangen.[51]

Sanftes Gesetz, Heimweh, Wald, Netz – das sind ungewohnte, aber durchaus einleuchtende Begriffe, die viel von unserer Erfahrung und von unserer Suche in sich aufnehmen. Es sind Begriffs-Bilder, die über sich hinausweisen.

3. Gott ist in mir. Denn sonst kann es kein Erkennen Gottes geben. Vor allem aber muss das so sein, weil Gott das Leben will, weswegen er sogar mit der Liebe gleichgesetzt wird: »Gott ist die Liebe« (1 Joh 4). Wenn Gott nämlich das Leben liebt, dann will und liebt er auch mich. Meister Eckhart leitet das aus dem Gedanken des »Ebenbildes« ab: Der Mensch ist nicht das sündige, schuldige Geschöpf, das unterhalb Gottes und zu seinen Füßen im Staub kriecht, sondern er ist sein Gegenüber und sein Spiegel. Er steht mit Gott sozusagen auf Augenhöhe. Gott will sich im Menschen verwirklichen, und der Mensch erkennt sich in Gott. Also können Gottes- und Selbsterfahrung nur in eins gehen und ein und dasselbe sein. Daher sagt Eckhart: »Man soll Gott nicht als außerhalb von einem selbst erfassen und ansehen, sondern als mein Eigen und als das, was in einem ist ... Gott und ich, wir sind eins.«[52] In der Diktion des barocken protestantischen Mystikers Gerhard Teerstegen lautet dieser Gedanke so: »Komm du nahes Wesen / dich *in mir* verkläre ... / wo ich geh, sitz und steh / lass mich dich erblicken ...«[53] Es ist derselbe Gedanke, der für Tillich die Erfahrung dessen ist, was »mich unbedingt angeht«.

Bemerkenswert, welche Würde hier dem Menschen zugedacht wird! Seine unbedingte Autonomie wird hier wie eine vollkommene Selbstverständlichkeit behandelt und einfach vorausgesetzt.

4. Die letzte Stufe der religiösen Erkenntnis ist für die Mystik im Grunde wiederum eine sehr einfache, die eher ihre praktischen Schwierigkeiten mit sich bringt. Sie ist eine weitere Folge der Einsicht, dass Gott nicht *etwas* ist, sondern *alles* oder *in allem*. Eckhart nennt sie die »Ent-Bildung«. Der Mensch muss, wie Eckhart sagt, »Gottes quitt« (wörtlich also: Gott-los) werden, wenn er ihn sehen will! Denn »wer Gott in einer bestimmten Weise sucht, der nimmt die Weise und verfehlt Gott.«[54] Das ist so pointiert formuliert, wie religiös klug gedacht. Gott zu sehen und zu empfinden muss überall möglich sein, *unabhängig* also von allen Vorstellungsbildern, *unabhängig* auch von religiöser Praxis oder von religiösen Orten!

Die Konsequenz daraus ist wiederum ebenso simpel wie verwirrend: Auch in der Erfahrung des Schmerzes ist Gott. »Wer Gott in rechter Weise nehmen soll, der muss ihn in allen Dingen gleicherweise nehmen, in der Bedrängnis wie im Wohlbefinden, im Weinen wie in Freuden ... Darum sollt ihr euch nicht auf irgendeine Weise verlegen, denn Gott ist in keiner Weise weder dies noch das. Darum tun die, die Gott in solcher Weise nehmen, ihm unrecht. Sie nehmen die Weise, nicht aber Gott ... Denn wahrlich, wenn einer wähnt, in Innerlichkeit, Andacht, süßer Verzücktheit und in besonderer Begnadung Gottes mehr zu bekommen als beim Herdfeuer oder im Stalle, so tust du nichts anders, als ob du Gott nähmest, wändest ihm einen Mantel um das Haupt und schöbest ihn unter eine Bank.«[55] Wer nur die Kreaturen »erkennt«, der braucht keine Predigt mehr, denn alle Kreatur ist »Gottes voll«.

Wer es schafft, sich von allen Begriffen und Bildern frei und innerlich leer zu machen, kann die Erfahrung machen, dass Gott in ihn »eingeht«. Eckhart ist sogar der Meinung: Das passiert dann ganz von selbst. Denn Gott, der die Liebe ist, wartet regelrecht darauf, sich im Menschen zu zeigen; nur findet er den Menschen immer viel zu beschäftigt. Das ist die berühmte *Gottesgeburt in der Seele*, die nichts weiter (aber auch nichts weniger) meint als die religiöse Erfahrung, die mich neu ins Leben stellt.

Diese Ideen sind nun nicht nur Ideen, sondern zugleich immer auch praktische Anleitungen. Nirgendwo sonst lassen sich Theorie und Praxis so wenig auseinanderreißen wie in der Mystik. Daher können wir diese Einsichten von rückwärts her durchgehen, wir können sie als praktische Schritte auf dem Weg zu Gott verstehen und entsprechend anwenden. Für diesen Weg ist nicht mehr die Kompliziertheit der theologischen Begriffe und der dogmatischen Lehren das Problem, sondern die innere Nachvollziehbarkeit der Gottes-Wahrnehmung. Mystisches Sehen ist ungewohnt, und sie ist *Übungssache*.

Gehen wir also den mystischen Gedankengang rückwärts und wenden wir ihn praktisch. Was für die Logik das Allererste und Einfachste ist, ist für die emotional bedingte Praxis hier das Höchste und Schwierigste – und umgekehrt. So könnte die mystische Praxis-Anleitung lauten:

1. (Punkt 4) Als Erstes braucht der Mensch *Gelassenheit*, ganz pragmatisch verstanden im Sinne des Loslassens. »Gelassenheit« ist in vielen Predigten Eckharts das erste religiöse Erfordernis, denn sie ist der Weg zur Ent-Bildung – also zur Befreiung von fixen Vorstellungsbildern. Der angemessene Weg zu Gott ist nicht das Denken und nicht einmal die religiös vermittelte Praxis, sondern die wache, offene Wahrnehmung. Diese Wahrnehmung ist überall und zu jeder Zeit möglich. *Lernen* aber kann man sie am besten im Rückzug und im hörenden Schweigen. Die bewusste Selbst-Absonderung in die hörende Stille ist die Vorbereitung auf eine Wahrnehmung Gottes. Gelassenheit ist beides: der praktische Rückzug, aber auch ein umfassendes inneres Freisein. Wer gelassen ist, »hat es nicht nötig«, wie man so sagt, sich zu beweisen oder allzu sehr aufzuregen. Er kann die Dinge so nehmen, wie sie kommen. Loslassen können

wir nicht nur die alltäglichen Routinen, sondern auch religiöse Begriffe und liebgewonnene Vorstellungsbilder und schließlich auch Erklärungsmuster und eingefahrene Reaktionen. Ein solches Loslassen klingt einfach und ist doch das Schwerste überhaupt. Wer loslassen will, muss eine Menge Vertrauen haben, dass er nicht ins Leere und Bodenlose fällt. Unsere Momente des Loslassens aber können ganz wunderbar entspannend und (er)lösend sein. Und sie können Momente des Durchbruchs und der Veränderung unseres ganzen Lebens sein.

2. (Punkt 3) Gotteserkenntnis ist Selbsterkenntnis, Selbsterfahrung ist Gotteserfahrung. Wo mir das Leben bewusst wird, erfahre ich immer auch seinen Grund und seine Tiefendimension. Da Gott nicht außerhalb des Lebens ist, sondern mitten drin, dürfen wir unsere Erfahrungen mit Gott in Verbindung bringen, auch wenn das bisweilen ungewohnt ist: *In jedem wirklich wachen Augenblick spüre ich die Anwesenheit Gottes.* Wir sind viel religiöser, als wir meinen. – Die Selbst-Erfahrung führt freilich auch mit sich, dass die religiöse Erfahrung keine harmlose ist. In aller Regel ist es der gespürte und zugelassene Schmerz, der da zum Bewusstsein kommt, der mich aber auch – anders, als man das vielleicht erwarten würde – weiterbringt und neu ins Leben stellt. Was bei Meister Eckhart im ersten Moment fast als absurd erscheint, nämlich die Aufforderung, den Schmerz *gut* zu heißen, vollkommen zu akzeptieren (»Wenn Gott dir ein Leiden schickt, dann ist das das *Allerbeste* ...«!), ist ein ganz exemplarischer Vorgang der religiösen Bewusstseinserweiterung, die zu einer Veränderung des Lebens führen kann.

3. (Punkt 2) Wo immer wir religiös denken und uns religiös artikulieren, sollten wir das in Bildern tun, und gleichzeitig sollten wir immer alle Bilder hinter uns lassen. Wir sollten Bilder als Bilder verstehen und nicht als logische Aussagen. Das ist die Aufforderung dazu, poetisch zu reden und zu erzählen. Denn wer poetisch denkt, weiß, dass Bilder Hin-

weise sind, nicht die Sache selbst. Wer Gott als Felsen oder als Brunnen anspricht, weiß ja, dass er das nicht *ist*. Gott *ist* kein Richter, keine Glucke und keine Trinität. – Ein schönes und aussagekräftiges Bild für Gott ist der Brunnen, auf dessen tiefem Grund Wasser ist. Eckhart verwendet dieses Bild immer wieder, verbunden mit dem Hinweis: Oft müssen wir erst einmal den Schutt abtragen, der sich da angesammelt hat. Dann kommt Gott von selbst wieder zum Vorschein.

4. (Punkt 1) Gott ist in allem. Er ist im Baum. Er ist im Gesicht des Menschen, der mir gegenübersitzt. Er ist in den Wolken. Er ist im Straßenverkehr und im Schrecken der Dunkelheit. Leichter tun wir uns sicher, ihn in der verschwenderischen Schönheit der Welt zu sehen. Aber er ist auch im Sterben. Er ist im Guten wie im Bösen, im Glück wie im Schmerz – was in der Religion in aller Regel wieder einmal als provokante Zumutung gilt. Gott ist so ambivalent wie das Leben. Er ist nicht der liebe und gute allein, sondern auch der *Deus absconditus*, wie Luther ihn nannte: der verborgene und unheimliche Gott. Positiv gewendet heißt das: Alle »Zufälle« meines Lebens sind Einmaligkeiten und Wunder. In ihnen »spricht« Gott zu mir. Die Welt ist voller Möglichkeiten. Alle Religion ist Seh-Schulung.

Können wir Gott im Straßenverkehr sehen!? Dieses Sehen will offenbar geübt sein.

In seiner Predigt »Vom edlen Menschen«[56] hat Eckhart den skizzierten Weg in einer *sechs*fachen Stufenfolge dargestellt, die sich auch als Bewertung der religiösen Reife verstehen lässt. Sie nimmt eine etwas andere, aber doch gut vergleichbare Zuteilung vor. Diese Stufen beginnen bei einem Leben nach dem Vorbild heiliger Leute (d.h. also mit dem üblichen religiösen Verhalten), das also nicht abgelehnt wird, das aber nur die unterste Stufe religiöser Reife darstellt. Auf der nächsten Stufe steht bereits das Leben, das aus eigenem Antrieb geschieht, also ohne erfolgsorientierte, religiöse oder idealistische Ziele und Zwecke: Leben um des Lebens willen. Auf der dritten Stufe kommt es zur grundsätzlichen Freiheit von Angst und Sorgen. Noch höher steht die Bereitschaft, Anfechtungen zu erdulden, d.h. also die Leidensfähigkeit. Die fünfte Stufe ist eine alles Leben überstrahlenden inneren Ruhe, die man als große und weise Gelassenheit verstehen könnte. Die sechste und letzte ist das Leben im Wissen um die Geborgenheit in Gott, also das, was wir ein Leben aus der religiösen Erfahrung heraus nennen könnten.

Hubertus Halbfas, ebenfalls ein mystisch inspirierter und im Übrigen weit unterschätzter Theologe, bringt die mystische Einsicht auf den Punkt: »Der Weg zu Gott ist auch der Weg des Menschen zu sich selbst. Er ist kein Weg sakramentaler Praxis, sondern spiritueller Reifung.«[57] Selbstverständlich kann und soll man die religiöse Kultur nutzen! Man kann und darf sich also sakramental verhalten. Aber immer müssen das religiöse Tun und Denken die Transparenz aller Dinge für Gott öffnen und in ein religiös inspiriertes *Leben* einmünden. Selbst noch das Gebet als isoliertes Gespräch ist für die Mystiker daher nur der Sonderfall einer religiösen Praxis, die ebenso zu überwinden ist wie alle anderen religiösen Vermittlungsformen.

Eine der ungewöhnlichsten Aufforderungen dürfte heute die zum Schweigen sein. Unsere Zeit ist so impulsgesättigt, laut und schnell, dass wir das Ausbleiben von äußeren Reizen oft schon als Vakuum empfinden und kaum noch aushalten können. Daher ist es nicht leicht, Gott zu bemerken. Wer Gott wahrnehmen will, sollte aber zuerst einmal hinhören. Das Sehen lässt sich allzu schnell ablenken. Das Hören dagegen kann sich leichter und besser einen Raum der Konzentration schaffen. Hören bedeutet, ganz Empfang zu sein und wache Aufmerksamkeit. Das verlangt Konzentration und fällt in unserer reizstarken Welt nicht gerade leicht. Hören setzt auch voraus, dass die eigenen Stimmen und Bedürfnisse einmal abgestellt werden. Auch im religiösen Kontext sind wir allzu sehr daran gewöhnt, dass wir *agieren* – indem wir lesen, beten, Gottesdienste besuchen usw. Das Schweigen hat nicht einmal in unseren Gottesdiensten einen Platz. Selbst das Hören auf eine Predigt ist meist mehr gedankliche Arbeit als empfangendes Aufnehmen.

Jedes wache Hören ist Gebet. Und das Gebet ist vor allem ein Hören. Es ist das Lauschen auf das Leben, das man mit dem Blick in die Tiefe des Brunnens vergleichen könnte, in der das Wasser fließt. Es ist der Versuch, mit der Quelle des Lebens in Verbindung zu treten. Dazu braucht es keine Worte. Wer hören will, was Gott spricht, muss sich selbst zuerst einmal still stellen, und zwar soweit das irgend geht.

Solches Zuhören kann man üben. Bestens geeignet ist dafür die Musik, der wir unsere ganze wache Aufmerksamkeit zuwenden. Daher ist es kein Zufall, dass die Musik auch in der Religion eine zentrale Rolle spielt. In der religiösen Kultur gibt es aber auch eine ganze Reihe von weiteren Hilfsformen, die zur Einübung ins Hören einladen. Zuerst kann man die heiligen Räume aufsuchen. Dann gibt es da die geprägten Gebete, in der christlichen Kultur vor allem das Vaterunser oder auch viele einprägsame biblische Sätze. Besonders geeignet sind die Psalmen, da sie ebenso emotional wie plastisch sind. Auch ganz moderne Menschen können sich in ihren erfahrungsgesättigten Formulierungen gut wiederfinden.

Es wäre sinnvoll, sich einen Lieblingspsalm zu suchen und diesen immer wieder einmal hervorzuholen. Etwa:»Von allen Seiten umgibst du mich. Diese Einsicht ist mir zu erstaunlich und oft zu groß« (Ps 139). Dann gibt es die vielen wohltuenden Sätze, die das»Fürchte dich nicht« variieren – etwa:»Der Herr ist mein Hirte, mir wird nichts mangeln« (Ps 23). Dann gibt es viele Liedverse, die zu Lieblingssätzen und dann auch zu wichtigen religiösen Wegweisern werden können.»Befiehl du deine Wege, und was dein Herze kränkt« (EG 361,1);»Oh dass mein Sinn ein Abgrund wär, und meine Seel ein weites Meer, dass ich dich möchte fassen!« (EG 37,4).

Solche Worte müssen aufgesucht, ausgewählt und wiederholt werden, wenn sie als Begleiter im Notfall zur Verfügung stehen sollen. Es reicht aus, ein paar wenige solcher Worte oder Verse in ein privates Heft zu notieren und das immer wieder einmal hervorzuholen. Das kann nur wärmstens empfohlen werden. Wer in der Gefahr ist unterzugehen, kann nicht mehr das Schwimmen lernen.

Nicht die *Worte* sind aber entscheidend, sondern ihre Resonanzen in mir selbst. Wer die Stimme Gottes hören will, muss sich von der Vorstellung frei machen, er *spreche* in bestimmten religiösen Sätzen oder Tönen, und diese seien per se besonders heilig. Sie sind lediglich bewährte und wohltuende Vorgaben, die mich bergen und die mir Raum geben können und die sich sogar religiös genießen lassen. Ganz ähnlich wie die religiöse Musik. Außerdem mildern sie den Schmerz der Begegnung mit der Leere, die sich beim Gang in die Wüste einstellen kann.

Gott spricht, wenn ich ihn hören will, immer *in mir selbst*. Darum ist einer der wichtigsten Wege, ihn zu vernehmen, die Kontemplation, die alle Worte und Gedanken hinter sich zu lassen versucht – und die in der christlichen Kultur des Westens viel zu wenig geübt wird. Bewusst geplante und ritualisierte Zeiten der vollkommenen Stille tun gut. Und sie können eine Verbindung mit der Quelle des Lebens herstellen.

Die vielleicht ungewohnteste, aber beste Empfehlung ist das Hören auf die eigenen Träume. Für die religiöse Überlieferung war es schon immer etwas Selbstverständliches, dass Gott im Traum zu uns spricht. Wir dagegen müssen uns an diesen Gedanken erst einmal wieder gewöhnen. Er ist aber für die religiöse Logik vollkommen naheliegend. Träume *sprechen* zu uns, und sie können zur Stimme Gottes werden. Darum wollen sie ernst genommen und gedeutet sein.

Ein nicht gedeuteter Traum gleicht einem Brief, der nicht gelesen wird. Seine Deutung ist leichter, als man denken könnte, und lässt sich einüben. Die Sprache der Träume ist die symbolische, d.h. der Traum führt in Bildern vor, was oft ein zeitliches oder kausales Gefüge ist. Sehr oft lassen sich diese Bilder durch spontane Assoziationen ausdeuten oder durch die Reaktionen eines Menschen, dem man sie erzählt. Der Traum zeigt mir nicht nur meine innersten Gefühle und Bedürfnisse neu und unverstellt, sondern entwirft auch erstaunliche und heilsame Perspektiven für mein Leben.

Legen Sie sich Papier und Stift auf den Nachttisch. Schreiben Sie auf, was Sie im Traum erleben. Sammeln und vergleichen Sie diese Aufzeichnungen und assoziieren Sie Ihre Gedanken dazu. Hören Sie die Stimme des Heiligen in sich selbst.

3. Was ist der Sinn?

Die Religion und die Liebe

In unserer reichen Kultur richtet sich das Leben an der Verwertung von Möglichkeiten aus. Der Markt bietet unübersehbar vieles an, was zur Selbstentfaltung, zur Unterhaltung und zum Genuss einlädt. Daher fragen wir danach, was für uns den größten Nutzen und die besten Effekte bringt. Indem wir allerdings nach Nutzen und Effekten fragen, unterstellen wir die Dinge dem Kalkül. Die Dinge *an sich* haben keinen erkennbaren Wert mehr. Der Gebrauch entscheidet, und daher spüren wir keinen besonderen Respekt mehr vor den Dingen und vor den Menschen, mit denen wir umgehen.

Mit der Vielzahl der Möglichkeiten geht also auch deren Relativierung einher. Wenn nahezu alles möglich ist, dann ist nichts mehr wirklich wichtig. Alles wird austauschbar, nichts hat mehr eine wirklich unersetzbare Bedeutung. Dieses Wissen geht auf das ganze Leben über: Nichts hat unbedingte Bedeutung. Wenn das Leben aber bedeutungslos wird, steht die Frage nach dem Sinn im Raum. Die Beschränkung auf das Nutzbare und das sogenannte Faktische wird gleichbedeutend mit dem Verlust an Sinn.

Die Religion stellt hier ein symbolisches Deutungswissen bereit, das auf Bedeutung und Sinn regelrecht zentriert ist. Religion ist die Kultur der Sinndeutung, die vergewissert und orientiert. Absolute Gewissheit ist einer so verstandenen Religion fremd und eher Hinweis auf ein ungestilltes Bedürfnis nach Sicherheit, das vom Fluss des Lebens aber gerade abschneidet. Ein solches Sicherheitsbedürfnis macht aus der religiösen Kultur eine Parallelwelt, die zwanghaftes Verhalten und Denken erzeugt. Kluge Religion dagegen sieht *alles* als bedeutsam an. Sie zielt auf die Entfaltung einer gesteigerten Lebendigkeit und sieht darin den Sinn des Lebens.

Wer Gott als Grund und Tiefe des Seins erfährt, der entwickelt auch eine entsprechende Lebenshaltung. Für ihn liegt der Sinn nicht außerhalb des Lebens, in bestimmten Zuschreibungen oder Leistungen, sondern im Leben selbst. Die Religion beantwortet die Frage nach dem Sinn des Lebens daher mit dem Verweis auf die religiöse Ur-Erfahrung des geschenkten Lebens und seiner umfassenden Verbundenheit mit allem Leben. Sie hält diese Perspektive vor allem durch den Verweis auf die Schönheit des Lebens wach.

3.1 Der Sinn des Lebens ist das Leben

Die Vögel unter dem Himmel und die Logik der Liebe

Ein Jugendlicher liegt auf einer Wiese und hört dem Zirpen der Grillen zu. Er beobachtet, wie Mücken über ihm hin- und herschweben und sieht die Wolken am Himmel. Die Gräser wachsen in diesen Himmel hinein. Die Dimension weitet sich: Es entsteht ein Gefühl der Geborgenheit und der Zusammengehörigkeit allen Lebens. Ein Moment vollkommener Stimmigkeit. Dieser Jugendliche muss nicht nach dem Sinn fragen. Was ist eigentlich sinnvoll? Eine erste, einfache Antwort ist: Alles, was mit den *Sinnen* als stimmig erfahren wird. Was im Übrigen auch heißt: Der Sinn ist eine Erfahrung und keine Theorie, die man übernehmen könnte.

Die technische Logik des Faktischen und des Kalküls untergraben diese Erfahrung. Technik rationalisiert. Und jede Rationalisierung arbeitet der Sinnlosigkeit in die Hände. Inzwischen wird immer häufiger nach dem Sinn des Lebens gefragt. Wozu mache ich das eigentlich? Was soll das überhaupt alles? ... Solche Fragen zeigen, dass der Sinn zum Problem geworden ist. Solange das Leben seinen Gang geht und im Fluss ist, wird es als sinnvoll erfahren. Dann stellt sich die Frage nach dem Sinn gar nicht. Wo sie gestellt wird, ist der Sinn bereits mehr oder weniger verloren gegangen. Die Erfahrung der Sinnlosigkeit aber ist der Ernstfall der Existenz.

»Nicht konkrete Risiken wie Arbeitslosigkeit oder Partnerverlust, sondern das absolute Risiko eines sinnlosen Lebens ist der eigentliche Bezugspunkt des verbreiteten Pessimismus und Verfallsdenkens. Nichts kennzeichnet die Moderne tiefenschärfer als die Suche nach dem (verlorenen) Sinn. Sinnfragen aber sind die Fragen der Religion.«[58] Dieses »absolute Risiko« ist eine Folge des analytischen Denkens, das nicht das Leben als ganzes, sondern seine verwertbaren und nutzbaren

Bestandteile erkennt. Wenn z.B. gefragt wird, was ein Spatz wert ist, dann kann das analytisch-rationale Kalkül das mit wenigen Euro angeben. Also: sehr wenig – vorausgesetzt, man denkt nicht vernetzt (also im Sinne der Verbundenheit des Lebens) und bringt auch ökologische und ästhetische Dimensionen des Vogels in Anschlag. Die Religion denkt da sehr anders. Sie begreift das Leben nicht als eine Zusammensetzung von Einzelteilen oder als Rohmasse, die man gestalten und nutzen kann, sondern als Ausdruck der *Üppigkeit*, des Überflusses, des Überschwangs. Das ist, wie alles in der Religion, entscheidend eine Frage der Perspektive. Wie sehe ich das? Ist der Spatz für mich ein ökologischer oder gar nur ein ökonomischer Faktor, oder ein Ausdruck der Schönheit und des Überschwangs des Lebens? An einem Spatz kann einem Menschen durchaus der Sinn des Lebens aufgehen.

Die Schönheit hat in der Religion daher einen herausgehobenen Stellenwert und einen weit größeren als die Moral. Das lässt sich in den Dogmatiken überhaupt nicht, in der religiösen Kultur dagegen allerbestens nachvollziehen. Alles Religiöse, das zum Ausdruck wird, ist Kunst. Ihre Sprache ist poetisch und emotional, ihre Gebäude und Liturgien sind opulent, ihre Töne und Gewänder sind prunkvoll. Das ist alles andere als Zufall. Denn die Schönheit ist der erste und beste Hinweis auf den *Wert* der Dinge, auf ihre umfassende Bedeutsamkeit. Schönheit trägt ihren Sinn in sich selbst. Sie ist ein Ausdruck dafür, dass die Dinge – *alle* Dinge – mit Liebe betrachtet werden, und nicht mit den Maßstäben der Leistung.

In dem Hollywood-Film »American Beauty« von Sam Mendes gibt es eine beeindruckende Szene, in der das wunderbar klar gemacht wird. Dort tritt ein hoch sensibler Junge auf, der die Schönheit der Welt als so opulent empfindet, dass er sie meist nur durch das Auge seiner elektronischen Kamera fokussieren kann. In einem intimen Moment eröffnet er seiner Freundin eine der beeindruckendsten Begebenheiten seines Lebens, als er nämlich eine erfrorene alte Frau am Straßenrand gefilmt hat. Selbst die tote Frau bedeutet für ihn *Schönheit*. Auch der Tanz einer Plastiktüte im Wind, den er ebenfalls mit der Kamera festhält, wird für ihn zum Zeichen einer umfassenden Schönheit aller Dinge. Für den Protagonisten des Films ergibt sich aus seiner Wahrnehmung von Schönheit eine Lebensänderung, die die Menschen um ihn herum ebenso fasziniert wie verunsichert.[59] Auch wenn das nicht gesagt wird: Der Junge mit der Kamera sieht und verhält sich *religiös*.

Das Staunen darüber, dass wir überhaupt am Leben sind, geht freilich in aller Regel in unseren Alltagsgedanken unter. Pläne, Sorgen und Aktivitäten bestimmen unser Leben weit mehr als das Staunen. Zu staunen vermögen wir oft nur noch über *technische* Errungenschaften.

Wie viel Platz hat die Schönheit in unserem Leben? Zwar ist alles längst dem Design unterworfen, und wir stellen hohe Ansprüche an die Ästhetik. Wo aber nehmen wir die Schönheit *des Lebens* wahr? Nur im Urlaub und in der freien Natur, oder auch da nicht mehr? Und wie oft sind wir da?

Wenn Jesus von den Vögeln unter dem Himmel und den Lilien auf dem Feld spricht, verweist er damit auf den Vollzug des Lebens und seinen Ausdruck: auf Schönheit. Sie steht für das nicht Planbare, das nicht Berechenbare und Funktionalisierbare. Genau das ist das Sinnvolle: was *Bedeutung hat für sich selbst*. Funktionalität und Bedeutung – und mit ihnen auch Würde, Respekt, Achtung und Erstaunen – sind Antipoden. Ebenso ist das mit dem Haben und dem Sein, oder mit dem »interesselosen Wohlgefallen« (Kant) und der Zweckdienlichkeit. Was ich dem Nutzenkalkül unterstelle, wird an seiner Tauglichkeit gemessen. Damit verliert es seinen unbedingten Wert, wird unter bestimmte Maßstäbe gebeugt und wird vor allem ersetzbar. Was dagegen seinen Wert in sich selbst hat, das hat dadurch auch Wert und Würde. Das zu erkennen, braucht es allerdings einen bestimmten Blick und eine bestimmte Haltung, die den Dingen ebenso wie den Menschen und dem Leben überhaupt mit Respekt begegnet.

In der Religion ist dieser Blick sozusagen zuhause. Jede Religion ist eine *Deutungskultur*, d.h. sie schult einen bestimmten Blick auf das Leben und die Welt – unabhängig davon, in welche genauere Perspektive sie die Dinge dann rückt. Dass die Dinge einen Wert in sich selbst und darin eine unbedingte Bedeutung haben, will aber erst einmal wahrgenommen sein. Die Religion schult den wachen Blick. Dieser wache Blick auf die Dinge bedeutet eine Würdigung der Dinge, die deren Bedeutsamkeit nicht nur wahrnimmt, sondern ihnen oft genug auch erst einmal zuspricht. Darum hängt eine echte Religiosität nicht an einem Glauben, sondern an wachen Sinnen. Sie ist Sache des Blicks, der Perspektive, der Wahrnehmung. Hört! Seht! Wer Augen hat zu sehen, der sehe; wer Ohren hat zu hören, der höre!

Für die christliche Religion ist der wache Blick auf das Leben der Blick der Liebe, und er setzt selbst wiederum Liebe frei. Alles, was als besonders bedeutsam erfahren wird, weckt unser Interesse und unsere Zuneigung, also unsere Liebe. Und umgekehrt gilt: Was wir lieben, ist für uns immer das Bedeutsamste. Lebendigkeit und Liebe bedingen sich gegenseitig, denn sie sind beide Ausdruck der Leidenschaft. Die Logik der Liebe ist: Alles soll der Lebendigkeit dienen. Wer sie erfährt, stellt die Sinnfrage nicht.

Am meisten weckt natürlich die Schönheit die Liebe. Sie ist sozusagen der Königsweg zu ihr. Aber keineswegs der einzige. Denn wer die Schönheit des Lebens insgesamt erkannt hat, der wird auch unabhängig von ihrer sinnlichen Erscheinung allem Leben mit Achtung begegnen – also auch dem versehrten, abgehärmten und verletzten Leben und dem Hässlichen, ja sogar dem Bösen. Es ist daher ganz bezeichnend, dass wir in den Momenten des Gelingens oder des freudigen Staunens kein moralisches, sondern ein ästhetisches Urteil fällen. *Oh, wie schön!* sagen wir, und nicht: wie *gut*. Das höchste Prädikat, das wir geben, ist ein ästhetisches, nicht ein moralisches. Was übrigens auch Gott selbst so gesagt haben soll, als er die Welt erschuf, was aber in der Regel leider schlecht übersetzt wird. »So ward Abend und Morgen ... Und siehe, es war sehr schön« (Gen 1). Moralisch lässt sich das Leben nie und nimmer verrechnen. Wohl aber religiös verstehen. Das Leben ist durchaus ungerecht – aber schön.

Die christliche Religion kann man auf die Formel bringen: Der Sinn des Lebens ist das Leben. Für das begriffliche Denken ist das eine Tautologie, eine Gleich-Setzung. Nicht aber für das Gefühl. Das Leben ist dort ganz bei sich selbst, wo es sich in freier Lebendigkeit ausdrücken kann. Also: in der Liebe. Denn Liebe will genau das, was das Leben eigentlich ausmacht: Lebendigkeit, Leidenschaft, freie Entfaltung und Verbundenheit. Man könnte es auch so sagen: Bedeutung hat, was wir lieben. Was wir lieben, erhält dadurch Bedeutung. Gott liebt: Für ihn ist alles bedeutsam. Alles ist bedeutsam für den, der Gott in allem zu sehen vermag.

Liebe will die freie Entfaltung, den freien und spielerisch-schönen Fluss des Lebendigen. Sie weckt den Mut zum vollen, leidenschaftlichen, verschwenderischen Leben – und nicht die Pflicht zur *Abwendung* vom Leben, um einen besonderen Kontakt zum Heiligen zu finden oder ein besonders heiliges Leben zu führen. Deshalb ist die Liebe religions-kritisch.

Nicht anders sind auch das »Ewige Leben« und die »Auferstehung« zu verstehen. Beide sind symbolische Aussagen, die auf die unersetzbare Bedeutung und die Unverrechenbarkeit des Lebens verweisen, das immer wieder als Geheimnis und als Wunder erscheint. Sie möchten gerade nicht vom Leben hier und jetzt in eine andere Welt führen. Dass unsere Zukunft in Gottes Hand liegt und ihm auch vertrauensvoll überlassen bleiben kann, bleibt davon ganz unberührt.

Das Christentum bezieht die Liebe auf das *ganze* Leben und verbindet deshalb die Liebe mit dem Leiden. Dass der große Liebende in die Passion geht, hat die Menschen schon immer beeindruckt – und es ist kein Zufall. Wer liebt, der leidet: Ihm fällt jede noch so kleine Beschädigung des Lebens ganz besonders schmerzlich auf. Denn echte, leidenschaftliche Liebe kennt keine Absicherungen. Sie riskiert sich, sie setzt sich aus und macht sich dadurch verletzlich. »Die Liebe kann sich täuschen, aber die Lieblosigkeit ist die viel fundamentalere Unwahrheit.«[60] Das Leid gehört zum Leben, dafür gibt es keine Erklärung. Dennoch kann man gerade auch ein leidendes Leben lieben. Das leidende Leben provoziert die Liebe sogar – anders, als die Moral das oft tut. Und selbst die eigenen Schmerzen müssen einen von der Liebe zum Leben nicht trennen.

Und noch etwas ist für die Liebe charakteristisch: Sie ist spontan, sie »sieht mit dem Herzen«, sieht also das, was ein konkreter Mensch in einer konkreten Situation braucht, und nicht auf das, was die Regeln vorschreiben. Liebe sprengt Grenzen, und auch darin ist sie kritisch gegen jedes religiöse System. Zum Jüngerkreis Jesu gehörten, wie gesagt, ein zelotischer Gewalttäter und auch der Verräter Judas. Jesus ließ sich die Salbung einer Prostituierten gefallen und kannte keine Reinheitsvorschriften. Er war, wie John Shelby Spong das auf den Punkt bringt, ein Mensch, »der in der Tat alle menschlichen Grenzen hinter sich zu lassen schien«.[61] Für Paulus gab es unter den Christen »weder Juden noch Heiden, weder Frauen noch Männer ...« (Gal 3), alle galten untereinander als gleichwertig. Für das kirchliche System dagegen, das vorwiegend in juristischen Begriffen denkt, gibt es klare und unüberschreitbare Rangunterschiede zwischen den Menschen.

Die Kunst in der religiösen Kultur soll das von Gott geliebte Leben exemplarisch als Schönheit vor Augen führen. Sie verweist also auf das Leben, nicht auf die religiöse Kultur selbst. Die Schönheit der religiösen Kultur kann und soll den *Weg in das Leben* (Manfred Josuttis) zeigen und frei machen und nicht den Menschen an die religiöse Kultur anbinden, ihn also religiös eingemeinden oder gar bevormunden. Wunderbar bringt das Wilhelm Gräb zum Ausdruck: »Darin liegt das Beglückende und zugleich religiös Inspirierende der ästhetischen Erfahrung ... Sie öffnet das Herz. Sie schafft eine Ahnung von dem, was es heißt, nicht ganz von dieser Welt zu sein und dennoch in sie hineinzupassen. Sie macht es, dass ich mich selbst ganz im Anderen verliere.«[62] Die ästhetische Erfahrung kann zur religiösen Erfahrung werden, sie ist sozusagen ihr exemplarischer Fall. Sie muss das aber nicht. Es kommt, wie immer, darauf an, wie man sieht. Auch die religiöse Kultur ist nicht eindeutig religiös. Dass »Religion« durchaus unreligiös sein kann und scheinbare Profanität religiös, ist ja ganz offensichtlich. Einen Sakralraum kann man aus kulturhistorischen Interessen besuchen, und religiöse Sätze kann man in erstarrter Routine hersagen. Und umgekehrt kann man in einem technischen Museum durchaus eine religiöse Erfahrung machen. Auf jeden Fall ist der Übergang von der ästhetischen zur religiösen Erfahrung vollkommen fließend. Was hier religiös genannt werden kann, das hängt daher immer auch an der subjektiven eigenen Einschätzung und Benennung.

In der christlichen Religion gibt es einen ausgesprochen unsinnlichen, schönheits-blinden Zug, der dem, was hier von der Schönheit gesagt wird, klar widerspricht. Sehr dominant waren im Christentum immer die Glaubenslehren und ihre begrifflich-rationalen Ausdeutungen, die von der heiligen Institution Kirche festgelegt und verwaltet wurden. Der menschliche Körper und seine sinnlichen Bedürfnisse dagegen, die »Fleischeslust«, wurden weitgehend und recht pauschal als Ausdruck der Sünde und der moralischen Minderwertigkeit verstanden. Ganz Ähnliches galt für die natürliche Welt, für die man angesichts der Frage nach dem Heil der Seele kaum je ein ernsthaftes Interesse aufbrachte und die meist nur als bloßes *Diesseits* oder gar als *Jammertal* galt. Daher bekamen die Passion des Christus und das Leiden der Glaubenszeugen eine umso höhere Bedeutung. »Die Sinnlichkeit musste sich im Christentum ihre Daseinsberechtigung durch eine Gebärde des Leidens erkaufen: in den traurig schönen Darstellungen des Schmerzensmannes, der Schmerzensmutter, der reumütigen Sünderin Maria Magdalena, des von Pfeilen durchbohrten Sebastian und anderer Märtyrer.«[63] Auch das zeigt noch einmal, wie wenig sich die Liebe zum Leben in der real existierenden Religion etablieren konnte. Die christliche Liebe war eine leidenschaftslose, unsinnliche. Ihr Name war »caritas«, und sie wurde weit eher als Pflicht dem Nächsten gegenüber verstanden denn als emotional gefärbte Hingabe an das Leben. Von allen Bezügen zum »eros« wurde sie peinlich freigehalten. Auch Jesus selbst wurde in dieses Deutungsschema eingespannt: Er galt als ernster Verkünder der Liebes-Pflicht. In der Tat: »Zu sehr haben wir uns angewöhnt, in Jesus den Prediger der Caritas zu sehen, als dass wir noch wahrzunehmen vermöchten, was er in Wahrheit ist: ein glühender Liebhaber, ein beherzter, leidenschaftlicher, fühlender, sinnlicher Mensch; ein Mensch, der berührt und bewegt.«[64]

Liebe ist – das wird kaum jemand bestreiten wollen – grundnotwendig für jede Entfaltung des Lebens. Das menschliche Leben entsteht ohne Liebe schon gar nicht, und ohne die Erfahrung der Mutterliebe und der verlässlichen Gemeinschaften kommt es zu psychischen Defekten, die ein lebenslanges Leiden bedeuten können. Die Liebe ist notwendig, aber vertrackt. Denn wir brauchen sie, können sie aber nicht herstellen und auch nicht einfordern. Wer am dringendsten Liebe braucht, wird sie ziemlich sicher auch am wenigsten erfahren! Das Hässliche, Böse, Geschundene hält die Menschen auf Abstand. Daher ist die Religion noch vor allem anderen der *Zuspruch* von Liebe: Du bist schon geliebt, noch vor aller Anstrengung und Bemühung. Das kann man natürlich nur glauben – wenn man es nicht schon so sehr selbst erfahren hat, dass es einem zur Selbstverständlichkeit geworden ist. Aber wer kann das schon von sich sagen? Ohne den Glauben daran, dass ich geliebt werde, ist das Leben schwer zu bewältigen.

Auch für die religiöse Deutung der Welt und des Lebens als Ausdruck von Liebe gilt, dass man sie sehen können oder sich zumindest sagen lassen muss. Man kann dieses Wissen um die Liebe aber auch nach-vollziehend einüben, und zwar am besten wieder zuerst einmal in den Angeboten der religiösen Kultur. Die wichtigsten religiösen Symbole, Bilder und Mythen wollen genau das zeigen: dass wir angesprochen sind und geliebt werden. Andemonstrieren oder gar beweisen lässt sich das nicht, widerlegen durchaus. Es ist wie alles in der Religion eine Sache des Blicks, der Perspektive. Wer sich die Liebe gesagt sein lässt, kann daraus sehr praktische Folgerungen ableiten; z.b. wenn er immer öfter versucht, sich von eingespielten Reaktionen und Verhaltensmustern zu befreien. Stattdessen wird er dann vielleicht fähig dazu, sich in ganz alltäglichen Szenen und Begebenheiten dem Leben so zuzuwenden, dass *Intensität* entsteht.

3.2 Symbolisches Deutungswissen

Was Religion dem Menschen bieten kann (und was nicht)

Sinn, das wurde bereits gesagt, ist schlicht und einfach die Erfahrung von Bedeutung. Was ich als bedeutungs*los* erfahre, das erfahre ich gleichzeitig als sinnlos – und das kann für das ganze eigene Leben gelten. Welchen Sinn hat mein Leben, wenn nichts für mich eine wirkliche Bedeutung hat? Die Religion gibt eine ausgesprochen kluge Antwort auf die Frage nach dem Sinn. Denn die Religion weiß darum, dass die Erfahrung von Sinn paradoxerweise vor allem dann gemacht wird, wenn man nicht um sich selbst und die Erfüllung der eigenen Bedürfnisse kreist, sondern wenn man in Verbindung zur Welt steht, zum Anderen, das nicht ich selbst bin. Egal, ob mit dem Anderen die Welt, der Mitmensch oder Gott gemeint ist. Diese Erfahrung kann man inmitten der Natur machen, an Werken der Kunst, in der Liebe, bei einem Stadtbummel – und sie ist in der religiösen Tradition in exemplarischen Symbolen codiert und aufgehoben. Daher sind diese religiösen Symbole Wegweiser zu einem sinnvollen Leben. Wie ist das zu verstehen?

Zunächst einmal hat Sinn mit Sinnlichkeit zu tun, nicht nur der Wortverwandtschaft nach. Was die Sinne wahr-nehmen, das *wird* für uns zur Wahrheit. Je angeregter die Sinne, je intensiver die Sinneseindrücke, desto größer ist immer auch die Erfahrung des Bedeutsamen. Das ist ja auch der Kern der religiösen Erfahrung, die bereits angesprochen wurde: Die Empfindung der umfassenden und überwältigenden Bedeutsamkeit der Welt und des Lebens, die ins ehrfürchtige Staunen und in die Dankbarkeit führt, aber eben auch in das Gefühl der umfassenden Verbundenheit und in die Liebe. Darin ist sie immer auch die eigene Zentrierung. In dieser Erfahrung finde ich mich selbst.

Die Gegenprobe auf diesen Gedanken kann man mit einem Blick auf die heute verbreitete Lebenseinstellung machen, die immer wieder bereits angedeutet wurde. Es ist ganz offensichtlich, dass die durchgehende Orientierung an Nutzeffekten, an Machbarkeit und Konsumierbarkeit nicht nur zu einem Verschleiß an Rohstoffen und an Zeit führt, sondern auch zu einem Verschleiß von Respekt und Wertschätzung. Verfügungsdenken und Effektivitätskalküle sind Ausdruck eines funktionalen Denkens, das nicht nach Bedeutung oder gar Würde fragt, sondern ausschließlich nach Benutzbarkeit. Die Dinge haben an sich keine Bedeutung, sondern eben nur insofern, als sie sich *nutzen* lassen. Was bringt mir das? Macht es mich reicher, erfolgreicher, mächtiger? Die Logik ist: Was sich besser, schneller, umfassender nutzen lässt, bringt den größeren Gewinn. Daher werden die verfügbaren Ressourcen immer schneller und nachhaltiger ausgenutzt, oder eigentlich eher: verschlissen. Der Mensch holt das Letzte aus allem heraus – aus der Natur, aus den Menschen und nicht zuletzt aus sich selbst, vor allem aus seiner Zeit und aus seiner Arbeitskraft. Der Wald ist dann nicht Raum der Erholung und der erhabenen Schönheit, sondern eine kalkulierbare Menge an verwertbarem Holz oder Ersatz fürs Fitnessstudio. Der Mensch ist dann nicht mehr eine mit Würde begabte und unverwechselbare Persönlichkeit, sondern »Arbeitskraft«. Die Freundin oder Ehefrau ist dann nicht die um ihrer selbst willen Geliebte, sondern »Lebensabschnittspartnerin«.

Solche Nutzenkalküle zeigen: Das Leben wird in Quantitäten zerlegt, es verliert seine *Qualität*. Nutzenkalküle stehen im direkten Kontrast zu einer wahrnehmenden Aufmerksamkeit, die die Dinge des Lebens um ihrer selbst willen gelten lässt. Je größer die Benutzungsmentalität, je größer auch die Flut der konsumierten Produkte und Reize, desto größer wird das Gefühl einer allgemeinen Bedeutungslosigkeit von allem. Wer alles zur *Verfügung* hat, dem kann nichts mehr wirklich wichtig sein, dem bedeutet nichts mehr wirklich etwas. Salopp gesagt:

Den macht nichts mehr richtig an, und den interessiert auch nichts mehr wirklich. Die Folge solcher Bedeutungslosigkeit ist das Gefühl von Überdruss und von Sinnlosigkeit. Ich habe zwar alles, empfinde aber alles als schal und leer. Es gibt nur noch wenige Bereiche im menschlichen Leben, die dem funktionalen Denken vollkommen entzogen sind. Im modernen Leben aber geraten genau diese Bereiche bezeichnenderweise immer mehr an den Rand des allgemeinen Interesses. Dazu lassen sich vor allem Kunst und Philosophie zählen, der Genuss, die Schönheit und die Liebe. Auch sie unterliegen zunehmend dem ökonomischen Kalkül – es gibt eine »Unternehmensphilosophie«, es gibt die inflationären Genuss-Imperative der Werbung (»Genießen Sie ...!«), den Zwang zum Design und die käufliche Liebe. Soweit sie aber einfach nur um ihrer selbst willen da sind, sind sie die kostbarsten Bereiche des Lebens überhaupt. Sie zelebrieren dann sozusagen das Leben, absichtslos, dabei aber keineswegs ohne Ernst. Und immer sind sie mit der Erfahrung des Spielerischen und der Schönheit verbunden. Was könnte es Schöneres geben als Absichtslosigkeit? Nichts zu brauchen, nichts zu wollen und nichts »nötig zu haben« ist weit eher der Ausdruck von Zufriedenheit und von Souveränität als die Verfolgung von ehrgeizigen Zielen. Darauf hat vor allem Laotse immer wieder hingewiesen, wenn er das Nicht-Handeln als höchste Entsprechung zur Wirklichkeit preist. Und Meister Eckhart spricht in einem berühmten Zitat davon, dass das Leben keinen Grund, kein »worumwillen« hat: Wer das Leben fragt, warum es lebt, bekommt als Antwort immer nur: weil ich lebe. Darum sind die besten Handlungen der Menschen absichtslose Handlungen: Ich handle, weil ich handle – und nicht, um ein Ziel zu erreichen. Nur dann ist ein Mensch ganz in Übereinstimmung mit sich selbst.

Absichtslosigkeit drückt sich vor allem in ruhig fließenden Bewegungen, in Gelassenheit und im Gefühl der Fraglosigkeit aus. Sie ist ein Maß für die größtmögliche Verbundenheit mit der Welt. Und diese Verbundenheit ist die beste Quelle für gespürte Lebendigkeit.

Am besten kann man sich das in der Musik klarmachen. Sie stellt ein maximales Gefühl von Verbundenheit her, das bis zur mystischen Verschmelzungserfahrung gehen kann. Darum ist Religion ohne Musik kaum vorstellbar, und die religiöse Musik gehört zum Ergreifendsten ihres ganzen Traditionsschatzes. Kaum ein anderer Bereich lässt so sehr die Verbundenheit mit der umgebenden Welt erfahren wie die religiöse Musik; was natürlich auch für Musik ganz allgemein gilt. Denn warum sollte nicht die Musik Puccinis oder das Erlebnis bei einem Popkonzert zu einer Erfahrung führen, die im umfassenden Sinne als religiös verstanden werden kann? Die Erfahrungen, die hier gemacht werden, lassen sich als umfassendes Einswerden beschreiben, als große Übereinstimmung. Sie reichen von zufriedenem Mitsummen bis hin zur erregenden und bisweilen ekstatischen Erfahrung der Verschmelzung mit der großen und umfassenden Wirklichkeit.

Natürlich gibt es auch eine funktionalisierte Kunst, einen funktionalisierten Genuss und eine funktionalisierte Liebe, immer dort nämlich, wo sie bestimmten Funktionen und Kalkülen zugeordnet sind. Genau dann aber werden diese kostbarsten Bereiche des Lebens korrumpiert. Kunstwerke etwa, die bestimmten ideologischen Vorgaben genügen müssen, werden zur Staffage. Das kann man an der kommunistischen Kunst des alten Sowjetreiches ebenso ablesen wie an den meisten Produktionen, die einer bestimmten Mode gehorchen müssen. Sie sind eher Dekoration und anspruchslose Unterhaltung als Kunstwerke, die in der Lage sind, einem Menschen etwas Neues und möglicherweise Erregendes sichtbar zu machen. Schönheit, die dem Konsum unterworfen wird, wird zum Design. Das kann man kaufen, aber auch austauschen. Noch deutlicher ist das bei der Liebe. Eine Ehe, die der bürgerlichen Repräsentation dient, dürfte weit weniger lebendig sein als die, die aus echter Zuneigung und Achtung geschlossen ist. Sexualität wird verzerrt, wenn sie – wie z.B. in der Morallehre der katholischen Kirche – ausschließlich unter den Reproduktionszweck gestellt wird. Sexualität ist Leben, das nur sich selbst meint und sich dabei selbst neu erschafft Ähnlich lebendig und absichtslos sind wir nur im Tanz oder im Spiel. Wird die Liebe noch weiter funktionalisiert und als Tauschware verstanden, wie in Prostitution und Pornographie, kann man im Grunde gar nicht mehr von Liebe reden, nur noch von ihrer Perversion.

Auch die Religion gehört ganz grundsätzlich zu diesen nicht funktionalisierbaren, absichtslosen Bereichen des Lebens. Ihr einziger und zentraler »Zweck« ist es, das Leben zu sich selbst kommen zu lassen, es nach Kräften zu feiern und dazu möglichst von allen Zwängen und Behinderungen zu befreien. Überall dort, wo in der Religion ein »um zu« eingeführt ist (ich gehe in die Sonntagsmesse, um mein Seelenheil nicht zu gefährden; ich bin fromm, um meinen guten Ruf zu erhalten; ich versuche mich in Nächstenliebe, um bei Gott anerkannt zu sein ... usw. usw.), ist Religion Mittel zum Zweck geworden und pervertiert. Dann wird aus einer Religion, die das Leben will, Aberglaube, Magie und Leistungsnorm. Umgekehrt ist die Religion immer dort am wahrsten und lebendigsten, wo sie sich mit Schönheit, Spiel und Genuss verbindet, kurz gesagt: Wo sie die Erfahrung der Lebendigkeit und der Liebe ermöglicht.

Die Religion hat viel mit Schönheit und Liebe zu tun, und sie hat eine Reihe von Gemeinsamkeiten mit Kunst und Philosophie. Von den beiden Letzteren unterscheidet sie sich allerdings auch auf ganz charakteristische Weise. Sie bringt ebenso wie diese beiden Kulturformen kunstvolle und gedankentiefe Schöpfungen hervor, hat aber eine weit umfassendere Tradition aufzuweisen, zu der unter anderem auch Rituale, Prozesse, Bilder und besondere Räume gehören, ferner bestimmte Verhaltenshinweise. Sogar über ein eigenes Personal verfügt die Religion, das eigens dazu da ist, diesen Traditionsschatz zu wahren, je neu zu übersetzen und weiterzugeben. Der kulturelle »Zeichenschatz« der Religion ist also weit größer und differenzierter als der der Kunst und der Philosophie, und er hat eine weit längere und umfassendere Tradition, zu der auch übergeordnete deutende Erzählungen gehören. Und er ist darum in seinem Erfahrungsreichtum kaum auszuloten. Und schließlich hat die Religion auch ein weit intensiveres Gemeinschaftsleben von Menschen vorzuweisen, die sich dieser Tradition verbunden fühlen.

Die Klugheit der Religion zeigt sich vor allem darin, dass sie den Menschen immer in Beziehung stellt und ihm darin Sinn garantiert. Sie stellt ihn in eine Gesamtdeutung des Lebens hinein. Christlich versteht sie ihn *von Gott her* und empfiehlt ihm, sich als sein Ebenbild und seine Spiegelung zu verstehen. Wer um sich selbst kreist, um die eigenen Bedürfnisse und Nöte, der wird sich schwerer damit tun, ins Leben zu finden. Theologisch gilt der Mensch, der um sich selbst kreist, als *Sünder* – was keineswegs im moralischen Sinn zu verstehen ist. Sünde meint Ab-Sonderung (»Sund«) vom Leben. Die Theologen sagen: Absonderung von Gott – aber das kann gar nicht anderes gemeint sein als: vom Leben. Denn für eine vernünftige Theologie kann es eine Trennung zwischen dem Leben und einem Gott, der neben dem Leben und außerhalb der Welt steht, gar nicht geben.

Die Religion stellt ihre eigenen großen Lebens-Erfahrungen auch in den großen Zusammenhang einer Geschichte, in die sie ihre Gläubigen einbezieht. Die Geschichte der Religion gibt eine bestimmte Herkunft, einen Reiseweg und oft auch eine Zielperspektive an, die das vielgestaltige Leben für die Anhänger der Religion in einen »geschichtlichen« Rahmen stellt. Dieser Rahmen ist kein historischer, sondern ein mythischer und fiktiver. Er ist ein Rahmen der Deutung, der bestimmte Erfahrungen für wichtig und bestimmte andere für lebenshemmend und falsch hält. Ein solcher Rahmen, der innerhalb der religiösen Gemeinschaft kommuniziert und durch Erinnerung lebendig gehalten wird, gibt dem einzelnen Menschen die

Möglichkeit, sich selbst (besser) zu verstehen. Eine derartige Möglichkeit der Zuordnung zu einer Geschichte ist auch für die Heilung eines Menschen von Bedeutung. »Ohne Arbeit, ohne Verarbeitung, ohne eine Erzählung, eine Fiktion, in die die Person einbezogen ist, weil es ein Ich gibt, ist Heilung nicht möglich.«[65]

Der Mensch ist ein Beziehungswesen; er kommt *in der Beziehung* zu *sich selbst*. Sinn und Verbindung, Beziehung und Liebe hängen engstens miteinander zusammen. Wir leben intensiv und sinnerfüllt vor allem in Beziehungen. Wo wir uns in die Natur oder an einen anderen Menschen verlieren, in einer Kunsterfahrung aufgehen oder im Spiel oder einer Leidenschaft versinken, da hat das Leben seinen fraglosen Sinn. Einfacher gesagt: Der Sinn des Lebens ist *Liebe*. Wo ich liebe, bin ich lebendig.

Dieselbe Erfahrung gilt auch im Bezug auf mich selbst: *Ich selbst* bin bedeutsam, weil ich, noch vor aller eigenen Bemühung, bereits geliebt bin. Keine Erfahrung geht tiefer, nichts erfüllt einen Menschen mehr, nichts ist so fraglos richtig und gut und schön wie die Erfahrung der Liebe. In Bezug auf den Menschen spricht die christliche Tradition hier von der »Ebenbildlichkeit« des Menschen zu Gott, von der Liebe Gottes, von »Gnade«, »Rechtfertigung« und »Erlösung«. Das alles sind Hinweise auf den hohen Wert und die Würde des Menschen, der ohne Zwang und Leistungsdruck, und soweit er es immer vermag, sich dem Leben verschreiben darf.

Die christliche Religion macht hier ein Deutungsangebot, wie das Leben am besten und sinnvollsten zu verstehen ist: nämlich als Ausdruck einer umfassenden Liebe, die dann wiederum die eigene Liebe zum Leben ermöglicht. Die Bibel zeigt das – angefangen bei den Propheten, über Jesus und den Evangelisten Johannes bis hin zum Liebeslied des Paulus in 1 Kor 13 – mehr als deutlich: Nicht die Gottesverehrung, nicht die religiöse Praxis, nicht Moral und auch nicht Gerechtigkeit sind Zentrum und oberste Werte der christlichen Religion, sondern die Liebe.

Der Theologe Wilhelm Gräb bringt das auf die Formel: Religion ist *Sinn-Deutung.* Mit dieser Deutung macht sie lediglich ein Angebot. Das Leben ist ganz grundsätzlich eine *Einstellungssache,* und daher kann man es auch ganz anders sehen, wie die spätmoderne Kultur zur Genüge beweist. Man kann den eigenen Erfolg als Maßstab der Orientierung nehmen, und man kann alles für Zufall und die Liebe für schwache Romantik halten. Dann aber wird die Liebe auf die Hinterbühnen des Lebens abgedrängt, ins Privatleben, in den Kitsch von Trivialromanen und in unerfüllte Sehnsüchte, wie sie vor allem viele Texte der Popmusik zum Ausdruck bringen. Dann führt die ungebrochene Suche nach dem Erfolg in die Erschöpfung, und im eigenen Scheitern bleibt man von aller Welt verlassen. Und dann wird die Erfahrung von Sinn zur Mangelware; zumindest zum Risiko.

Das also kann die Religion dem Menschen bieten: eine sinnvolle Deutung des Lebens, die Kräfte mobilisiert und die zu einer Übereinstimmung mit den eigenen Verhältnissen und mit sich selbst anleitet, die auch auf lange Sicht tragfähig ist. Sie macht damit anderslaufende Orientierungen (wie etwa die am eigenen Erfolg) nicht schlecht, weist allerdings auf deren Risiken und vor allem auf deren mögliche Sinnlosigkeit hin. Nur eine *Deutung* gibt die Religion. Keine Sicherheit. Und keine *absolute* Gewissheit, auf die man eine feste und dauerhafte Überzeugung bauen könnte. Religion ist weit mehr als »Kontingenzbewältigung«, also als Trost und Hilfe in Schicksals- und Notsituationen. Überzeugungen und Trost sind nur sehr schwache Weggefährten, sie helfen nur kurzfristig.

Nur eine Deutung? Nicht mehr also als eine Sichtweise und eine Einstellung? Sagen wir eher: nicht weniger. Man mache sich klar, dass die eigene Lebenseinstellung über das eigene Leben entscheidet – auch und vor allem dann, wenn sie unbewusst ist. Die Lebenseinstellung bedingt das Lebensgefühl weit mehr als Wohlstand, Erfolg und Anerkennung. Wer mit griesgrämigem Gesicht im Porsche sitzt, hat eindeutig weniger vom Leben als der, der lächelnd und innerlich zufrieden mit dem Rad unterwegs ist. Wenn Religion zum Lächeln auf unserem Gesicht beitragen kann, dann ist sie von vornherein schon einmal eine ganz großartige Sache. Natürlich ist sie darüber hinaus noch mehr: ein symbolischer Kosmos, ein Schatz an Lebenserfahrungen, eine Gemeinschaft Gleich- und Ähnlichgesinnter, ein bergender Raum. Alles in der Religion aber dient letztlich der inspirierenden Lebensdeutung. Welches Leben ist gut, wahr und sinnvoll? Religion gibt dafür eine Orientierung vor, und sie führt immer wieder neu in die Erfahrung eines stimmigen, sinnvollen Lebens.

Eine so verstandene Religion trennt gerade nicht das normale Leben von einem besonderen Leben der Heiligkeit und der Gottesnähe. Sie kennt keine Trennung zwischen »heilig« und »profan«, denn *alles* ist ihr heilig. Religion will das Leben – und eben nicht die heilige Aussonderung vom Leben. Sie ist darum weit entfernt von jedem Aber- und Wunderglauben. *Alles* ist ihr ein Wunder, das Spektakelwunder dagegen muss ihr als unseriös vorkommen. »Wunder ist nur der religiöse Name für Begebenheit«, so hat das Friedrich Schleiermacher einmal sehr schön formuliert.[66] Und ganz wunderbar bringt das eine alte buddhistische Legende zum Ausdruck, die vom Bauern erzählt, der seine Erleuchtung ersehnt:

Ein Bauer sucht, seit er sich erinnern kann, nach der großen Erleuchtung. Kein Gedanke füllt ihn so sehr aus wie dieser. Jeden Morgen geht er aufs Feld, sieht nach dem Wind und der Sonne, pflügt seinen Acker, bestellt seinen Garten, kümmert sich um den Haushalt, liebt seine Frau, genießt den Abend und schläft dann ein. Bei allem, was er tut, sucht er nach der Erleuchtung, jahrelang, tagaus, tagein. Eines Tages, endlich, und ganz unerwartet, überkommt sie ihn, die größte aller denkbaren Erfahrungen. Endlich: Er ist ein Erleuchteter. Jetzt hat sich sein Leben von Grund auf verändert. Was jetzt folgt, ist die eigentliche Überraschung: Jeden Morgen geht der Mann von nun an aufs Feld, sieht nach dem Wind und der Sonne, pflügt seinen Acker, bestellt seinen Garten, kümmert sich um den Haushalt, liebt seine Frau, genießt den Abend und schläft dann ein. – Wie sehr das Leben von seiner Deutung abhängt, kann ein Blick auf die großen religiösen Deutungsmuster klar machen. Es macht einen erheblichen Unterschied, ob man das Leben und die Welt mit dem Buddhismus als ein einziges Leiden versteht, das zum Mitgefühl auffordert und zum Bemühen führt, sich irgendwann aus dem Kreislauf des Leidens herauszunehmen, oder ob man es mit dem Islam als Prüfungszeit versteht, die einzig durch die bedingungslose Unterwerfung unter den Willen der barmherzigen und treu sorgenden Macht Allahs zu bestehen ist. Ob man mit dem Taoismus die polare Gegensätzlichkeit aller Dinge (Mann und Frau, Hell und Dunkel, Gut und Böse) annimmt, die nur durch gelassenes Nicht-Eingreifen zu bestehen ist, oder ob man mit dem ursprünglichen Christentum das Dasein als die von einem liebenden Gott geschenkte Fülle, die zu aufrechter Souveränität und Lebensgenuss führt und die das Leben selbst als Zeit der Erfüllung begreift.

Nun gibt es allerdings beim Thema Religion ein gravierendes Problem, das vielen Menschen den Zugang nicht gerade leicht macht. Religionen sind oft Systeme von Zwang und Gewalt, die die freie Entfaltung des Lebens gerade verhindern. Die allermeisten Ausdrucksformen der Religionen – ihre Texte, Lehren, Sitten, Kulte und Bilder – versuchen zwar, die genannte Ureinstellung zum Leben zur Darstellung zu bringen. Freilich können diese Ausdrucksformen die ursprüngliche Lebensdeutung durchaus auch verhüllen und erdrücken, wie das auch im Christentum in hohem Maße geschehen ist. Das Christentum ist an dieser Stelle sogar höchst ambivalent. Neben der Fülle des geschenkten, vertrauensvoll zu lebenden Lebens und der Erfahrung der unverdienten Gnade verstanden die Christen das Leben immer wieder auch als Jammertal und als peinliche

Prüfung vor dem göttlichen Gericht am Ende der Zeiten. Kein Wunder, dass in dieser Auffassung Gott als weitgehend abwesend erfahren wurde und sich dann jede Menge Vermittlungsagenturen zwischen ihn und den Menschen stellten: Heilige, Bußübungen, Priester und jede Menge religiöser Pflichten, die das Leben nur schwerer machen. Wahre Religion ist oft gerade nicht das, was von ihr sichtbar ist. Religion ist eben nicht Selbstzweck. Sie hat keinen Zweck als das Leben selbst. Sofern sie wahr ist, dient sie dem Leben.

Was also kann die Religion dem Menschen bieten? Sie vermag, seinem Leben eine tragfähige Orientierung zu geben, die sich aus einer langen Erfahrungsgeschichte heraus speist. Mit ihren Geschichten, Symbolen und Bildern verlockt sie dazu, eine Sicht des Lebens zu wecken, die zu einer veränderten Grundeinstellung führt. Die religiöse Deutungstradition und das persönliche religiöse Erleben inspirieren sich dabei gegenseitig: Die Tradition eröffnet die religiöse Erfahrung, und die religiöse Erfahrung einzelner Menschen kann selbst wiederum in die Erfahrungstradition eingehen. Immer aber zielt die Religion auf eine Veränderung der Lebenshaltung, die bei Jesus »Umkehr«, bei vielen Frommen »Wiedergeburt«, bei den Buddhisten »Erleuchtung« heißt.

Nach christlicher Einsicht ist das Leben weder mühsame Pflicht, noch Leidensweg, noch anstrengendes Projekt, noch letztlich immer vergeblich – sondern geschenkte Fülle aus der Hand eines liebenden Gottes. Es so sehen und akzeptieren zu können kann zum entscheidenden Grund eines Lebens werden. Nach dieser Einsicht ist es sinnvoll, sich nicht nur um sich selbst zu kümmern, sondern sich mit Haut und Haar und voller Vertrauen und Offenheit dem ganzen Leben hinzugeben. Diese Deutung muss man nicht *glauben* – eher ist es so, dass sie einem einleuchtet oder eben nicht. Man kann sich auf sie *einlassen* und sie mit den eigenen Erfahrungen abgleichen. Wo diese Deutung des Lebens allerdings zu einer inneren Haltung wird, liegen Lebendigkeit und Lebensfreude sehr nahe.

Tragfähige und lebensdienliche Orientierung kommt dagegen weit weniger aus religiösen Autoritäten und Pflichten und auch nicht aus religiösem Trost. Und schon gar nicht aus religiösen Gewissheitsgarantien. Religiöse Institutionen, Personen und Vorgaben haben die oft kaum wahrgenommene, aber kaum vermeidbare Tendenz, sich selbst an die Stelle dessen zu setzen, was allein heilig ist, nämlich des auf Gott hin transparenten Lebens.

3.3 Religiöse Sonderwelten?

Sinnvolle und absurde Religion

»Wenn eine Betschwester einen Betbruder heiratet, so gibt das nicht allemal ein betendes Ehepaar.«[67] Das kann man sich gut vorstellen. Denn jeder weiß, dass es in der Religion viel Heuchelei und Selbstsucht gibt. Warum ist das eigentlich so? Von der Religion würde man ja doch eigentlich etwas anderes erwarten.

Natürlich liegt das zunächst einmal daran, dass auch die religiöse Kultur von Menschen gemacht und betrieben wird. Das Problem dabei ist, kurz gesagt: dass genau diese Tatsache innerhalb der religiösen Kultur tendenziell verschwiegen und unterdrückt wird. Es gibt da keine ernst zu nehmende *Selbstkritik*. Daraus entsteht der Eindruck: Da gibt es professionelle Verwalter und Strukturen, die vor allem mit sich selbst beschäftigt sind. Religion ist eine komplizierte und oft auch befremdliche Sache. Da werden alte Traditionen gepflegt, die recht verstaubt wirken. Vieles ist da nur schwer nachvollziehbar, und es hilft mir in meinen wichtigen Fragen nicht viel weiter. Das Ganze wirkt wie ein Museum, manchmal auch wie Folklore.

Das moralische Fehlverhalten von Religionsvertretern ist menschlich, und es ist nicht neu. Auch die Heuchelei des religiösen Systems kennt man seit Jahrhunderten. Das würde nicht wirklich erklären, warum derzeit eine ganze religiöse Kultur ins gesellschaftliche Abseits gerät. Dahinter steckt ein strukturelles Problem, das die religiöse Kultur insgesamt betrifft und das unter modernen Lebensbedingungen mit besonderer Schärfe zu Tage tritt. Es ist nämlich eine ganz grundlegende Weise des Denkens – also der Art, wie man die Welt und die Religion selbst versteht und deutet –, die heute in Widerspruch zum gegenwärtigen Bewusstsein geraten ist. Die Menschen denken heute, kurz gesagt, genetisch, perspektivisch und psychologisch. Genau das aber lehnen die maßgeblichen Vertreter der Religion für sich ab.

a. Das genetische Wissen. Wir wissen heute recht genau um den Ursprung der Dinge. Vor allem kulturelle und geistige Phänomene fallen nicht vom Himmel, sondern sie sind in einer historischen Abfolge entstanden, deren Wurzeln und Bedingungen sich oft sehr genau nachvollziehen lassen. Alles ist historisch bedingt, und daher ist alles erklärbar. Das heißt aber auch, dass die Behauptung einer überzeitlichen, jeder historischen Entwicklung oder Begründung entzogenen Wahrheit als Absurdität eingeschätzt wird. Derartige Behauptungen haben im Alltagsleben keinen Platz mehr. Es gibt sie nur noch in Ideologien, in Diktaturen und in Sekten mit fundamentalistischen Grundlagen. Oder als altes Märchen.

b. Das perspektivische Wissen. Wir gehen heute ganz selbstverständlich davon aus, dass alle Meinungen und Wahrheitsbehauptungen grundlegend subjektiv sind. Je nachdem, welche Perspektive man einnimmt, sehen die Dinge ganz anders aus. Auch persönliche Interessen bestimmen über unsere Erkenntnisse mit. Es war vor allem der Philosoph Friedrich Nietzsche, der dieses perspektivische Bewusstsein geschärft hat. Vertieft wurde es dann durch die Auseinandersetzungen über die Quantentheorie, vor allem durch die Physiker Nils Bohr und Werner Heisenberg. Und zum philosophischen Generalthema wurde es in der Philosophie der Postmoderne. Alles Wissen und Denken ist relativ. Es gibt keine reine Objektivität und keine absolute Gültigkeit. Auch das ist heute Stand des Alltagsbewusstseins.[68]

c. Das psychologische Wissen. Die Psychoanalyse und mit ihr die ganze Tiefenpsychologie sind neben der Quantentheorie wohl die bedeutsamste geistige Entwicklung seit der Romantik. Auch sie hat unser Wissen und Denken nachhaltig verändert. Jeder weiß heute, was eine *Verdrängung* oder eine *Profilneurose* ist. Wir nehmen die Erscheinungsformen von

Charakteren und Gefühlen nicht mehr für Fakten, sondern als Ausdrucksformen von bestimmten Erfahrungen. Und wir haben eine höchst ausgefeilte Introspektion entwickelt. Wir blicken sozusagen hinter die Fassaden und hinter das Verhalten der Menschen und auch hinter unsere eigenen Gefühle. Wo kommen die eigentlich her, wodurch sind sie bedingt? Warum geht es mir so, wie es mir gerade geht?

Dieses Wissen prägt das derzeitige Normalbewusstsein. Und es ist ebenfalls dieses Wissen, mit dem sich die etablierte religiöse Kultur ausgesprochen schwer tut. Eine ganze Reihe von Bereichen und Strategien versuchen hier, dieses Wissen auf Abstand zu halten. Hier dürfte der tiefste Grund dafür liegen, warum die Religion derzeit so sehr an Bedeutung verliert. Dabei müsste das keineswegs so sein – denn sowohl das genetische, als auch das perspektivische, als auch das psychologische Wissen sind in der Religion durchaus auch zu Hause und werden in ihr sogar gepflegt. Oft gibt es gerade in der Religion sogar ausgesprochen kluge Hinweise für deren angemessenes, lebensdienliches Verständnis. Um das an nur wenigen Beispielen zu zeigen: Die Bibel erzählt, dass Abraham noch in einer Zeit lebte, in der es geschnitzte Hausgötter gab; erst ganz allmählich hat sich (»genetisch«) die Verehrung eines einzigen Gottes herausgebildet. Oder: Die Gleichnisse Jesu sind reine Perspektivik – »seht es einmal so ...!« –, was aber ganz klar auch heißt: Man kann es ganz anders sehen. Und auch für das psychologische Wissen gibt es jede Menge Beispiele – etwa wenn der Mord des Kain an Abel mit einer regelrechten narzisstischen Kränkung erklärt wird; oder wenn Martin Luther darauf hinweist, dass wir in vielen entscheidenden Dingen unseres Lebens entweder von Gott oder vom Teufel geritten werden und keineswegs »Herr im eigenen Haus« sind, wie Freud das später formuliert hat.

Eine solche religiöse Einstellung könnte man als aufgeklärt bezeichnen. Wobei das Wort »aufgeklärt« hier nicht das rationale

Vernunftdenken in der Tradition der Aufklärung meint, sondern ein Denken, das sich auf der Höhe des Gegenwartsbewusstseins bewegt. Man mag es als »postmodern« bezeichnen. Die genetischen, perspektivischen und psychologischen Strukturen des Denkens sind ihm jedenfalls geläufig und selbstverständlich.

Wieder einmal kommt es ganz entscheidend darauf an, Religion und Religion zu unterscheiden. Es ist die lebendige, erfahrungsbezogene Religion, die dem beschriebenen Gegenwartsbewusstsein in hohem Maße entgegenkommt, während die etablierte religiöse Kultur sich mit ihm meist ziemlich schwertut. Religiöse Kultur *muss* sich in gewissem Maße natürlich neben das alltägliche Leben stellen, sonst wären ihre Zeichen gar nicht richtig wahrnehmbar. Wenn der Traditionalismus und das Pochen auf den sakralen Sonderstatus aber überhandnehmen, kommt es zu einer Verhärtung, die jede Selbstkritik verhindert. Dann werden Barrikaden gegen jeden Versuch der religiösen Innovation aufgebaut. Die Religion wird zur Parallelwelt, die ihren Sinn scheinbar in sich selbst trägt, die sich faktisch so aber selbst im Weg steht. Lichtenberg spottet darüber: »Die meisten Glaubens-Lehrer verteidigen ihre Sätze, nicht weil sie von der Wahrheit derselben überzeugt sind, sondern weil sie die Wahrheit derselben einmal behauptet haben.«[69]

Diese Problematik soll für unsere christliche Religion zur besseren Klarheit etwas genauer skizziert werden. Sie hat ihre Parallelen in allen Weltreligionen.

Am absurdesten erscheint die Religion aus heutiger Sicht immer dann, wenn sie ihre eigenen Mythen und Symbole für Fakten hält, also deren genetische, perspektivische und psychologische Bedingungen ausblendet. Die Neigung dazu ist verbreitet, denn sie entspricht der Suche nach Sicherheit und Glaubensgewissheit (auch das ist eine psychologische Einsicht!). An dieser Stelle sind die Vertreter der Religion (Geistliche, Theologen und Fromme) daher auch besonders allergisch: Wehe, jemand stellt eingespielte Denkgewohnheiten in Frage!

Das verunsichert und wird daher schroff abgewiesen. *Jede religiöse Kultur unterliegt der Gefahr des Fanatismus – oder der verharmlosenden Musealisierung.*

Die wörtlich verstandene »Jungfrauengeburt«, die wortwörtlich verstandene Bibel (in der Wunder als Tatsachen gelten, und in der vor allem der Schöpfungsmythos in Konkurrenz zur Evolutionstheorie tritt bzw. einen kruden »Kreationismus« zur Folge hat), die wörtlich zu glaubende Erbsündenlehre, die Göttlichkeit Christi und die Auferstehung gelten im Übrigen als die fünf Grundkennzeichen des protestantischen *Fundamentalismus*, der diese fünf Dinge explizit zur Glaubenspflicht macht und damit »Gläubige« von »Ungläubigen« unterscheidet. Damit betreibt er eine Abtrennung der Religion vom Leben und etabliert eine ideologische Sonderwelt mit tendenziell fanatischen Zügen.

Dem protestantischen Glaubensfundamentalismus entspricht auf katholischer Seite ein magisches Denken, das hier vor allem die Volksfrömmigkeit, aber auch das Sakraments- und Kirchenverständnis und das Selbstverständnis der geweihten Priesterschaft bestimmt. Hier stehen diktatorische Tendenzen den fundamentalistischen des Protestantismus gegenüber.

Problematische Tendenzen, die in genau diese Richtung gehen, gibt es in der Theologie schon sehr lange. Die Theologie neigt dazu, die Offenbarung Gottes in Formeln festzuschreiben; und sie neigt dazu, die dogmatischen Lehren den Erfahrungen der Gläubigen vorzuordnen. »Auf der Abstraktionsebene der Theologie ist die Kommunikation über Gott an die Stelle der Erfahrung des Heiligen getreten.«[70] So gilt etwa die »Offenbarung« des Willens Gottes (vor allem in der Bibel) als einmaliger und exklusiver Akt. Wenn Gott aber nur im Wort der Schrift und dann nur noch indirekt in der Predigt oder in kirchlichen Verlautbarungen spricht, dann ist er im Leben der Menschen selbst nicht mehr vernehmbar. Das ist eigentlich theologischer Unsinn, denn Gott spricht überall, man muss ihn nur *hören* können – aber es prägt das fromme Denken.

Das theologische und fromme Denken hat sich spätestens seit Augustin immer auf »Gott und die Seele« konzentriert und einen regelrechten Heils-Egozentrismus ausgebrütet. Es ging immer um die »Erlösung«, kaum jemals um ein gutes Leben, oder um die geschaffene Welt. Besonders augenfällig wird das am permanenten Kreisen der Frommen um die »Sünde«, die leider nur sehr selten als existentielle Not, fast immer dagegen als moralische Minderwertigkeit verstanden wurde. Sünde galt als Schuld vor Gott, und sie hat zu massiven Ängsten der Gläubigen geführt und damit zu einer drastischen *Einschränkung* des Lebens. Die Suggestion dieser Sündenschuld hat ausufernde kirchliche Vermittlungsstrategien, dogmatische Lehren und Glaubenspflichten ausgebrütet, ein großes religiöses Sicherungs- und Unterwerfungssystem, das das konkrete Leben der Menschen bis heute weitgehend sich selbst überlässt.

Unterstützt wurde diese Tendenz bereits sehr früh durch eine rigorose Willens-Askese: Allein der Geist führt zum Göttlichen; der Leib, die Sexualität, die Welt und jeder Genuss dagegen sind niedrige »Fleischeslüste«. Gottgefällig ist im Grunde nur die Selbstkasteiung, wie sie Asketen und Mönche betreiben.

Die dogmatischen Glaubenslehren sind ein »selbstdefinierter Binnenraum« (Hubertus Halbfas), der der Sicherung »des Glaubens« dienen soll, sich dabei aber dem kritischen historischen Bewusstsein, dem psychologischen Denken und dem symbolischen Verstehen entzieht. Der religiöse Mythos verliert so seine lebensstiftende Aussagekraft und seinen Kredit. Die Religion wird unverständlich und unzugänglich, sogar für die Gläubigen selbst. Die sind dann auf religiöse Experten angewiesen.

Eigenartigerweise hat sich auch die wissenschaftliche Theologie hier nicht als selbstkritisches Instrument nützlich machen können. Die Theologie gilt als kritische Sichtung der Frömmigkeit, und sie arbeitet seit geraumer Zeit durchaus historisch-kritisch. Ihr Rationalismus ist freilich so ausgeprägt, dass sie die

Religion eher analytisch seziert als lebendig hält. Dem religiösen Bedürfnis steht sie weitgehend polemisch gegenüber. Sie ist bis heute nicht in der Lage, die Logik und die Leistungsfähigkeit von Symbol und Mythos für die Religion so zu beschreiben, dass sie dem religiösen Selbstverstehen der Menschen zugutekämen. Stattdessen arbeitet sie fast ausschließlich an der historischen Erforschung der eigenen Traditions-Vergangenheit und etabliert hier ihre eigene Sonderwelt – die niemandem wirklich nützt.

Noch von einer anderen Seite her wird die Religion als Sonderwelt betrieben, nämlich durch die religiöse Institutionalisierung. Franz Xaver Kaufmann hat sie die »Verkirchlichung« des Christentums genannt. Die Religion gibt es scheinbar nur noch in kirchlich zugelassenen und verwalteten Strukturen – während ihre privaten oder kulturellen Erscheinungsformen abgewertet oder gar nicht ernst genommen werden. Dass man früher nach dem sonntäglichen Gang in die Kirche immer ins Wirtshaus ging, zeigt ganz deutlich, wie sehr hier zwei Welten *nebeneinander*standen. Lebensferne und Scheinheiligkeit sind in dieser Religion also strukturell bedingt. Wo keine Kritik zugelassen wird, ist Selbstgenügsamkeit die automatische Folge. Daher die Ahnungslosigkeit vieler Priester vom Leben der Gegenwart, daher ihre oft lustlos-routinierte Gelangweiltheit. Daher die vielen Predigten, die keine Inspirationen und keine Überraschungen mehr bringen, sondern immer nur das bejahen und wiederholen, was sowieso alle schon wissen (oder wissen sollen).

Das religiöse Vertrauen geht in dieser religiösen Kultur in die Institution, nicht ins eigene Wachstum. Das gibt vielleicht vorübergehend Trost und Vergewisserung, wirkt aber regressiv und auch als zusätzliche Last. Vor allem stellt sich immer mehr das Gefühl ein, dass die moderne Autonomie und deren Folgelasten – also die Probleme der Selbstentfaltung, der Isolation, der Erschöpfung – hier nicht ernst genommen werden und oft nicht einmal bekannt sind. Die Unangefochtenheit der Pfarrer und Priester als Religionsspezialisten verliert sich daher immer mehr. Immer mehr werden kirchliche Weisungen als »Dreinreden« empfunden.

Gegen diese bedenklich lebensfernen Tendenzen müssen heute die lebensförderlichen und inspirierenden Potentiale der Religion wieder zum Leuchten gebracht werden. Das nötigt zunächst einmal zu der schmerzlichen Einsicht, »wie sehr das historische Christentum eine Karikatur seines Wesenskernes ist«.[71] Völlig kurzschlüssig wäre es allerdings, Theologie und Kirche pauschal zu verwerfen. Wir brauchen eine kritische, religions-kompetente Theologie ganz unbedingt. Und wir brauchen eine Kirche, die die religiöse Überlieferung wach hält und deren Schätze nicht nur bewahrt, sondern den Menschen auch angemessen anbietet.

Es ist aber auch bestimmten Einsichten zu folgen, die in der religiösen Kultur sicher nicht auf uneingeschränkte Gegenliebe treffen werden.

Vor allem: *Religion ist keine Überzeugung.* »Glauben bedeutet Vertrauen, dass das Leben Sinn und Zweck hat«[72] – und nicht das Für-wahr-Halten von dogmatischen Sätzen. Jeder äußere und innere Glaubenszwang ist religiöser Unsinn. Religiöse Überzeugungen sind ideologisch. Die klassische theologische Unterscheidung zwischen *Fides qua* (der Glaube eines Menschen) und *fides quae* (der Glaube, der geglaubt wird, also Dogma und Bekenntnis) ist eigentlich theologisch falsch. Es gibt gar keinen »zu glaubenden« Glauben. Nur der Vertrauensglauben ist im echten religiösen Sinne Glauben. Dogmatische und Bekenntnis-Sätze dagegen sind theologische Interpretationen, die ihre Bedeutung haben, die die religiöse Sprache und Gefühle auch *ersetzen* können. Nicht das, was »vor aller Zeit« passiert, und nicht die »letzten Dinge« sind für sich so wichtig; nur dann, wenn sie das, was hier ist, in ein neues Licht stellen. Theologie und Frömmigkeit sollen, so Hermann Timm, eine »metaphysikentlastete Heiligung der vorletzten Dinge« betreiben.[73]

Sodann: *Die Kirche ist nicht die exklusive Heilsanstalt*, für die sie sich lange ausgegeben hat. Wo und wie Gott wirkt, kann sie nicht bestimmen. Ihr ist dringend anzuraten, interne und externe Selbstkritik zu etablieren. Sie muss das Gegenwartsbewusstsein kennen und für sich selbst ernst nehmen. Und sie sollte ganz dringend in eine echte Kommunikation treten mit den religiösen Meinungen und Interessen der Menschen und der heutigen Gesellschaft. Das heißt: Sie sollte sich als *Agentur für die Religion der Menschen* verstehen. Dafür ist eine freie religiöse Kommunikation allererste Bedingung.

Schließlich sind die Konsequenzen aus der Gottesauffassung Jesu zu ziehen: Gott ist Liebe. Das heißt übersetzt: Gott will das Leben. Dieser Auffassung widerspricht jede Form des moralischen Anspruchs, für den die Kirche nicht zuständig ist. Sie ist *keine moralische, sondern eine religiöse Institution*. Wer sich selbst als religiös versteht, muss kirchlichen Vorschriften und Erwartungen daher auch nicht Folge leisten. Es heißt ferner: *Gott will keine Verehrung*. Religion kann niemals Pflicht und zusätzliche Last sein, sondern immer nur Anstoß und Lebenshilfe. Die religiösen Ideen und Zeremonien *erfüllen* sich dadurch, dass sie sich überflüssig machen. Darum muss niemand sie um ihrer selbst willen befolgen.

»Der Dogmatismus ist nicht nur eine Jugendsünde, sondern auch eine Alterskrankheit ... Aber der nur mit dem einzelnen Menschen lebendig werdende christliche Glaube hat sich in einer schier unglaublichen Weise immer wieder über die sklerotische Beschränkung des Klerus hinweggesetzt und der Kirche fortwährend zu neuem Leben verholfen.«[74] Empfehlenswert ist es darum für die religiös Interessierten, sich mit den religiösen Querdenkern und Ketzern zu beschäftigen. Bei denen kann man viel über eine leidenschaftlich inspirierte Religion lernen, die dem Menschen dient. Lernen kann man aber auch, dass die religiöse Kultur selbst da, wo sie verhärtet scheint, immer wieder zu erstaunlichen Erneuerungsprozessen in der Lage ist.

3.4 Sinnstiftung

Das Leben lieben

»Nicht unsere Erfahrungen entscheiden über unser Leben, sondern die Art, wie wir auf sie reagieren.« Dieser scheinbar banale Satz des Dalai Lama, den es auch in anderen Varianten gibt, macht eine bedeutsame religiöse Aussage. Er gehört vielleicht zu den tiefsten Einsichten überhaupt. Und er stellt unsere normale Erwartung im Grunde vollkommen auf den Kopf. Ist dieser Satz nicht absurd? Es macht doch wohl einen Unterschied, ob jemand Glück oder Pech hat im Leben? Ja und nein. Normalerweise messen wird das Leben an bestimmten Standards. Ein Mensch, der ein gutes Einkommen, Familie und Ansehen hat, hat ein besseres Leben als einer, der Schwierigkeiten mit seinem Alleinsein hat und beruflich nicht weiterkommt. Dasselbe gilt auch und ganz generell für die Erfahrungen, die wir machen. Wer dauernd Pech in der Liebe hat, ist ein eher unglücklicher Mensch. Wem alles gelingt, was er anfasst, ein glücklicher. Aus dieser Perspektive ist der Satz des Dalai Lama absurd.

Dass hier aber etwas nicht so ganz stimmen kann, sollte man spätestens dann bemerken, wenn man einmal die Gesichter superreicher Menschen genauer studiert und hinter deren oft kühle und abgebrühte Fassade blickt. Vor allem bei den ganz großen Stars der Pop- und Showkultur fällt das eigentlich ziemlich deutlich ins Auge. Man denke an Marilyn Monroe, Michael Jackson, Lady Di oder Whitney Houston – wie elend wirkt das Leben oft dort, wo es die höchsten Gipfel von Ruhm und Reichtum erstiegen hat! Und umgekehrt: Die Lebensfreude vieler Menschen ist in armen Kulturen oft bemerkenswert hoch, so wie das z.B. immer wieder vom kleinen buddhistischen Land Buthan gesagt wird. Oder man vergleiche die Freude von Kindern, die nicht am teuren Hi-Tech-Bildschirm sitzen, sondern mit anderen Kindern zusammen unterwegs sind. Kinder haben das, was die allermeisten Menschen für erstrebenswert halten, gerade nicht: Ansehen, Selbstentfaltung und Reichtum. Und gerade ihnen gilt die heimliche Sehnsucht vieler Erwachsener. Einmal wieder ein Kind sein! Für den religiösen Blick – der hier mit dem psychologischen wieder einmal völlig übereinstimmt – ist die Sehnsucht nach Reichtum und Ansehen oder auch nach Macht nicht ein Ausdruck von Leben, sondern ein *Kompensations*phänomen. Je weniger sich ein Mensch lebendig fühlt, desto größer wird eine solche Sehnsucht sein. Diese Sehnsucht entsteht vor allem dann, wenn jemand das Gefühl mit sich herumträgt, zu kurz gekommen zu sein oder es endlich allen einmal »beweisen« zu müssen. Hier liegt also ein Gefühl des Mangels zu Grunde, das das Leben dann auch entsprechend einfärbt. Wer sich so im Leben orientiert, der kann ein ganz erbärmliches Leben haben. Und es wird dann auch kaum ausbleiben, dass er sein Leben erbärmlich *macht*, ganz ohne das eigentlich zu wollen. »Was hilft es dem Menschen, wenn er die ganze Welt gewinnt, dabei aber seine Seele verliert?« (Mt 16). Besser und drastischer kann man das kaum auf den Punkt bringen.

Hinter dem Zitat des Dalai Lama steckt noch eine andere bemerkenswerte Einsicht, die man in den Satz fassen könnte: »Wer sich vergleicht, verliert.« Das stimmt fast immer! Wer sich an Geld, Einfluss und Ansehen orientiert, legt damit bestimmte Messlatten an sein Leben an, auch wenn das meist ganz unbewusst geschieht. Das Leben ist dann nur dort und insofern gut und akzeptabel, als es diesen Messlatten wenigstens einigermaßen entspricht. Fast immer aber sind die Erwartungen viel zu hoch gesteckt, denn ganz automatisch vergleichen wir uns »nach oben«. Immer gibt es Erfolgreichere und Bessere als uns. Es sind immer die ganz besonders Schönen, Berühmten und Reichen, die uns faszinieren und dann ganz automatisch unsere Erwartungen formen. Und immer gibt es noch weitere und bessere Möglichkeiten, mit denen wir unsere Erwartungen anreichern können. Unser Konsum- und Medienmarkt stellt uns da reichlich verführerische Bilder vor Augen. Und deshalb kann man mit einer solchen Einstellung eigentlich nur verlieren. Wir sind und haben weniger als andere, wir leben im Defizit. Was wir mit dieser Einstellung verlieren, ist vor allem die Zufriedenheit – und die Fähigkeit, in der Gegenwart zu sein. Diese Einstellung bestimmt heute allerdings weitgehend die Erwartungen an das Leben. Die Erwartungshaltung sehr vieler Menschen ist enorm hoch, vor allem wenn man sie mit dem Leben vor wenigen Generationen oder mit dem Leben in armen Ländern vergleicht. Intensiv muss das Leben sein, egal wo die Intensitäten auch herkommen, und dafür braucht man vor allem Geld, Freiheit und Publicity. Aber ebenfalls sehr verbreitet ist das Gefühl von Unzufriedenheit, Lustlosigkeit und Unerfülltsein. Verlieren wir in dieser gegenwärtigen Kultur unsere Seelen?

Wie wenig man mit dieser Erwartungshaltung gewinnen kann, zeigt eine sehr verbreitete Erfahrung. Fast immer nämlich, wenn bestimmte Ziele erreicht und Erwartungen erfüllt sind, stellt sich gar keine Zufriedenheit ein, oder doch nur ein Glück, das von sehr kurzer Dauer ist. Denn mit dem Streben nach den Zielen ist immer schon eine Dynamik losgetreten, die sich im Grunde gar nicht stillstellen lässt. Wann bin ich denn reich *genug*? Irvin Yalom berichtet von jungen Millionären, die sich mit ihren Gewinnen problemlos zur Ruhe setzen und das Leben in vollen Zügen genießen könnten – was aber keiner von ihnen tut. Warum eigentlich nicht? Wenn man diese Erfolgsmenschen das fragt, kommen die absurdesten Antworten: Man müsse es sich erst einmal beweisen, dass das alles kein Zufall gewesen sei; man müsse ja die Zukunft auch der eigenen Kinder absichern usw., und das ginge überhaupt nur, wenn man noch die nächste Million mache. Bei Lottogewinnern wurde festgestellt, dass die euphorische Freude über große Geldgewinne nach durchschnittlich *drei Monaten* wieder verflogen und das bisherige Lebensgefühl zurückgekehrt ist.

Nun denken natürlich die allermeisten Menschen: *Ich* wäre zufrieden mit einer Million oder mit dem ersten großen Auftritt im Fernsehen. Ich würde das ganz anders machen. Auch für diese Menschen gilt allerdings, dass die Orientierung an bestimmten Maßstäben die Orientierung an einer (ungewissen) Zukunft ist. Sie verliert die Gegenwart aus dem Blick und entwertet sie automatisch. Was ich jetzt bin und habe, ist weniger als das, was ich erreichen will. Ich strebe nach Zielen, daher bin ich nie ganz da. Natürlich kann Ansehen befriedigen und Reichtum Freude machen. Selbstverständlich ist das so. Und schlechte Erfahrungen machen uns natürlich traurig und oft genug hilflos. Wer von seinem Partner verlassen wird oder beruflich versagt, wer betrogen wird oder seine Ohnmacht durch eine Krankheit erfährt, der wird damit seine mehr oder weniger massiven Schwierigkeiten haben. Die Religion freilich sagt: Wer sich von solche Erfahrungen *bestimmen* lässt, wird erst wirklich zum Verlierer. Und wer sich über seinen Wohlstand und sein Ansehen *definiert*, der geht am Leben vorbei.

Die Religion fordert deshalb dazu auf, die richtige *Perspektive* einnehmen: Was ist wirklich wichtig? Was trägt? Was ist letztlich sinnvoll? Die Antwort auf diese Fragen hängt von unserer Sicht auf das Leben insgesamt ab, die für das eigene Leben daher ganz erhebliche Konsequenzen haben kann. Das Leben ist *Einstellungssache*. Die Erfahrungen, die wir machen, sind ja immer subjektiv und daher ganz relativ. Unsere Erfahrungen ergeben also kein objektives Bild der Wirklichkeit! Morgen schon kann ich eine vollkommen andere Erfahrung machen, die meinen bisherigen Erfahrungen glatt widerspricht. Wie oft aber lasse ich die Erfahrungen, die meinen bisherigen nicht entsprechen, gar nicht zu! Wie oft übersehe ich sie, weil ich gar keinen Blick für sie habe!

Warum sollte es also nicht möglich sein, das Leben aus einer Perspektive zu betrachten, die *nicht* aus der eigenen Erfahrung stammt? Die man also erst einmal sozusagen probehalber übernehmen könnte? Es müsste nur eine Perspektive sein, die sich bewährt hat und die einen Gewinn an Leben verspricht.

Dass wir uns die eigene Sicht auf das Leben, unsere Lebens-Haltung, überhaupt bewusst machen und nicht einfach der gesellschaftlich dominanten hinterherlaufen sollten, ist eine eigene Überlegung wert. Und das nicht nur, weil die gegenwärtige Einstellung zum Leben ihre Schwierigkeiten hat und weil wir alle von dieser Einstellung mehr oder weniger geprägt sind. Es bedeutet nämlich auch einen Fortschritt an Reife und Entscheidungsfähigkeit, wenn einem die eigene Einstellung mit allen ihren Bedingungen und Hintergründen und Konsequenzen überhaupt erst einmal klar wird. »Um leben zu können, muss man eine Interpretation des Lebens haben ... Heimat und sinnvolles Leben ist umso mehr da, je mehr wir die Vorgänge um uns herum verstehen, je weniger wir dem Zusammenhanglosen und blind über uns Hereinbrechenden ausgeliefert sind.«[75] Deutungen entscheiden über Bedeutungen. Denn was wir unter einer bestimmten Perspektive wahrnehmen, hat entsprechend viel oder wenig Gewicht für uns. Damit steht und fällt aber auch, was wir als sinnvoll oder als unsinnig erfahren. Der Sinn des Lebens hängt also entscheidend an unserer Einstellung zum Leben.

In den Religionen gibt es bestimmte Sinn-Deutungen, die sich als nachdrückliche Empfehlungen aussprechen: »Sieh es einmal so an, das Leben!« Welche Sinndeutungen sind das?
An dieser Stelle unterscheiden sich die großen Weltreligionen ganz erheblich. Sie bilden, insgesamt betrachtet, sozusagen eine Palette der grundsätzlichen Möglichkeiten, das Leben überhaupt zu verstehen. Der Buddhismus etwa sagt zunächst und vor allem: Alles Leben ist Leid. Wer einen wachen Blick hat, dem werden vor allem Krankheiten, Endlichkeit und Sterben ins Auge fallen. Aus diesem Blick ergeben sich Konsequenzen: Alles, was lebt, hat an allererster Stelle ein umfassendes großes Mitgefühl verdient. Für die reiferen Menschen käme es aber vor allem darauf an, sich bewusst aus dem Kreislauf der Vergänglichkeit herauszunehmen. Der Sinn des Lebens ist die Ver-

löschung. – Oder der Islam: Das Leben ist die Zeit der Prüfung unserer Ergebenheit in den Willen Allahs, der alles geschaffen hat und über alles bestimmt. Der Sinn des Lebens ist die Ergebenheit. – Oder der Taoismus: Zu allem, was wir erfahren, gibt es immer den Widerspruch und das Gegenteil. Das Yin ist das Gegenteil des Yang, und beide brauchen und bedingen sich gegenseitig. Zum Mann gehört die Frau, zum Tag die Nacht, zum Guten das Böse und zur Kraft die Schwäche. Nichts kann für sich allein leben. Alles Leben ist polar, widersprüchlich und nur in seiner Gegensätzlichkeit ganz. Auch daraus ergeben sich Konsequenzen: Lass das Leben seinen Gang gehen, ohne einzugreifen. Wirklich weise ist, wer sich in Gelassenheit übt. Der Sinn des Lebens ist das Tao, eine umfassende Akzeptanz aller Dinge und aller Widersprüchlichkeiten.

Die christliche Religion sieht in ihrem Ursprung den Sinn des Lebens in der Liebe. Damit stellt sie die lebens-bejahendste der Religionen dar, denn sie deutet das Leben als Geschenk und als wunderbare Fülle. Das Leben soll gelingen, es soll sich entfalten, blühen und bunt sein. Die Bibel versteht, wie gesagt, den Menschen als Gottes Ebenbild, d.h. als sein Gegenüber und als seinen Partner auf Erden. Immer wieder ist von einem »Bund« zwischen Gott und seinem Volk, dann ganz umfassend zwischen Gott und den Menschen die Rede, der einen Schutzraum etabliert, innerhalb dessen sich das Leben entfalten kann. Später wird Gott, der Geber des Lebens, als »Liebe« bezeichnet: Gott ist die Liebe. Er schafft, will und fördert das Leben, das sich am besten immer in der Beziehung entfaltet. Gelebte Beziehung aber wird als Sinn erfahren. Darum ist das beste Leben das, das sich selbst geliebt weiß und selbst liebt: Liebe Gott und deinen Nächsten so sehr wie dich selbst!

Damit ist behauptet: In der Beziehung ist das meiste Leben. Am besten gelingt das Leben da, wo sich intensive Beziehungen etablieren: in der Freundschaft, in der Familie, in Naturerlebnissen, im Eintauchen in die Musik, in einer mit Leidenschaft betriebenen Sache. Solche Beziehungserfahrungen sind Lebenssteigerungen und Inspirationen, die dem Leben am vollkommensten entsprechen. Umgekehrt ist die Isolation die denkbar größte Entfernung von der Lebensfülle. Sie wird im Christentum mit dem (leider missverständlichen) Begriff »Sünde« bezeichnet, der im Sinne von *Ab-Sonderung* verstanden sein will und keinesfalls als moralische Abwertung.

Die Liebe hat eine bestimmte Logik, die unseren allgemeinen Erwartungen *nicht* entspricht. Sie hat eher eine Nähe zur spontanen, situationsabhängigen Weisheit als zur Moral. Sie behandelt alle moralischen Regeln als Spiel-Regeln, die im Falle des Falles auch außer Kraft gesetzt werden können. Immer müssen sie dem Leben dienen – und daher muss die jeweilige Situation, der jeweilige Mensch mit einbezogen werden. Ordnungen behandelt sie ganz ebenso. Daher ist Liebe oft moralkritisch. Und daher ist die Liebe für Menschen, die an klaren Ordnungsstrukturen, Gesetzen und Verlässlichkeiten hängen, oft ein Dorn im Auge. Sie erfahren sie als Provokation. »Der Sabbat ist um des Menschen willen da«: Das gilt umfassend – Normen, Pflichten und Gebote sind Ermöglichungen des Lebens. Wo nicht, wird sie die Liebe immer nur als spielerische Angebote verstehen.

Vor allem aber ist für die Liebe alles bedeutsam, gerade nicht nur das Gewichtige, Prunkvolle und Mächtige. Liebe verzichtet auf jedes berechnende Kalkül, sie ist emotional und schwärmerisch und alles andere als nüchtern. Sie will nicht Selbstbehauptung, sondern Resonanz und Verbindung. Das alles sagt die christliche Religion von Gott, weil sie in ihm das Leben und das Leben in Gott sieht. Gott ist spontan, nicht moralisch. Und darum gibt es für die christliche Religion keine Moralvorschriften und nicht einmal eine Handlungsanweisung. »Die wesentliche Aktivität ist bloße Antwort.«[76] Wer liebt, weiß sich angesprochen und wie er zu leben hat. Auch das künstlerische Schaffen oder die Muße können Ausdruck dieser Liebe sein.

Sehr anders als die Liebe denkt die Naturwissenschaft mit ihrem Positivismus, der nur bedeutungsfreie Fakten gelten lässt. Während die Liebe in Verbindungen denkt, betreibt die

Wissenschaft die analytische Auflösung. Für sie besteht der Gesang einer Amsel aus Schallwellen und ein faszinierendes Gemälde halt aus Atomen. Die ganze Wirklichkeit ist eine Ansammlung von beweglicher Materie, die berechenbaren physikalischen Gesetzen unterliegt. Und Liebe ist die Ausschüttung chemischer Stoffe in einem Körper. Dieses positivistische Denken ist heute zwar weitgehend »normal« geworden, aber es ist eben auch bedeutungsblind und sinnzerstörend. Es ist das Denken der neutralen Messung und der kühlen Verrechnung. Es ist erstaunlich leistungsfähig, denn es führt zu einem Wissen, das enorme Wirkungen und Verfügungsreichweiten entfaltet. Aber es schafft auch eine Blindheit gegenüber den Fragen nach Sinn und Verantwortung, und es unterschätzt das Gewicht der eigenen Erfahrungen. Vor allem aber hält es sich die Dinge des Lebens auf Distanz.

Die Sicht der Liebe ist auch in der christlichen Religion *nicht* die gängige. Aber sie ist ihre ursprüngliche Intention, die freilich im Laufe der Zeit durch sehr andere Deutungen übermalt und zum Teil auch ersetzt wurde. Jesus lebte und lehrte einen totalen Inklusivismus, der weder zwischen Insidern und Outsidern, noch zwischen Guten und Bösen unterschied. *Alle* sind Söhne und Töchter Gottes. In der christlichen Kultur aber dominierten juristische Denkschablonen (Schuld, Opfer, Erlösung) und ein Denken der klaren Zugehörigkeiten: Die einen sind die wahren Gläubigen, die zur Kirche gehören, die anderen die Abtrünnigen und Verdammten.

Religion aber ist keine Moralveranstaltung und keine Angstsuggestion. Religion ist Sinndeutung. »Auch in der kirchlichen Kommunikation stellt man sich zunehmend darauf ein, dass die alten Dogmatismen, der alte Heils- und Erlösungsglaube nicht mehr funktionieren, sondern die Religion … zum Modus unbedingter Sinnvergewisserung von endlichen Individuen geworden ist.«[77] Erst sehr langsam kommt auch im Christentum wieder zum Vorschein, dass seine Urbotschaft keine Heilslehre ist, sondern die Liebe als der Sinn des Lebens.

Die klare Empfehlung eines so verstandenen Christentums ist es, den Blick und die Haltung der Liebe einzunehmen und diese regelrecht einzuüben. Die Liebe ist eine *Kunst* (Erich Fromm), für die es eine Begabung gibt, für die aber auch geworben und die immer auch geübt sein will. Sie verlangt keine Regelbefolgungen, sondern einen Wechsel der Einstellung, den man mit Christoph Quarch den »erotischen Imperativ« nennen könnte: Verliebe dich ins Leben![78] Diese Verliebtheit ins Leben kann durchaus als Aufforderung verstanden werden.

a. Vor allem ist es gut, der Schönheit einen besonderen Rang im eigenen Leben zuzugestehen. Das kann sich in der Beschäftigung mit Kunst entfalten, aber natürlich auch mit den religiösen Symbolen und Ausdrucksgestalten – etwa den Ikonen. Religiöse Ästhetik eignet sich gut zur Meditation. Sie schärft die Sinne für die Schönheit des Lebens überhaupt.

b. Mindestens ebenso gut ist es, seine Begeisterungen zu pflegen. Das moderne Leben ist nüchtern genug. Je mehr wir *in Berührung gehen*, uns verwickeln und begeistern lassen, desto näher sind wir der Erfahrung des fraglosen Sinns. Das ist eine der großen Paradoxien der Religion: Der Mensch ist nicht das, was er aus sich macht. Der Sinn des Lebens ist nicht da, wo wir uns um das eigene Leben kümmern und sorgen, sondern wo wir uns *verlassen*: wo wir außer uns sind, wo wir aus dem Häuschen sind. Außer sich sein heißt wörtlich übersetzt: in Ek-stase (heraus-stehend) sein. Darum gibt es in allen Religionen immer kultisch induzierte Ekstasen. Es gibt keine echte Religion ohne Leidenschaft. Das erklärt auch die Bedeutung der religiösen (und aller) Musik: Sie stellt ein maximales Gefühl von Verbundenheit her, das bis zur Verschmelzungserfahrung gehen kann. Die umfassende Ekstase ist immer ein Ausdruck von Liebe: Sie führt mich über mich hinaus und *dadurch* zu mir selbst. Am besten erfährt man das, wenn man verliebt ist und selbst geliebt wird; aber auch, wenn man die Religion als Weg zur Erfahrung der Verbundenheit allen Lebens versteht. Es kann aber auch schon ein einfaches Hobby dafür ausreichen, die eigene Begeisterung zu pflegen. Oder irgendeine Schwärmerei. Dafür sollte man sich niemals zu schade sein.

c. Wer sich nur dann lebendig fühlt, wenn ihn jemand bemerkt oder lobt, kann oft lange warten. Wer solche narzisstische Zufuhr braucht, lebt nur auf Sparflamme. Die Zuwendung, die wir brauchen, ist von Gott längst gegeben worden, man muss sie eher wahrnehmen, als auf sie noch eigens warten. Daher kommen wir immer dann in einen lebendigen Fluss, wenn wir von unseren eigenen Bedürfnissen absehen können und in Verbindung mit der Welt treten. Wo wir uns ins Leben verlieben und verlieren, sind wir ganz bei uns selbst. Wir leben intensiv und sinnerfüllt in Beziehungen: im Eintauchen in die Natur, in Kunsterfahrungen (etwa einer faszinierenden Musik), in unseren Freundschaften und Partnerschaften und allem, was wir lieben. Wo überall stehe ich in einer wirklichen Beziehung? Alles, was mich in Beziehung bringt und meine Beziehungen betrifft und unterstützt, ist ein Ausdruck von Liebe und daher sinnvoll. An dieser Leitlinie entlang kann man Lebensentscheidungen treffen.

Die Bedeutung von Beziehungen hat sich in der religiösen Kultur ihren Ausdruck unter anderem in den religiösen Gemeinschaften verschafft. Sie sind ein symbolisches Bild für die Beziehungsstruktur des Lebens und können, wenn sie gut und lebendig sind, im kleinen Rahmen eine exemplarische Erfahrung der Verbundenheit machen lassen.

Schönheit, Begeisterung und Beziehung sind ein Gradmesser für Lebendigkeit und ein Ausdruck von Sinnhaftigkeit. Damit sind sie auch ein guter Gradmesser für die eigene Lebensqualität und für entsprechende Entscheidungen. Wie lebendig fühle ich mich eigentlich? Lebe ich, oder »werde ich gelebt«? Wie viel Leben ist in einer Sache, einem Ort, einer Entscheidung?

Praxishinweis: Pilgern – Religion in die eigene Hand nehmen

Unternehmen Sie Ihre eigene kleine Pilgerreise. Es muss keineswegs der Jakobsweg sein, der viel Zeit und lange Vorbereitungen braucht. Natürlich kann man sich auch auf diesen großen, inzwischen sehr bekannten Weg begeben. Empfohlen wird hier eine »kleine Pilgerreise«, die lediglich einen oder besser eineinhalb Tage Zeit braucht. Sie beginnt mit der Vorbereitung: Laufen Sie längere Strecken, um Ihre Kondition zu prüfen und ihr Tagespensum abschätzen zu können. Dann wählen Sie sich eine Gegend aus, die sich für längere Wanderungen anbietet. Kaufen Sie sich auf jeden Fall eine genaue Wanderkarte. Suchen Sie einen heiligen Ort, der das Ziel Ihrer Reise sein könnte, also am besten eine Kirche oder ein Kloster, die ihre Türen geöffnet haben. Es kann aber auch ein anderer heiliger Ort sein. Suchen Sie sich außerdem ein Gasthaus, in dem Sie einkehren und evtl. übernachten können. Das lässt sich heute alles gut im Internet recherchieren. Dann legen Sie den Weg fest.

Brechen Sie früh auf, möglichst mit öffentlichen Verkehrsmitteln, und nehmen Sie genügend zu essen und vor allem zu trinken mit. Und dann begeben Sie sich auf Ihre Tagespilgerfahrt.

Gehen Sie langsam los und versuchen Sie, »Ihren« Schritt zu finden. Versuchen Sie beim Gehen immer wieder, die kreisenden Gedanken loszulassen und mit Blick und Ohr mit der Landschaft und dem Himmel zu verschmelzen. Machen Sie Pausen. Genießen Sie den Fluss des eigenen Gehens.

Machen Sie Ihre Pilgerreise am besten erst einmal allein. Natürlich ist es auch möglich und gewinnbringend, sich gemeinsam auf den Weg zu machen. Aber das setzt voraus, dass man sich sehr gut versteht und in der Lage ist zu schweigen. Für eine große Pilgerreise wie den Jakobsweg ist eine gemeinsame Reise allerdings eine sinnvolle Option.

Wenn Sie ankommen, besuchen Sie den heiligen Ort. Lassen Sie sich eine Stunde Zeit, um Ihre Gedanken und Eindrücke zu sammeln. Dann genießen Sie ein gutes Essen im Gasthaus. Wenn es möglich ist, übernachten Sie dort, um nicht nur einen Tagestrip, sondern wirklich eine Reise gemacht zu haben. Nehmen Sie Ihre Eindrücke wie ein heiliges Geschenk mit nach Hause. Wie bin ich in dieser Welt eigentlich verortet und zu Hause? Haben Sie Gott möglicherweise sprechen gehört?

4. Wie kann ich leben?

Selbst verantwortete Religion

Das Gefühl, in einer sinnlosen Tretmühle zu stecken, ist heute weit verbreitet. Der Zeitdruck ist hoch. Leistungs- und Konkurrenzdruck, Abhängigkeiten und Ohnmachtserfahrungen im Beruf können zusätzlich auf die Seele drücken. Realistische Möglichkeiten für einen Berufswechsel gibt es aber nur selten. Entlastungen sind oft nicht in Sicht. Belastungen in der Partnerschaft gehen zu den beruflichen oft parallel und machen ratlos. Nirgendwo möchte man gern sein Gesicht verlieren oder kleinbeigeben. In solchen Situationen kreisen die Gedanken um die Belastungen und kommen nicht zur Ruhe. Auch nachts nicht, wenn man sich eigentlich erholen sollte. Der autoritäre Chef, der schwierige Mitarbeiter, der Partner, die Kinder, eine peinliche Situation, ein Unfall oder eine Krankheit – alles kann zur Belastung werden, und oft kommt alles zusammen. Endloses Grübeln kann sich einstellen, das zu keinerlei Ergebnissen führt. Die belastenden Umstände lassen sich meist nicht verändern.

Woran sich in solchen Zeiten kaum ein Gedanke hängt, das ist die Frage danach, ob *ich selbst* mich nicht verändern könnte. Denn was sich verändern lässt, das sind die eigenen Bewertungen und Einstellungen. Wie wichtig ist das eigentlich, was mich im Moment bedrückt? Wie verändere ich mein Leben so, dass es wieder stimmig wird und Raum für das wirklich Wesentliche hat?

Hinter den alltäglichen Belastungen kann ein Muster eigener Erfahrungen sichtbar werden – traumatische Erlebnisse und verdrängte Wünsche, ungelebtes Leben und ungestillte Sehnsüchte können sich als der eigentliche Grund dafür erweisen, dass die gegenwärtigen Umstände überhaupt als so belastend erlebt werden.

Wie ändert man seine Einstellung? Welche Lebenseinstellung ist überhaupt sinnvoll? Als Orientierungsmarke schlägt die Religion nicht die erfolgreiche Selbstverwirklichung vor, sondern das Reich Gottes. Damit ist kein paradiesisches Fernziel gemeint, das die eigenen seelischen Energien vom konkreten Leben abzieht. Sondern ganz im Gegenteil eine Lebendigkeit und ein Lebensgenuss, die ganz in der Gegenwart sind. Sie sind eine Folge davon, das Leben mit anderen Augen zu sehen.

Die abendländische Religion macht deutlich, dass es nichts Wichtigeres gibt als das Wissen um den Schmerz und die Notwendigkeit der Neuorientierung. Das Kreuz und der Ruf zur Umkehr sind ihre zentralen Symbole. Die Religion will das Leben. Darum erfüllt sie sich da, wo ein Mensch sie befragt, nutzt und in die eigene Hand nimmt. Das muss er aber auch tun!

Die Religion weiß um die eigentlichen und tiefsten Bedürfnisse des Menschen und um das, was ihm wirklich gut tut. Sie führt den Menschen in die Kommunikation mit den großen Bildern und Symbolen des Lebens. Sie stellt ihn in Kontakt mit anderen. Diese Religion verändert nicht die Welt. Sie ist Anleitung zur Lebenskunst. Sie führt zu Gelassenheit, Souveränität und Genussfähigkeit.

4.1 Leben – aber wie?

Umkehr, Reich Gottes und Lebensgenuss

Ein junger Mann verlässt am Montag um 5.30 sein Appartement im achten Stock eines städtischen Hochhauses. Er fährt mit dem Aufzug in die Tiefgarage. Niemand ist wach, seine Schritte hallen. Er besteigt sein schickes schwarzes Auto, für das er eine hohe Leasingrate zahlt. Das ist es, was er liebt. Er hat zu wenig Zeit, um sich jetzt darüber zu freuen. Im Auto hört er seine Nachrichten auf der Mobilbox ab. Es gibt unangenehme Aufträge. Seine Gedanken gehen zum Meeting, das für 8.00 Uhr angesetzt ist: Er wird sehr gute Zahlen vorlegen können, im Gegensatz zu einem Mitarbeiter, den er nicht besonders gut leiden kann. Dessen Position ist sein nächster Schritt auf der Karriereleiter, und den wird er sich nicht entgehen lassen. Das wird noch viel Arbeitszeit und Energie kosten. Aber mit einem Ziel vor Augen ... An eine Heimkehr vor 21.00 Uhr ist nicht zu denken, aber was soll's, es ist sowieso niemand da. Fernsehen langweilt ihn, für langes Ausgehen ist keine Zeit – er muss morgen wieder fit sein. Ein freies Wochenende ist überflüssig, wenn man etwas erreichen will. Er wird das schaffen. Sein Nahziel ist die Abteilungsleitung, dann sehen wir weiter! Ein Bekannter will heiraten, fällt ihm ein. Seltsam, so ein Gedanke ist ihm im Moment völlig fern. Heute Abend hat er seine Massage. Hoffentlich kommt er rechtzeitig hin. Soll er den Termin nicht lieber verschieben? Wenn er bei der Massage ist, ist er mit seinen Gedanken fast immer woanders. Wenn die Massage vorbei ist, fragt er sich oft, was gerade eigentlich passiert ist. –

Eine junge Frau sitzt vor einem Café an einem Straßentisch. Sie freut sich am cremigen Milchschaum ihres Cappuccinos. Das ist der beste hier in der Stadt! Die Kinder sind in der Schule, heute ist Donnerstag – ihr freier Vormittag. Die Einkäufe haben noch Zeit. Wo das Leben doch gerade so schön vorbeifließt: Lieferwagen, Fußgänger, ein alte Dame auf dem Rad. Nichts denken, nur die Sonne genießen, die Morgenluft und den Duft des Kaffees. Leben eben. Welche Erfahrung ist Ihnen näher? Wie viel Platz hat der Genuss in Ihrem Leben? Geht es Ihnen manchmal so, dass Sie, wenn die Möglichkeit der Entspannung da ist, das Gefühl haben, gar nicht wirklich »runterzukommen«? Dass dann die Gedanken erst so richtig anfangen zu kreisen ...? Wie viele Momente der tiefen Entspannung und des echten Genusses gibt es in Ihrem Leben?

Immer mehr Menschen, die in einer Phase der erhöhten Belastung stecken, haben den Eindruck eines rasenden Stillstands. Tempo und Impulsdichte werden im Alltag immer höher. Nur: wozu? Was kommt dabei eigentlich heraus? Sicher keine Steigerung der Lebensqualität mehr − auch wenn es nicht laut ausgesprochen wird, sind sich da Soziologen, Psychologen und Manager seit geraumer Zeit völlig einig. Entsprechend empfinden viele ihr Leben wie einen Lauf im Hamsterrad. Sie fragen sich: Wozu mache ich das eigentlich alles? Es kann sein, dass dann vage Sehnsüchte nach dem Total-Ausstieg wach werden: einmal alles stehen und liegen lassen ... Abhauen, alles hinter sich lassen ... Einfach nur raus aus allem ...! Aber wohin könnte man eigentlich gehen?

Eine angesehene und verantwortungsvolle Stellung zu haben, ein teures Auto und ein hohes Gehalt − das ist für sehr viele Menschen heute das Ideal ihres Lebens. Natürlich muss es nebenher auch eine Familie geben, und es muss ganz unbedingt Zeit bleiben für intensive Freizeiterlebnisse und Erholung. Dazu kommt vor allem bei Jugendlichen der Wunsch, »groß rauszukommen«, was meistens bedeutet: im Fernsehen entdeckt und berühmt zu werden. Hinter den populären Casting-Shows steckt der Wunsch, einmal *gesehen* zu werden und wirklich Beachtung zu finden. Bewundert werden, vielleicht sogar beneidet: Das wäre es! Dass dieses Ziel nur ein paar ganz wenige erreichen, liegt eigentlich auf der Hand − und dennoch gehen die Erwartungen und Sehnsüchte vieler in diese Richtung. Wer sich auf die Karriereleiter begibt, merkt oft schnell, wie erschöpfend und wie demoralisierend der *Weg nach oben* ist. Wenn sich dann noch persönliche Probleme einstellen wie Krankheiten, Erschöpfungszustände oder das Leiden an Einsamkeit, fehlen in aller Regel die Alternativen für eine veränderte Lebensorientierung. Dann wird das ganze Leben zum Dauerstress, und die Kraft kommt dann allein aus der Reservebatterie. Nur noch durchhalten ... aber wozu und wohin? Bis zur Pensionierung? Und dann?

Es ist schon merkwürdig: Das Streben nach Freiheit hat die Menschheit jahrhundertelang so sehr motiviert und begeistert wie nichts sonst. Heute scheint die Freiheit zur vollkommenen Selbstverständlichkeit geworden zu sein: Wir lassen uns von niemandem mehr vorschreiben, wie wir leben sollen, welchen Partner oder Beruf wir wählen und welchen Freizeitbeschäftigungen wir nachgehen. Freiheit aber schlägt immer mehr in Isolation um. Immer mehr Menschen finden ihren Partner, wenn sie denn überhaupt einen finden, über eine der deutschlandweit inzwischen über 700 Internetplattformen für Single- und Partnervermittlung. Das kann durchaus ein glücklicher Weg sein, zeigt aber auch eine Not. Auch werden unsere Freiheiten immer mehr durch Stereotypien eingeschränkt: Was wir in unserer Freizeit tun, ist oft eine Vorgabe des Konsummarktes und genau dasselbe, was viele andere auch tun. Es gibt kaum noch auffällige Ausdrucksformen der Individualität – alle kleiden und bewegen sich ganz ähnlich. Und vor allem im Berufsleben gibt es immer weniger Freiheiten. Da sind die Abhängigkeiten und Hörigkeiten oft erdrückend. Wer die Leistungserwartungen, die manchmal enorm hoch sind, nicht erfüllt, und wer nicht angepasst ist an die Vorgaben des Systems, kann schnell ausgetauscht werden. Darum verlagert sich der Druck in die Menschen selbst. Der Philosoph Byul-Chun Han hat gesagt, der moderne Mensch trage *sein eigenes Arbeitslager* mit sich herum: die Zwänge, die früher durch äußere Autoritäten und Vorschriften verursacht wurden, sind heute zu selbstgemachten Leistungszwängen geworden, gegen die man nicht rebellieren und denen man daher noch viel weniger entkommen kann.[79] Was hält mich am Leben? Was ist wirklich wichtig für mich? Was gibt mir Kraft? Welche Entscheidungen und welche Handlungen sind sinnvoll? Das sind religiöse Grundfragen. Sie brechen vor allem dann auf, wenn Alltagsroutinen, geordnete Verhältnisse und eingespielte Sichtweisen fraglich werden oder sogar zerbrechen. Freilich ist es nicht besonders klug, so lange zu warten.

Das Wissen der Religion zielt im Tiefsten darauf, solche Fragen bewusst zu halten und sinnvolle Folgerungen aus ihnen zu ziehen. Die Religion bietet eine grundlegende *Orientierung* an, aus der sich entsprechende Konsequenzen ableiten lassen. Darum geht es in allen Religionen der Welt zentral um eine Veränderung des Blicks auf die Welt und auf das eigene Leben. *So* lässt sich das Leben verstehen, und *so* sollte das eigene Leben ausgerichtet sein! Es ist daher nicht die Ethik, die das Wissen der Religion ausmacht! Wer z.B. das Christentum auf »Nächstenliebe und Zehn Gebote« oder auf »Werte« reduziert (oder den Buddhismus auf Mitgefühl), hat sein wesentliches Orientierungswissen noch gar nicht verstanden.

Es ist kein Zufall, dass jede Religion auch eine Ethik hat. Denn die Ethik setzt die Deutungsperspektive der Religion in die Lebensführung um. Diese aber *folgt* aus der religiösen Grunderfahrung und ihrer Deutung des Lebens, und sie ist nicht einmal eine unverzichtbare Folgerung. Denn die religiöse Einstellung muss sich gar nicht unbedingt in eine Handlungsweise übersetzen, sie kann sich z.B. auch künstlerischen Ausdruck verschaffen. Früher war es für viele Menschen eine wohltuende und entlastende Erfahrung zu wissen, dass Mönche und Nonnen einfach nur beteten.

Am Beginn und im Zentrum der Religion steht das Wissen um die Kraft und Notwendigkeit der Neuorientierung. Die

Begriffe dafür sind verschieden, meinen aber im Wesentlichen dasselbe: Aufbruch, Erkenntnis, Erleuchtung, Wiedergeburt, Umkehr. Am Beginn der jüdisch-christlichen Geschichte steht die bewegende Erfahrung des *Auszugs aus Ägypten*, am Beginn der Botschaft des Buddha der Aufruf, die Erleuchtung über das wahre Wesen des Lebens zu suchen. Am Beginn des Auftretens Jesu steht der Aufruf zur Umkehr.

Dieser Aufruf zur Umkehr ist insofern bemerkenswert, als er nicht nur für eine bestimmte religiöse Grunderfahrung wirbt, sondern die Um-Orientierung selbst zum Thema macht. Der griechische Begriff, der hier für den von Jesus gebrauchten aramäischen steht, lautet *metanoeite*, was wörtlich heißt: Geht einmal in die *Meta*-Perspektive eures Denkens und Wahrnehmens (*noein*)! Verändert euch und euer Leben! Versucht einmal, das Leben aus einem anderen Blickwinkel anzusehen! Welcher Blickwinkel da gemeint ist, wird natürlich dann auch gesagt: Seht das ganze Leben unter der Perspektive des Reiches Gottes, d.h. in dem Wissen, dass *Gottes Bereich* längst hier ist! Versteht euch und euer Leben aus der Anwesenheit des nahen und väterlichen Gottes heraus! Mehrfach sagt Jesus ganz deutlich: Das Reich Gottes ist mitten unter euch. Ein zukünftiger oder gar jenseitiger Bereich ist da nicht gemeint.[80] Wer so denken kann, wer sein Leben mit dem Wissen um die überall nahe und spürbare Anwesenheit des Göttlichen lebt, der wird die Welt mit anderen Augen sehen. Er wird sich neu orientieren. Er wird ganz neue Bewertungen vornehmen und seine Prioritäten ganz neu ordnen.

Nicht irgendwelche Erklärungen entscheiden über unser Leben. Nichts ist so wichtig für unser Leben wie die grundlegende Einstellung, die wir einnehmen. »Die Antwort ›Zufall‹ (ist) in keiner Weise gedanklich tragfähiger als die Antwort ›Gott‹. Es ist eine Frage der Haltung: Ehrfürchtiges Staunen oder ratloses Achselzucken ist die eigentliche Alternative, die sich hinter der terminologischen Differenz verbirgt.«[81]

Es wurde schon gesagt: Unsere Erfahrungen ergeben kein objektives Bild der Wirklichkeit. Alles ist perspektivisch. Daher ist ein Wechsel der Perspektive immer möglich. Und da wir alle in ganz erheblichem Maße von unseren Erfahrungen, Erwartungen, Moden, Mitmenschen und unserer Kultur geprägt sind, gibt es nichts, was so wichtig und folgenreich wäre wie eine Umkehr, denn sie würde uns aus Abhängigkeiten heraus wirklich zu uns selbst führen. Freilich gibt es wohl auch nichts, was *so schwer* fällt wie eine wirkliche Neuorientierung. Das lässt sich an unseren Erfahrungen zeigen. Positive Erfahrungen werden von unserem Gehirn als *Bestätigungen* verbucht. Sie werden sozusagen als Steine in das Haus unserer Weltsicht eingebaut. Negative Erfahrungen dagegen, die unsere Sicht auf die Welt irritieren, werden auf Abstand gehalten, vor allem dann, wenn sie schmerzlich und überfordernd sind. Und überfordernd sind sie immer dann, wenn sie den Alltag oder gar den Bauplan unseres Hauses in Frage stellen. Da unser Haus einen großen Keller hat, werden die negativen Erfahrungen dorthin gebracht. Dann hat man erst einmal Ruhe im Haus und kann weiter seinen Alltag leben. Allerdings rumoren die verdrängten Erfahrungen im Keller weiter und lassen einen dann schlecht schlafen. Oft mischen sie sich mit ihrem Gepolter sogar in den Alltag ein. Gerade wenn es einschneidende Erfahrungen sind, lassen sie sich so schnell nicht wegsperren. Wollte man sie allerdings hervorholen und ihnen Zutritt zum Wohnzimmer und zur Küche lassen, hieße das, dass man ihnen erneut ins Gesicht sehen müsste. Solange es geht, wird man das vermeiden! Außerdem könnte die Einsicht aufkommen, dass man die Hausordnung verändern müsste, d.h. dass man eingespielte Verhaltensweisen, Gewohnheiten und Routinen ganz neu aufbauen und lernen müsste. Das wäre mit einer ganz erheblichen Verunsicherung verbunden. Vielleicht würde sogar deutlich, dass man das ganze Haus verlassen und umziehen müsste, vielleicht müsste man ein komplett neues Haus bauen. Das kostet Zeit, Kraft und anstrengende Überlegungen, und das wird man daher, soweit es irgend geht, vermeiden.

So erklärt sich, warum viele Menschen über viele Jahre lang an ihrem seelischen Leiden *festhalten*. Viele wollen ihr ganzes

Leben lang keine wirklichen Veränderungen, auch wenn es ihnen objektiv schlecht geht. Wie bereits zitiert: »Leiden ist einfacher als handeln!« Der Patient will »bekommen, was er sich wünscht, ohne das Risiko des Neuen auf sich nehmen zu müssen. Die Sicherheit des bekannten Elends ist ihm lieber als die ungewohnte Blöße der Ungewissheit.«[82] Jede Neuorientierung ist schmerzlich und in hohem Maße verunsichernd.

Wer sich verändert, tut das meist nicht in einem einzigen Augenblick. Oft muss der Leidensdruck groß geworden sein, damit ein Mensch bereit wird für eine Neuorientierung. Die Veränderungen, die ein Leben wieder frei und lebendig werden lassen, sind in aller Regel lange Heilungsprozesse. Fast immer aber beginnen sie mit der Wahrnehmung und Benennung des Schmerzes.

An dieser Stelle berühren sich das Wissen der Religion und das Wissen der Psychotherapie. Kaum ein anderes Thema hat daher in der Religion ein so großes Gewicht wie die *Heilung*. Voraussetzung für das Heil des Menschen ist – für die Religion ebenso wie für die Therapie – eine doppelte: Zum einen muss ein Mensch in der Lage sein, sein eigenes Elend zu erkennen. Zum anderen braucht er ein großes Maß an Vertrauen und Sicherheit, um zu einer Veränderung zu kommen.

Das Erste ist in der Religion zuhauf dokumentiert. Schon im Paradies, so die Bibel, vergreift sich der Mensch am Leben. Er ist der Mörder seines Bruders (Kain). Was er zum Leben braucht, das nimmt er seinem Bruder einfach weg (Jakob). Der gefeierte und angesehene König schickt einen treuen Offizier in den Tod, um dessen Frau zu besitzen (David). Im eigenen Freundeskreis steckt der Verräter (Judas). Der Botschafter der umfassenden Liebe und der Gleichheit aller Menschen stirbt am Kreuz (Jesus) – usw. Immer wieder führt die Religion dem Menschen seine Verfallenheit und seine Verstrickungen vor Augen (dass sie dabei oft auch zu viel des Guten tut und das realistische Maß verliert, ist bereits angeklungen). Die bewusste Wahrnehmung und Benennung des eigenen Schmerzes ist fast immer der erste wirklich große Schritt in Richtung der Reifung.

Aber auch das andere, das nötige Vertrauen, spricht die Religion dem Menschen zu:»Fürchte dich nicht!« Der stammelnde Mose bekommt die Zusage des Beistands. Das Volk Israel wird von Verheißungen begleitet.»Ich habe meinen Engeln befohlen, dass sie dich behüten auf allen deinen Wegen« (Ps 91). Und allen Menschen wird die Nähe eines liebenden Gottes verkündet. Was man mit dem Ausdruck»Liebe« zusammenfassen kann, hat auch seine Parallele in der Therapie. Dort ist es das verlässliche Gegenüber des Therapeuten oder einer untereinander vertrauten Gruppe, in der sich Prozesse der Veränderung anbahnen lassen.

Interessant ist ein Seitenblick auf das antike Heiligtum des Asklepios in Epidauros. Dort gab es einen weithin berühmten Hain, in dem viele Menschen ihre körperlichen und seelischen Lasten trugen. Empfangen wurden sie durch einen Begleiter, der sie erst einmal in einen Schlafsaal führte und für die Nacht der Ankunft dazu aufforderte, zu *träumen*. Später gingen die Patienten durch den heiligen Hain, in dem es Musik gab, Ruhebänke, Rückzugswinkel und viele Gleichgesinnte. Das Wohlwollen der Aufnahme, das Lauschen auf den eigenen Traum, der Gleichtakt mit anderen belasteten Menschen, die Erfahrung einer Aus-Zeit – all das erklärt zur Genüge, warum das Asklepios-Heiligtum offenbar enorm erfolgreich war, ganz ohne medizinische und psychotherapeutische Einzelbehandlung. Und es macht auch verständlich, warum die Christen Jesus lange als»Heiland« bezeichneten.

Die religiöse Erfahrung eröffnet, wenn sie echt ist, immer einen Heilungsweg. Sie gibt so viel Halt und Vergewisserung, dass die Fragen»Wer bin ich?« und»Was hat das alles für einen Sinn?« so weit beruhigt werden, dass zwei andere Fragen in den Vordergrund rücken können, die einen neuen Weg andeuten: Was brauche ich wirklich? Und: Was kann ich hinter mir lassen? Es sind die Fragen danach, wie ich am besten leben kann.

Diese Fragen zu stellen bedeutet eine Absage an die Selbstverwirklichung als oberste Priorität. Ebenso an Geld, Macht und Ansehen als wichtigste Lebensziele. Sie haben ihr Recht und ihr Gutes, aber das Leben soll sich ihnen nicht unterordnen. Was hilft es dem Menschen, wenn er die ganze Welt gewinnt und nimmt dabei Schaden an seiner Seele! Ebenso ist damit noch eine weitere Absage gegeben, nämlich die an die Erwartungen und Pflichten von Moral und Religion. Auch ihnen, gerade ihnen, soll sich das Leben nicht unterordnen!

Und noch eine Grundentscheidung ist mit der religiös-therapeutischen Haltung gegeben, die wiederum zur Lebensorientierung der Moderne im klaren Kontrast steht. Es ist die Alternative zur Aufklärung, die die politische und technische Umgestaltung der Welt vorantreibt. An ihrer Stelle steht eine ganz andere Priorität, nämlich die der Veränderung meiner selbst.

Der Weg der Heilung verzichtet auf alles Großartige. Er beginnt mit Ernüchterung. Das Leben ist voller Schmerzen, und der Weg zu mir selbst ist mühsam. Reichtum und Ansehen können aus dieser Perspektive wie Naivitäten erscheinen, technische Leistungen wie unwichtige Spielereien, religiöse Kultur wie ein Käfig der Selbstbefriedigung. Das alles kann *Ersatz* für das wirklich Wichtige sein. Der Weg der Heilung hat ein großes und alles lohnendes Ziel – aber er kennt keine Garantien und keine Sicherheiten. Von allen Berechnungen und Absicherungen muss man sich erst einmal frei machen, wenn man den Weg der Heilung betreten will. »Der Weg wird dich deine Unschuld, deine Wunschbilder und deine Gewissheit kosten.«[83]

Dieser Weg hat freilich ein Ziel, das sich größer nicht denken lässt: das heile Leben. Es stellt sich ein in der Fähigkeit zur Resonanz mit der Welt. Wer in der Lage wäre, spontan und kreativ auf die Reize und Optionen des Lebens zu reagieren, wäre wahrhaft lebendig. Er würde nicht nach dem Sinn des Lebens fragen, sondern ihn in allem, was ihm begegnet, lebhaft empfinden. Das Leben wäre für ihn ein Genuss. Damit ist die Behauptung aufgestellt: Das letzte und umfassende Ziel eines heilen Lebens ist der Lebensgenuss. Im Genuss verschafft sich der Sinn des Lebens seinen deutlichsten Ausdruck.

Es mag ungewohnt klingen – aber der Lebensgenuss ist im Grunde genau das, was die Religion will. Zumindest die christliche Religion. Der Lebensgenuss ist die pointierteste Zusammenfassung der Idee des Christentums. Der Genuss ist darum auch die beste Übersetzung des leider etwas abgegriffenen Wortes »Liebe«. Was anderes will die Liebe, als die allgemeine Freude am Leben zu erhöhen? Wenn Jesus das Reich Gottes mitten unter die Menschen stellt, wenn er auf die Vögel des Himmels und die Blumen auf dem Feld verweist, wenn er davon erzählt, wie bitterschade es ist, wenn Menschen sich nicht anstecken lassen von dieser Freude und Leidenschaft (Mt 11) – was will er dann anderes als wahren Lebensgenuss?

Jesus selbst *war* ein Genießer. Eines der Lieblingsthemen seiner Gleichnisse waren Hochzeitsfeste, und da er als »Fresser und Weinsäufer« beschimpft wurde, kann man ziemlich sicher sein, dass er gern gefeiert und gegessen hat. Seine Rede von der Liebe als umfassendstem Gebot ist weder moralische Pflicht noch Selbstzweck, sondern sie zielt auf Daseinsfreude, auf Dankbarkeit, auf wache Präsenz und auf »Erlösung« – wie das die Christen später genannt haben – von falschen Sicherheiten, Selbstbezogenheiten und Abhängigkeiten. Der Lebensgenuss ist die Entsprechung zur Gabe des Lebens, die nach Jesus aus der gütigen Hand eines Schöpfers kommt und die sich mit Lust und Liebe und im offenen Umgang mit anderen frei entfalten soll.

Sigmund Freud hat die »Genussfähigkeit« (neben der Arbeitsfähigkeit) als Zeichen psychischer Gesundheit verstanden. Das ist eine bemerkenswerte Aussage. Sie kann nicht nur deutlich machen, dass die Fähigkeit zum Genuss von einem ganz erheblichen Gewicht für das eigene Leben ist. Sondern auch, dass sie das Ziel des Heilungsweges darstellt.

Freilich muss man sehr genau angeben, was unter »Genuss« verstanden ist. Gemeint ist gerade nicht die laute Aufforderung der Werbung und des Konsummarktes zum Dauer-Genuss, die sich von bestimmten Dingen und Arrangements abhängig macht. Gemeint ist der Genuss des Lebens selbst, vor allem die Freude daran, was um mich herum alles so passiert. Eine wirkliche Erfüllung gibt es nur in der Resonanz zur Welt, d.h. in der Erfahrung des Einschwingens in das, was gerade ist. Nichts geht tiefer und nichts ist erfüllender als die Erfahrung, ein Teil des großen, pulsierenden Lebens zu sein.

Echter Genuss unterscheidet sich vom Erlebnis und von der spontanen Befriedigung durch seine Kultivierung. Er lässt sich nicht auf Abruf herstellen. Genuss ist eine Kunst, die ihre Voraussetzungen hat. Zum einen dürfen die Belastungen und der Hunger nicht zu groß sein. Denn sonst stellt sich eher die verschlingende Gier ein. Zum anderen braucht echter Genuss Zeit, Muße, achtsame Vorbereitung und am besten auch Gesellschaft.

Dass man den Lebensgenuss *üben* kann, ergibt sich da fast von selbst. Geeignet ist dafür wiederum der wache und konzentrierte Blick auf die Schönheit, die sich für den Geübten freilich keineswegs nur in dem wahrnehmen lässt, was dem gängigen Schönheitsideal entspricht. Dieser Blick auf die Schönheit ist gerade keine egoistische Befriedigung, sondern das Einschwingen in das Leben selbst. »Im ästhetischen Verhalten genießt das Subjekt immer schon mehr als nur sich selbst: Es erfährt sich in der Aneignung einer Erfahrung des Sinns von Welt.«[84]

Es wäre an der Zeit, dass das zeitgenössische Christentum endlich die religions-kritischen Provokationen Jesu ernst nimmt und aus ihnen die fälligen Konsequenzen zieht. Gott ist kein Herr und kein autoritärer Herrscher, sondern die Liebe. Das heißt: Er will keine Verehrung, keine Anbetung und keine religiösen Pflichten. Er will die spielerisch-freie Entfaltung des Lebens. Gott ist Liebe. Das heißt: Der Mensch ist nicht schuldig, er muss sich nicht demütigen und er muss nichts glauben, sondern er darf sich am Leben freuen. Der Genuss ist die größte Gabe Gottes.

4.2 Lebenswissen statt Anbetung

Schätze der religiösen Tradition

Religion betreibt eine Weltdeutung und entwickelt eine Lebens-Perspektive, die sich in eine Haltung übersetzt. Aus dieser zur Haltung gewordenen Sicht gehen neue Orientierungen und Ansichten hervor, die sich von den bisherigen und allgemein üblichen recht deutlich unterscheiden können. Aus dieser Haltung gehen dann immer auch bestimmte Handlungsweisen hervor. »So könnte man Religion als Einheit von Weltbild und Lebensführung, als System der Lebensregulierung definieren.«[85]

Mit den Fragen nach dem Sinn, nach der eigenen Identität und nach der richtigen Lebensorientierung macht die Religion die Sehnsucht nach Leben zu ihrem Thema. Religion ist *Lebenswissen* – und alle theoretische theologische Rationalität, alle religiöse Praxis und alle religiöse Institutionalisierung müssen dem zugeordnet sein. Das ist auch der Grund dafür, warum *Glaubenslehren* immer in einer deutlichen Spannung zur Grunderfahrung der Religion stehen: Ein Lebenswissen, das sich einem bestimmten Blick und einer bestimmten Deutung des Lebens verdankt, ist und bleibt abhängig von der subjektiven Erfahrung und Umsetzung dessen, der sich diese Deutung zu eigen macht. Deutungen lassen sich nicht in Lehrsätze überführen oder doch nur mit erheblichen Verlusten.

Um dafür nur ein Beispiel zu nennen: Der christlich inspirierte Philosoph Wilhelm Leibniz hat unsere Welt als die »beste aller möglichen Welten« bezeichnet und versucht, das auch vernünftig zu beweisen. Der Aufklärungsphilosoph Voltaire hat darüber in seinem »Candide« einen ungeheuren Spott ausgegossen, und er hatte auch leichtes Spiel damit: Er musste nur eine Welt beschreiben, die randvoll ist mit Verachtung, Streit,

Gewalt und Missgeschicken, was jeder Mensch ja zur Genüge kennt. Nein, beweisen lässt sich da gar nichts. Nur glauben; oder besser: sehen.

Auch die dogmatischen Lehren der Religion können das Lebenswissen der Religion nur sehr ungenau speichern, oft genug verzerren sie es auch. Dogmatische Lehrsätze wollen objektiv gültige Aussagen geben, unabhängig von der subjektiven Erfahrung. Daher haben sie eine Tendenz dazu, sich selbst als Wahrheiten zu verstehen, die man *glauben müsse*. Da wir heute keine allgemein objektiven Wahrheitsaussagen über das Leben mehr akzeptieren, wirken dogmatische Aussagen für das moderne Bewusstsein eigenartig skurril.

Aber im Grunde war das schon immer so: Der religiösen Sicht auf die Welt sind weniger dogmatische Sätze, sondern weit eher Geschichten, Vergleiche und poetische Ausdrucksformen angemessen. Nicht nur, weil sie die eigene Erfahrung weitergeben und sie für die subjektive Innensicht anderer Menschen aufschließen wollen; weil sie also *werbend* sein wollen. Sondern auch, weil sie aus ihrer eigenen subjektiven Bedingtheit und Revidierbarkeit keinen Hehl machen. Grundlegende Einsichten in das Leben lassen sich nicht als Fakten, sondern nur symbolisch und mythisch darstellen.

Mit diesem grundsätzlich dogmen-kritischen Religionsverständnis ist noch nicht gesagt, dass es in der religiösen Dogmatik nicht tiefe und bewahrenswerte Einsichten gäbe. Gesagt ist damit allerdings, dass Religion keine Lehre ist und dass die religiöse Deutungskultur immer selbstkritisch und veränderungsbereit sein muss.

Wenn Religion das Leben meint, dann stehen durchaus Korrekturen an der klassischen Dogmatik an. Es wurde schon gesagt, dass die ungewohnten Begriffe *Heilung* und *Genuss* diesem Anliegen klar entsprechen. Ähnliches gilt für Begriffe wie »Feier des Lebens« (Fulbert Steffensky), *Lebendigkeit* oder persönliche *Souveränität*. Skepsis dagegen ist gegen die Idee einer überzeitlichen Heilsgeschichte angebracht, ebenso gegen religiöse Lehrsätze und natürlich gegen alle Formen der religiösen Abhängigkeit.

Nicht mehr ein *heiliges Leben*, das sich vor allem um die Anbetung Gottes und um die eigene Rechtgläubigkeit bewegt, ist dann das religiöse Erfordernis. Es geht um eine veränderte Einstellung zum Leben, die in eine gesteigerte Lebendigkeit führt, und nicht mehr um die Erlösung von einer Sündenschuld. Es geht also um die Umkehr, die mich ins von Gott geliebte Leben stellt. Und nicht um einen Heilsweg, der von einem richtigen Glauben abhängig wäre.

Für das abendländische Christentum war nun freilich die *Rechtgläubigkeit* immer von zentraler Bedeutung, die vor allem um die Frage nach der *Erlösung* kreiste – und eben nicht die Liebe zum Leben, wie sie Jesus gepredigt und gelebt hat. Die klassische Erlösungslehre, die bis heute in der Frömmigkeit vieler Christen dominiert und hier ganz unbefragt ihre Gültigkeit bewahrt hat, sieht den Menschen als *Sünder*. Er ist schuldig vor Gott, seit durch den »Sündenfall« des Adam alle Menschen mit der Last der Erbsünde befleckt sind. Diese Erbsünde wird nach der Auffassung mancher Frommer durch den Geschlechtsakt weitergegeben. Sexualität ist also böse, weil sie den Menschen verführt. Und jeder Mensch unterliegt diesem bösen Trieb. Rettung kann Gott allein bringen. Er tut das, indem er aus lauter Barmherzigkeit seinen einzigen Sohn zur Sühne der menschlichen Schuld ans Kreuz gehen lässt. So kommt es zur Vergebung der Schuld. Freilich bleibt diese Vergebung an den Glauben des Menschen gebunden. Wer nicht glaubt, wird verdammt.

Diese Erlösungstheorie, die ihre ersten Ansätze im Neuen Testament findet und ihre besondere Ausprägung durch den mittelalterlichen Scholastiker Anselm von Canterbury erhielt, wird von vielen Christen bis heute als Kern ihres Glaubens verstanden. Die entsprechenden Formeln werden wie Mantras wiederholt. Dabei ist diese Theorie nur eine unter einer ganzen Reihe von verschiedenen Deutungen, die sich im Neuen Testament finden. Und vor allem steckt sie voller eklatanter Widersprüchlichkeiten. Der Gott dieses Glaubens, der angeblich die Sühne fordert, ist mehr an seiner eigenen Genugtuung als am Menschen interessiert. Wenn er dafür dann auch noch seinen eigenen Sohn schlachtet und die Ungläubigen der Verdammung preisgibt, dann ist er kein »liebender« Gott, sondern allenfalls eine barbarische Rächergestalt. Das aber wurde kaum jemals wirklich bewusst. Allzu groß war der Anbetungsdruck vor dem Heiligen und die Angst vor dem Verlorensein.

Diese Theorie hat zu einem ganz erheblichen Pessimismus im Blick auf den Menschen geführt. Der Mensch wurde als zu entsühnender Sünder geradezu definiert. Es dürfte an der Zeit sein, einmal klar zu sagen: Das ist theologischer Unsinn, der in ein magisches Denken zurückfällt. Mit dem Sühnedenken ist eine massive Einschränkung des Lebens gegeben, die der Idee der Liebe diametral widerspricht. Man muss sich fragen, ob diese Theorie nicht mehr Angst als Geborgenheit angestiftet hat. Neben einer endlosen und unfruchtbaren Erlösungsgrübelei hat sie die Menschen eher vom konkreten Leben *entfernt*, als sie zu Selbstvertrauen und Lebensfreude oder gar zum Lebensgenuss zu führen. Der dauernde Blick der Christen aufs Jenseits hat das dann noch einmal unterstrichen. Und schließlich haben die Angst vor der Sexualität und das Ideal einer »Sündenreinheit« die asketische Tendenz zu abstoßenden Blüten getrieben – zu Selbstkasteiungen, moralischem Rigorismus und einem kräftezehrenden religiösen Perfektionismus.

Schuldige Sünder können das Leben nicht genießen. Wer mit seiner Sühne, seiner Erlösung und seiner eigenen Rechtgläubigkeit beschäftigt ist, der ist mit sich selbst beschäftigt. So kommt er gerade nicht in den Fluss des Lebens. Oskar Pfister bemerkt, dass im Christentum ein »grämlicher Pessimismus ... (des) durch den Sündenfall rettungslos verdorbenen Menschen«[86] dominiert hat und nicht der Lebensgenuss. Das Sündenbewusstsein hat die Christen nicht liebes- und lebensfähig gemacht, sondern oft hart mit sich selbst und der Welt. »Wer nicht genießt, wird ungenießbar« – warum das so ist, das muss seit der Verbreitung des psychologischen Denkens gar nicht mehr eigens erklärt werden. Intensiv hat man im Christentum die *Sieben Todsünden* reflektiert. Es wäre kaum denkbar gewesen, auch einmal die »Sieben Genüsse des Lebens« zum Thema zu machen. So etwas hätte man sich wohl allenfalls über die Genüsse des *Glaubens* erlaubt. Der antike Lebensphilosoph Epikur, der ausgesprochen kluge Dinge über den Genuss gesagt hat und von großer Menschenfreundlichkeit war, gehörte unter den christlichen Theologen zu den meinst geschmähten und diffamierten Denkern. Selbst der religiös so sensible romantische Theologe Friedrich Schleiermacher hat in seinen gefühlvollen Reden »Über die Religion« (1799) zwar endlich einmal die Religion als Gegenstand des Genusses verstanden; er hat diese wunderbare Aussage in der 2. Auflage der Reden aber wieder gestrichen.[87] Allzu missverständlich und ungewohnt war diese Zusammenstellung, die doch der Grundidee der christlichen Religion so vollkommen entspricht.

Für die christliche Religion gilt es heute, einige ihrer grundlegenden Lehraussagen neu und anders zu denken. Weniger moralisches Fehlverhalten ist »Sünde«, *sondern ungelebtes Leben*. Die Behaftung des Menschen mit einer Schuld vor Gott und die Behauptung seiner absoluten Erlösungsbedürftigkeit ist der *Sündenfall der christlichen Religion*. Das Christentum ist recht verstanden keine Erlösungsreligion, sondern eine mystische Religion, wie Eugen Biser immer wieder gesagt hat. Nicht ein rechter Glaube, der sich auf dogmatische Sätze und alte Bekenntnisse bezieht, ist sein Fundament, sondern eine Haltung der Hingabe an das Leben und eine Lebensfreude, die aus der Wahrnehmung des nahen Gottes kommt. Die christliche Religion lebt weit mehr in der inspirierenden Lehre ihres Stifters, als in den theologischen Interpretationen der Generationen nach ihm.

Bei Jesus von Nazareth finden sich bezeichnenderweise keine Glaubensaussagen und dogmatische Lehrsätze schon gar nicht. Stattdessen eine manchmal geradezu verstörende Sinnlichkeit, spontane Poesie und Zeichenhandlungen, immer aber eine maximale Wachheit und eine große Hingabe an das Leben. Nicht die Spur eines Rechtsdenkens ist bei ihm zu finden, das später so dominant wurde. Und auch keine Anbetung. Seinen Gott nennt er »abba«, also: Vater, Papa. Vergebung ist für ihn kein theologisches Problem, das einer komplizierten Sühneleistung und gehorsamen Glaubens bedürfte, sondern sie ist längst gewährt. Für ihn ist es Gott, der an den Menschen glaubt – und daher braucht der Mensch keinen in Sätzen bekennbaren Glauben an Gott. Der *Mensch* ist heilig! Denn in ihm will Gott lebendig werden. Gott selbst braucht sich seine Heiligkeit von ihm nicht bestätigen zu lassen. Das Einzige, was Not tut, ist für den Menschen das *Vertrauen* auf diesen Gott, das weit eher ein tiefes Gefühl und eine Sichtweise und innere Haltung ist als ein Bekenntnis oder gar eine objektivierbare Wahrheit.

Der moderne Mensch hat sich längst gründlich vom abendländischen Christentum abgewendet – auch wenn darauf im etablierten Christentum noch kaum reagiert wird. Sündenschuld, Glaubensgehorsam und vorgegebene Dogmatik widersprechen zutiefst allem, was ihm wichtig und richtig erscheint: das Streben nach Autonomie, Selbstverwirklichung und Lebensgenuss. An die Stelle der religiösen Kultur ist eine Gegen-Kultur getreten. Das himmlische Paradies ist durch die irdischen Urlaubs-Paradiese abgelöst worden, die alte Religion durch die Einkaufs-Tempel, die Fußball-Götter und die Ich-AGs, um die sich alles drehen muss.

Freilich tönt dem Menschen heute das »Genießen Sie!« inzwischen als eine Daueraufforderung ins Ohr, die er kaum noch ernst nehmen kann. Die Aufforderung ist ja auch vollkommen unsinnig, denn ein auf Dauer gestellter Genuss entwertet sich selbst. Längst hat die Dauer-Befriedigung von immer neu erzeugten Bedürfnissen zu einer *Inflation* der Befriedigungen geführt, die die Menschen zunehmend freudlos und innerlich leer lässt. Von einem Genuss des Lebens kann in dieser modernen Kultur kaum noch die Rede sein. Man wird also kaum behaupten können, dass die Ersetzung der religiösen Kultur durch die moderne Konsumkultur einen wirklichen Fortschritt in der seelischen Reife des Menschen bedeutet hat.

Der Mensch heute ist genuss-*süchtig*. Peter Strasser hat sogar von einem »Genussfundamentalismus« gesprochen, der dem Leben völlig entgegensteht. »Eine Kultur ist umso zivilisierter, je mehr sie das Leben liebt, und umso unzivilisierter, je mehr sie an die Stelle der Liebe zum Leben die Liebe zum Genuss treten lässt ... Es scheint mir [aber] kaum zu bezweifeln, dass unsere Zivilisation sich in vielerlei Hinsicht verhält, als ob das Leben an sich nichts wäre, was es verdiente, bejaht zu werden.«[88] Genüsse, so Strasser, werden dem Leben eher »abgetrotzt«. Als gut und sinnvoll gilt in der Regel nur das, was man aktiv umgestalten und benutzen kann.

Süchtig ist der moderne Mensch auch nach Arbeit. Die zeittypischste Sucht überhaupt scheint der Worcaholismus zu sein und dann allenfalls noch sein »Derivat der Amüsierkultur« (Peter Sloterdijk). Eine Unterbrechung von Arbeit und Dauergenuss empfinden viele Menschen bereits als so bedrohlich, dass sie nicht mehr ohne ihre elektronischen Kommunikationsgeräte aus dem Haus gehen. Damit aber schrumpft das Leben zu einer Reaktion auf Reize zusammen, die weitgehend vorgegeben sind – auf Leistungsvorgaben, Konsumangebote, Kommunikationssignale und Unterhaltungsoptionen. Donald W. Winnicott, der große Entwicklungspsychologe, hat einmal gesagt: »Die Alternative zum Sein ist Reagieren.«[89] Untermauert hat er das durch die Beschreibung unsicherer Kinder, die sich so wenig geborgen und gehalten fühlen, dass sie permanent auf mögliche Gefahren reagieren. Ihr Blick wird flüchtig, ihre Ohren sind auf Alarm eingestellt, und ihre Berührungsreize sind überempfindlich. Ist der moderne Mensch ein alarmiertes, verunsichertes Kind, das das bloße, reine Da-Sein als bedrohlich empfindet? Von der Genuss- und Arbeitsfähigkeit, die Freud als Anzeichen der seelischen Gesundheit verstand, ist dieser Mensch offensichtlich weit entfernt.

Deshalb lohnt es sich, die alten Deutungen der Religion zu kennen. Deren Lebenswissen steckt nicht in den oft allzu starren dogmatischen Setzungen und auch nicht in ihren Ideen von Sündenschuld und Erlösung. Ausgesprochen klug dagegen ist die Religion vor allem in ihrer realistischen und weisen Einschätzung des Menschen. Es ist vor allem die theologische Anthropologie, in der die christliche Religion auch einen bemerkenswerten Vorsprung gegenüber anderen Religionen hat. Wie nüchtern und wie frei von allen ideologischen Verzerrungen hier ihre Sicht ist, wurde bereits angesprochen. Ihre Einsichten sind hier, auch tiefenpsychologisch gesehen, sehr plausibel.

Zunächst ist mit dem Gedanken der *Geschöpflichkeit* und der Ebenbildlichkeit ausgesagt, dass der Mensch sich verdankt und von Anfang an in einer Beziehung zu einem Gegenüber steht. »Geschöpflichkeit« ist ein etwas veraltet klingendes Wort. Es meint einfach: Ich habe mich trotz aller Selbstentfaltung nicht selbst gemacht, sondern ich finde mich vor. Es gibt jemanden, der mein Leben gewollt hat. Ich stehe in Verbindung mit dem, was größer ist als ich selbst. Das aber ist Grund zur Dankbarkeit. Geschaffensein heißt also gerade nicht Unterwerfung unter einen fordernden Herrn, sondern Gewollt- und Bezogensein. Nicht nur die leibliche Mutter, sondern auch die weiteren Verwandten und Freunde, überhaupt die Atmosphäre eines Hauses, in dem ein Mensch heranwächst, haben ihre prägenden und bergenden Wirkungen. Genau so, sagt die Religion, kann und soll der Mensch sein ganzes Leben ansehen: Der Mensch ist niemals allein – und soll es nicht sein.

Damit ist ihm zugleich eine Würde zugesprochen: Er ist Gottes Gegenüber, Gott spiegelt sich in ihm und er sich in Gott. Der Mensch soll leben – nicht, indem er um sich selbst kreist, sondern indem er sich ans Leben verschwendet und sich im Leben wiederfindet.

Auch das Leben, das den Menschen umgibt, ist *Schöpfung*. Auch die Welt kommt aus Gottes Hand und ist seine Wohnung. Theologisch steht dafür der Begriff *Gnade*, der sich auf das ganze Leben bezieht. Gnade ist kein vom alltäglichen Leben abgetrennter Sonderbereich, keine Erlösung zum ewigen Heil. *Alles* ist Gnade für den religiösen Menschen – aber das ist eine Sache der Sichtweise und der Wahrnehmung, nicht die Sache einer besonderen Heiligung oder eines angestrengten Glaubens.

Der Glaube bezieht sich nicht auf einen Bereich heiliger Wahrheiten, sondern auf Gott – und damit auf das Leben als Ganzes. Der Glaube meint nicht ein Fürwahrhalten von Sätzen, auf die sich vor Urzeiten irgendwelche miteinander streitenden Theologen festgelegt haben. Glaube meint das Vertrauen darauf, dass ich mich gewollt und gehalten fühlen kann und keine weiteren Absicherungen brauche. Ein solches Urvertrauen (Erik Erikson) bestimmt über mein Ich. Es gibt mir das nötige Selbstbewusstsein, das ich zum Leben brauche und das mich aufrecht und voller Offenheit durch die Welt gehen lässt.

Freilich weiß die Religion auch um die Polarität allen Lebens. Gut und Böse, Freude und Schmerz, Tag und Nacht, Frau und Mann geben nur zusammen das ganze und volle Leben. Darum wurde nicht nur im Taoismus, sondern auch im Christentum das Leben immer wieder durch polare Begriffe beschrieben: Gebot und Gnade, Fleisch und Geist, Gesetz und Evangelium – eine Polarität, die kritisch gegen jede Idealisierung des Lebens gerichtet ist und der Erfahrung entspricht. Wir bleiben angewiesen auf die Gnade – und wir sind gerade dann frei für das Leben, wenn wir das anerkennen. Wir stehen immer wieder unter bestimmten Anforderungen – und wir können zugleich auch wissen, dass in allem, was wir tun und erleben, die Freude am Leben möglich ist.

Das Einzige, was die Religion dem Menschen als grundsätzlich böse vor Augen stellt, ist die Trennung von Gott. Für sie steht der Begriff »Sünde«, die gerade keine moralische Bezeichnung einer Schuld sein kann, sondern eben als Ab-Sonderung zu verstehen ist. Sünder ist der Mensch, der sich von dem entfernt, was Gott will – dem vollen und ganzen Leben eben. Der Mensch, der sein Leben in der Beziehungslosigkeit verbringt, weil er zu sehr mit sich selbst beschäftigt ist, geht am Leben vorbei. Dieser Sünder, dieser vom Leben Abgetrennte ist für Martin Luther der *homo incurvatus in se ipse,* der in sich selbst verkrümmte Mensch. Man kann sich da lebhaft einen modernen Menschen mit einer narzisstischen Verletzung vorstellen, der sein Leben in der dauernden Sehnsucht nach Liebe, Beachtung und Anerkennung verbringt und permanent damit beschäftigt ist, sich ins rechte Licht zu rücken. Welche Anstrengung! Und welch peinliche Wirkung, die das auf andere hat! Die Sehnsucht nach Liebe ist die tiefste Not, in die der Mensch geraten kann – und sie müsste nicht sein, wenn der Mensch nur in der Lage wäre, darauf zu vertrauen, dass längst für ihn gesorgt ist. Hier liegt eine der tiefsten Einsichten der christlichen Religion. Es ist sozusagen ihr Grund.

Wie stimmig diese Aussagen auch im tiefenpsychologischen Verständnis sind, kann die Befangenheit neurotischer Menschen deutlich machen. Der Mensch, der sich in der Welt nicht zu Hause fühlt und dessen Leben nicht heil ist, ist notwendig mit der dauernden Abwehr von Impulsen beschäftigt, die als bedrohlich erfahren werden. Als bedrohlich kann nun aber auch die Lebendigkeit selbst erfahren werden, weil sie altgewohnte Schemen und innere Ordnungen sprengt und implizit zur Öffnung und Veränderung auffordert. Auch die Erfahrung von Leidenschaft und Liebe kann einem Menschen die allergrößte Angst machen. Wie oft versiegeln und panzern sich Menschen gegen genau das, was sie am dringendsten ersehnen und am meisten bräuchten!

Für die Religion sind bei-sich-Sein und in-der-Welt-Sein ein und dasselbe. Nur wer außer sich sein kann, in Ekstase und

Hingabe, wird zu sich selbst finden. Und nur wer ohne Angst in sich ruht, kann sich für das Leben öffnen.

Dass die Abwehr der Lebensimpulse ein weit verbreitetes menschliches Verhalten darstellt, lässt sich eindringlich an der Kreuzigung Jesu studieren. Wo dieser zur Liebe auffordert und diese Liebe mit all ihrer provokanten Spontaneität und Regelverletzung auch vorlebt, hält er vor allem den Ordnungsliebenden und Moralverpflichteten, den Regelbefolgern und Religionshörigen den Spiegel der freien Lebendigkeit vor. Nichts aber muss einen Menschen mehr provozieren als das. Zumindest unbewusst wissen wir alle, dass der Liebende Recht hat. Genau das aber können wir nicht dulden, solange wir nicht über das grenzenlose Vertrauen verfügen, das aus dem Wissen um Gottes Nähe kommt. Denn dann müssten wir ja unsere Ordnungen verlassen, die uns bisher die nötige Sicherheit gaben, und unser Ansehen aufgeben, das bis jetzt unser Ersatz für erfahrene Liebe war. Die Kreuzigung Jesu ist das große Symbol für den Grundkonflikt jeder Lebensdeutung. Das Plädoyer für die planbare Struktur, die Befolgung der Ordnung und die garantierte Sicherheit, die auf einer verdeckten Angst beruht, steht gegen das Plädoyer für die freie, ungesicherte und leidenschaftliche Hingabe an das Leben, die aus dem Vertrauen lebt.

In der religiösen Kultur selbst gibt es immer beide Seiten. Auf der einen stehen die priesterlichen Verwalter der Sakramente und die Hüter der heiligen Pflichten, auf der anderen der Zug in die Ungewissheit der Wüste, die kult-kritischen Warnungen der Propheten und die Provokationen der Reformatoren und Ketzer. Diese bewerten alle religiösen Verbindlichkeiten als einen Verlust der Willensfreiheit, der dem Willen Gottes entgegensteht.

Auch diese Einsicht der Religion lässt sich psychologisch plausibel machen. Wir selbst sind es, die die Dinge und die Umstände zu unseren Gefängnissen und die anderen zu unseren Gefängniswärtern machen! Was uns weh tut, inszenieren wir selbst. Das wird alle diejenigen, die eine Adresse für ihre seelische Entlastung brauchen, empören. So lange aber ein Mensch einen Hader, einen Hass oder eine Feindschaft mit sich herumträgt, ist er gebunden und nicht frei von sich selbst. Jede Feindschaft schafft eine *Verbindung*, nämlich eine zum Feind. Damit ist sie zugleich auch eine Trennung vom Leben insgesamt. Sie konzentriert die Lebensenergie auf einen einzigen wunden Punkt, und darum steht die Lebensenergie für andere Belange und Bezüge nur noch eingeschränkt zur Verfügung.

Meister Eckhart, einer der größten religiösen Denker überhaupt, hat das in den wunderbaren Satz gefasst: »Nicht die Dinge sind es, die dich hindern. Du selbst bist es, der sich *in den Dingen* hindert. Darum fang bei dir selbst an und lass dich!« Darum ist das Loslassen der erste und größte Schritt, den ein Mensch auf dem Weg in die Freiheit gehen kann. Der Verzicht auf Ausgleich und Gerechtigkeit, der Abschied von den Eltern und ihren Sorgen, Plänen und Versäumnissen an mir, das Loslassen der ungestillten Sehnsucht nach Liebe und der eigenen Lebenswünsche – das sind schwere und große Schritte, die zu einer neuen Öffnung zur Welt und zum Leben führen. Sie können eine Gelassenheit erzeugen, der das Lassen zur Haltung geworden ist. Daraus kann dann eine Selbstachtung entstehen, die aus sich selbst heraus lebt und nicht aus der Abgrenzung oder gar Abwertung von anderen.

Den Weg der Heilung kann man auch als einen Weg der zunehmenden Akzeptanz beschreiben. Heilung ist immer das Entstehen von Akzeptanz. Und zugleich ist die Akzeptanz die Voraussetzung dafür, dass ein Mensch den Weg der Heilung überhaupt betreten kann. »Nur wenn er dem Leben, wie es wirklich ist, ins Gesicht schaut, kann er Erlösung finden ... Nichts in uns kann sich ändern, ohne dass wir es zuerst akzeptieren.«[90] Dass das Leben überhaupt akzeptiert und angenommen werden kann, mitsamt all seiner Ungerechtigkeit und seinem Schmerz, gehört zum tiefsten Wissen der Religion. »Dein Wille geschehe« meint da gerade nicht eine Fremdbestimmung, der man sich zu fügen hätte, sondern die Bitte um das eigene Einstimmenkönnen, das große Ja zum Leben. Der Wille Gottes ist ja sein Lebens-Wille. Das Reich Gottes unter uns sehen zu können ist gerade keine idealistische Illusion, sondern die *eigentlich realistische Perspektive* auf das Leben. Hunter Beaumont merkt zu dieser Vaterunserbitte an:»Wenn wir in dem ruhen, was wirklich wirkt und wirklich ist, dann haben wir die einzige Unterstützung, die es gibt.«[91]

Jeder einzelne Schritt auf dem Weg der Heilung lässt sich als ein Schritt der zunehmenden Akzeptanz verstehen. Der Weg der Heilung beginnt mit der nüchternen Wahrnehmung und der realistischen Benennung der eigenen Traumatisierungen, Leiden und Schmerzerfahrungen, die mit einer Aufmerksamkeit betrachtet werden, die nichts bewertet und die schon gar keine Schuldzuweisungen vornimmt. Er setzt sich fort mit einer neuen Deutungsmöglichkeit, die die Erfahrungen des Schmerzes nicht mehr mit Hader verbindet, sondern sie als Möglichkeiten der Reifung versteht. Er geht weiter zu einem Verzicht auf jede Form der Abwehr und der Abwertung, die die Reaktionen aus eingespielten Mustern der Angst befreit und der Entscheidungsfreiheit neue Räume öffnet. Er führt schließlich zur Wiederherstellung der spontanen, kreativen Reaktionsfähigkeit für die Impulse und Gegebenheiten des Lebens und damit zu einem wiederhergestellten oder erhöhten Lebensgenuss.

Für diesen Weg ist das erste und unverzichtbare Erfordernis Vertrauen. Auf diesem Weg helfen keine Antworten, keine definierten Wahrheiten, keine allgemein gültigen Aussagen. Sondern nur ein Vertrauen, das die Angst überwindet und Schritte ins Offene wagt. Glaube meint genau dies: vertrauen können. Glaube ist nicht das Gegenüber zum Unglauben, sondern zur Angst.[92]

Ausgesprochen hilfreich können die Worte, Erzählungen, Symbole und Gesten der Religion sein, die den Weg in das Leben umschreiben und flankieren. Viele Psalmworte etwa beschreiben die Erfahrung des Ausgeliefertseins und der Not. Sie machen sie bereits dadurch ein wenig entlastender, dass sie sie aussprechen und Gott hinhalten. »Ich zerfließe wie ausgeschüttetes Wasser, mein Herz zerschmilzt in mir wie Wachs« (Ps 22). »Gebeugt von Schmerzen, zerschlagen und voll Kummer schleppe ich mich von einem Tag zum anderen. Mit meiner Kraft bin ich völlig am Ende, die Qual ist zu groß, ich kann nur noch schreien. Du weißt, wonach ich mich sehne, Herr!« (Ps 38). Dann gibt es wunderbare Lieder in unserem Gesangbuch: »Noch manche Nacht wird fallen / auf Menschenleid und Schuld / doch wandert mit uns allen / der Stern der Gotteshuld« (EG 16,4). Wer solche Worte hat oder sie wenigstens finden kann, der ist im Schmerz anders bei sich und anders orientiert als der, der einfach nur verstummen oder sich betäuben muss.

Ähnliches gilt für die religiösen Symbole. Vor allem ist es natürlich das Kreuz, das gerade kein harmonisierender Hinweis auf eine überzeitliche Erlösung sein will, sondern der harte und nüchterne Verweis auf die Schmerzensseite des Lebens, die dennoch in dem geheimnisvollen Gott geborgen und aufgehoben ist. Dann aber auch z.B. das Symbol des Brunnens, das den Weg in eine schwierige und angstbehaftete Tiefe ebenso zum Ausdruck bringt wie den Weg zur inneren Quelle des Lebens. Und schließlich können die religiösen Gesten, Rituale und Räume den Weg der Heilung, der ins Leben führt, begleiten und unterstützen.

4.3 Religion selbst in die Hand nehmen – darf man das?

Religion für kommunikative Individualisten

Darf ich aber nun *meine eigene Religion* haben? Unter modernen Lebensbedingungen ist es üblich geworden, dass sich religiös Interessierte ihre eigene Religion »zusammenzubasteln«: »Ich hab meine eigene Religion!« – Aber ist die Religion nicht Sache der Priester, der Kirche und der Theologen? Auch heute gibt es nach wie vor eine gewisse Scheu vor der sakralen Würde der religiösen Kultur. Kaum jemand käme auch ernsthaft auf den Gedanken, etwa das Altarsakrament einsetzen und austeilen zu wollen, oder eine Predigt über einen religiösen Text zu halten, oder auch nur über die eigene religiöse Überzeugung zu reden.

Die ablehnende Skepsis vor der etablierten Religion hat zu einer recht pragmatischen und individualisierten Einstellung zur Religion geführt, die sich am eigenen Wohlergehen orientiert. »Gibt es tatsächlich irgendeine bessere Wahrheit über letzte Dinge als diejenige, die einem hilft zu leben?«[93] In der Tat. Nur: Verliert die Religion mit dieser Privatisierung nicht auch ihre Würde und ihre Aussagekraft?

Beides ist richtig. Das selbst gebastelte *religiöse Patchwork* ist nicht verwerflich, sondern entspricht dem unverrechenbaren und immer persönlichen Erfahrungscharakter aller lebendigen Religion. Es gibt keine »objektiv gültige« Religion. Alle Religion will die Herzen der Menschen bewegen, und deshalb ist sie vor allem emotional und ästhetisch. Emotion und Ästhetik aber lassen sich nicht in Begriffe, Lehrsätze und feste Strukturen übersetzen. Sie brauchen Gleichnisse, Bilder und freies Spiel und wollen die wache Wahrnehmung, nicht einen überprüfbaren Glauben. Das religiöse Patchwork ist religiös legitim, und es entspricht der Intention der Religion bei weitem eher als religiöse Verordnungen und Verpflichtungen. Allerdings ist es missverstanden und definitiv nicht zu empfehlen, wenn es die Religion zur Sache persönlicher Beliebigkeit macht und den eigenen Bedürfnissen unterordnet. Eine Religion, die sich ausschließlich in eine religiöse Wellness übersetzt, hat keinerlei orientierende Kraft für das Leben.

Religion ist das, was größer ist als ich selbst. Nicht die Religion selbst, ihre Ideen und ihre Aussagen sind in meine Verfügung gestellt; aber der *Zugang* zu ihr, das Verständnis und die Wege und Formen der praktischen Nutzung durchaus. Ohne die individuelle Aneignung und Durchdringung ist Religion gar nicht zu haben. Am Anfang und im Zentrum jeder Religion steht die religiöse Erfahrung. Keine Religion ist lebendig ohne die Inspiration, die aus der überlieferten und immer wieder neu inszenierten Erfahrung kommt. Alle religiöse Kultur muss dieser Erfahrung dienen, d.h. sie immer wieder neu präsentieren und anstoßen. Erfahrung kann zum Kulturgut werden. In ihren Aneignungen, Perspektiven und Auswirkungen aber ist und bleibt sie immer subjektiv, also persönlich.

Natürlich ist es bestens verständlich, dass die religiöse Kultur immer dazu tendiert, ihre Traditionen auf Dauer zu stellen und sakral zu sanktionieren. Denn schließlich geht es um ganz besonders wichtige Erfahrungen, die einem besonderen Schutz unterstellt sein sollen. Der Schutz der religiösen Kultur tendiert aber eben immer auch zum Selbstzweck. Die ordnende Struktur ersetzt dann irgendwann die Sache selbst. Das freilich ist lange die allgemein übliche Einstellung zur Religion gewesen. Eugen Biser hat einmal gesagt: Wir stehen vor der Religion wie vor einem faszinierenden großen Dom, gehen aber nicht hinein. Wir haben die Religion mit ihrer Interpretation und ihrer Verwaltung verwechselt!

Erfahrungen lassen sich nicht statisch konservieren, sondern nur durch ästhetische Inszenierungen und mit Hilfe fortgesetzter Inspiration je neu anbahnen. Das ist das Kernproblem aller religiösen Kulturen. Die Gemeinsamkeit in der Religion ist also innen und wird gerade verfehlt, wenn sie von außen per Normvorgabe hergestellt werden soll. Religion ist »nicht das, wofür wir sie immer hielten. Religion ist kein Glaubenssystem. Religion ist kein Katalog offenbarter Wahrheiten. Sie ist auch keine Veranstaltung zum Zweck der Verhaltenskontrolle, die Belohnung der Tugenden und der Bestrafung der Sünde. Religion ist vielmehr ein menschlicher Versuch, die Gotteserfahrung zu verarbeiten, die aus unserer eigenen Tiefe hervorbricht und ständig in uns aufsteigt.«[94]

In der Neuzeit kam der Konflikt zwischen der verwalteten und der individuell gelebten Religion immer schärfer ans Tageslicht. Die Neuzeit ist die Zeit der beginnenden Selbsttätigkeit, in der das autonome Ich sich von den Vorgaben der Zunft, der adeligen Autorität und der Religion immer mehr distanziert und das Leben zunehmend in die eigene Verantwortung und Regie nimmt. Darum war der Konflikt mit der verwalteten Religion hier vorprogrammiert. Der Konflikt wird vor allem in der Reformation deutlich, symbolisch greifbar bereits in der berühmten Szene, in der Martin Luther 1521 auf dem Reichstag in Worms seine Einstellung vor den Großen des Reiches mit der Argumentation verteidigt: Wenn ich nicht mit Gründen der Vernunft oder der Schrift überzeugt werde, bin ich in meinem Gewissen vor Gott gefangen und kann und darf nicht widerrufen, ohne Schaden an meiner Seele zu nehmen. Ich, ich! Meine Vernunft und mein Gewissen! Nicht die Wahrheiten der heiligen Konzilien und der päpstlichen Verlautbarungen. Dieses Denken hat für größte Empörung, aber auch für konstruktive Aufregung gesorgt und eine neue religiöse Epoche eingeleitet, mit deren Grundbedingungen wir heute noch beschäftigt sind. Denn was heißt das eigentlich: sich religiös auf das eigene Urteil zu verlassen?

Die religiöse Aufregung hatte bereits 1517 mit Luthers Thesen begonnen, deren erste die Buße zu einer Sache des Herzens erklärt. Täglich soll der Mensch Buße tun, und zwar in direkter Zwiesprache mit Gott. Die Buße soll also zu einer inneren Haltung werden und nicht zu einer äußerlichen Ableistung.

Das ist für uns heute vollkommen plausibel. Damals allerdings musste für alle, die ähnlich dachten, das gesamte mittelalterliche Kirchensystem zusammenbrechen wie ein Kartenhaus. Denn dann brauchte man keine Priester, keine Sakramente, keinen kirchlichen Vergebungszuspruch, keine Reliquien und keine kirchlichen Erlaubnisse mehr! Entsprechend wurde in der Reformation das *allgemeine Priestertum* ausgerufen: Jeder getaufte Christ kann die Funktionen eines Priesters übernehmen. Die einzige Voraussetzung dafür ist sein Glaube. Das freilich bedeutete nicht nur eine enorme Befreiung aus kirchlicher Bevormundung – es bedeutete gleichzeitig auch eine fundamentale Verunsicherung. Wer sagt mir denn jetzt, was religiös richtig ist, oder wenigstens, was religiös für mich *gut* ist? Würde ich tatsächlich religiöse Funktionen für mich und für andere übernehmen wollen?

Friedrich Schleiermacher hat diese Logik individuell verantworteter Religion auf die Spitze getrieben, indem er aber eigentlich nur ihre Konsequenzen zog:»Nicht der hat Religion, der an eine heilige Schrift glaubt, sondern der, welcher keiner bedarf und wohl selbst eine machen könnte.«[95] Das ist nachvollziehbar – aber wer kann schon eine heilige Schrift machen? Wer traut sich das überhaupt? Für Schleiermacher konnte eine heilige Schrift nur den Rang und Wert eines»Mausoleums« haben oder eines»Denkmals«, denn sie gibt nur Zeugnis davon,»dass ein großer Geist da war«[96] (oder, wie wir heute wissen: viele religiöse Geister). Heilige Schriften sind historische Dokumente, keine sakralen Heiligtümer. Diese Idee ist für viele Fromme nach wie vor eine Zumutung, die sie empört zurückweisen. Aber sie ist in Zeiten des historischen Wissens gar nicht zu widerlegen. Denn wie wollte man die besondere»Heiligkeit« einer Schrift denn begründen? Das ginge immer nur durch einen besonderen Glauben an ihren Offenbarungscharakter, den man aber ja nicht beweisen oder gar vorschreiben kann. Für die heutige Logik bleibt ein solcher Glaube Privatsache und eigentlich eine Ideologie.

Wer historisch zu denken gelernt hat, dem wird deutlich sein, dass sich das religiöse Verstehen noch nie wirklich normieren ließ. Religiöses Verstehen ist und bleibt immer subjektiv. Und es gab und gibt schon immer religiöse Stile und Moden, die sehr abhängig waren von den jeweiligen Bedürfnissen und Zeitumständen.

Noch aus einem anderen Grund ist lebendige Religion eine ganz persönliche Sache. Denn sie überliefert, so wurde gesagt, keine Lehraussagen, sondern eine Deutungsperspektive. Was aber nutzt eine Lebensdeutung, wenn sie sich nicht ins konkrete Leben eines Menschen übersetzt? Entscheidend sind für die Religion nicht ihre Struktur und ihre korrekte Fixierung, sondern ihre Inspirationskraft; nicht die Aussage, sondern ihre Wirkung, die den eigenen Blick verändert. Wunderbar hat das Schleiermacher für die großen religiösen Begriffe »Wunder« und »Offenbarung« formuliert. Sie sind nicht Sache eines magischen Aberglaubens, sondern Begriffe für die eigene Erfahrung und deren Ausdeutung. Das Zitat, das zum Wunder bereits angeführt wurde, lautet im Zusammenhang: »Wunder, Eingebungen, Offenbarungen, übernatürliche Empfindungen – man kann viel Religion haben, ohne auf irgendeinen dieser Begriffe gestoßen zu sein ... Wunder ist nur der religiöse Name für Begebenheit, jede, auch die allernatürlichste und gewöhnlichste, sobald sie sich dazu eignet, dass die religiöse Ansicht von ihr die herrschende sein kann, ist ein Wunder. Mir ist alles Wunder ... Was heißt Offenbarung? Jede ursprüngliche und neue Anschauung des Universums ist eine, und jeder muss doch wohl am besten wissen, was ihm ursprünglich und neu ist.«[97]

Die individuelle Verantwortung der Religion ist keineswegs eine Erfindung der Neuzeit, sondern auch die Absicht der Religion selbst. Es wurde bereits darauf hingewiesen, wie polemisch Jesus von Nazareth allen Formen der religiösen Verwaltung und Verpflichtungen gegenüberstand. In seinem eigenen Verhalten gibt es nichts erkennbar Religiöses – *außer allem*. Seine gesamte Einstellung war religiös inspiriert, denn sie lebte aus der gespürten Nähe Gottes und seiner Liebe zum Leben. Das zeigt die Zuwendung Jesu zu den gesellschaftlichen Randsiedlern und Ausgestoßenen mit aller Deutlichkeit. Es zeigt auch seine Tischgemeinschaft, die keine Kirche sein will, sondern eine lebendige Gemeinschaft von Menschen, die um ihre prinzipielle Gleichheit und Würde als Gottes Geschöpfe wissen. Der Satz Jesu: »Der Sabbat ist für den Menschen da, nicht der Mensch für den Sabbat« (Mk 2) bringt seine religiöse Logik auf den Punkt. Er gilt für das ganze jüdische Gesetz, für die Kirche und alle ihre dogmatischen Lehraussagen, also für die gesamte religiöse Kultur. Religion ist für den Menschen da. Alles in ihr kann nur Medium sein für die religiöse Erfahrung.

Jesus will nicht als Vorbild oder Führergestalt dastehen. Als er einmal mit »guter Meister« angeredet wird, weist er sogar diese vergleichsweise schwache Titulierung zurück (Mk 10). Deshalb haben kluge religiöse Menschen auch die »Nachfolge«, die unter den Christen immer ein großes Thema war, in den Gedanken übersetzt, jeder Christ solle selbst »Christus werden«. Entsprechend hat der Benediktiner und Zenmeister Willigis Jäger einmal gesprächsweise geäußert, er habe keine Probleme damit, Jesus als »Sohn Gottes« zu bezeichnen – er selbst sei das ja auch. Das ist kein Scherz, sondern religiöses Verstehen.

Religion will das Leben, nicht sich selbst. So haben wir diesen Gedanken bereits zusammengefasst. Genauer: Sie gibt weiter, dass Gott das Leben will und nicht die Verehrung und die fromme Anbetung. Auch wenn das viele Fromme für religiösen Unsinn halten – wenn Jesus den allgemeinverständlichen ethischen Satz »Behandelt die Menschen so, wie ihr selbst von ihnen behandelt werden wollt!« mit dem Hinweis schließt, das sei alles, was das Gesetz und die Propheten forderten (Mt 7), dann muss doch auffallen, dass er Gott hier gar nicht eigens erwähnt. Gott will die Praxis der Liebe, keine Verehrung. Selbst auch in der Gleichnisszene vom Weltgericht tun diejenigen den Willen Gottes (und das oft sogar ohne ihr eigenes Wissen), die

Liebe üben – und nicht die, die das Richtige glauben, oder die, die sich irgendwie religiös verhalten (Mt 25).

Das nimmt die Last einer Religionsform, die auf Anbetung und Verehrung gegründet ist und dadurch viele Gefühle von Minderwertigkeit und Zwang mit sich gebracht hat. Nichts ist sakrosankt, außer jenen immer flüchtigen Momenten, in denen sich *mir* das Leben in seiner Tiefendimension und umfassenden Verbundenheit enthüllt. Alle religiösen Vermittlungsformen sind – trotz ihrer je eigenen Würde – gerade nicht per se besonders heilig und verehrungswürdig, sondern konsequent als Medien und Angebote zu begreifen. Daher können sie auch entsprechend genutzt werden.

Lebendige Religion ist der Ruf in die Mündigkeit und nicht die möglichst korrekte Übernahme von verpflichtenden Vorgaben. Sie führt den Menschen auf einen Heilungsweg und eröffnet so eine Autonomie, die weit tiefer gegründet ist als der moderne *Anspruch* auf sie.

Das alles klingt nun möglicherweise vollkommen einleuchtend – muss aber doch zugleich auch als Zumutung empfunden werden. Die religiöse Autonomie ist in unserer Kultur nach wie vor nicht nur sehr ungewohnt, und sie ist auch ganz ungeübt. Vor allem aber stehen den religiösen Freiheiten einige Unsicherheiten gegenüber. Was ist religiös eigentlich sinnvoll? Welches Angebot ist für mich eigentlich gut? Wie soll ich mich religiös verhalten? Dafür gibt es zwei grundsätzliche Antworten, die als Leitlinien dienen können.

Zum einen ist es entscheidend, die Deutungsperspektive der Religion zu kennen und sie sich, wo sie denn überzeugt, anzueignen. Das Leben als Geschenk und Wunder zu verstehen, die Liebe als den Sinn und die Erfüllung des Lebens – das muss einem erst einmal einleuchten. Dann kann und soll es sich freilich in eine eigene innere Haltung übersetzen.

Zum anderen stehen für die allmähliche Bewohnung dieser (neuen) Perspektive natürlich nach wie vor die Gestaltungsformen der religiösen Kultur zur Verfügung, die sich auf eine sinnvolle persönlich verantwortete Weise nutzen lassen. Religiöse Worte, Riten, Gesten, Symbole und andere geprägte Formen der religiösen Praxis wie etwa bestimmte Psalmworte, selbst gewählte Auszeiten, Pilgerwege usw. eignen sich dafür ganz ausgezeichnet. Ebenso die religiöse Musik und die sakralen Räume. Diese Gestaltungsformen lassen sich unter dem Begriff der *religiösen Ästhetik* zusammenfassen. Es sind vor allem die sinnlich wahrnehmbaren Formen, Orte, Prozesse, Szenen und Bilder, die sich für die persönliche religiöse Entfaltung bestens empfehlen. Die beliebten Taizé-Gottesdienste, die die Besucher regelrecht dazu verführen, sich in Ikonen, Kerzen, hymnische Musik individuell einzuschwingen, können das gut deutlich machen.

Freilich käme es darauf an, den religiösen Weg für sich selbst einmal bewusst zu beginnen – und sich auf diesem Weg als einen religiösen Menschen zu verstehen.

Der größte Schatz und die größte Hilfe auf diesem Weg ist einer, der bisher noch gar nicht erwähnt wurde: die religiöse Gemeinschaft. Es ist keineswegs so, dass Individualisierung dasselbe sein muss wie Isolation. Verantwortungsvolle individualisierte Menschen sind selbstbewusst und selbstverantwortlich und gerade darum nicht allein. Sie stellen ihre Erfahrungen und Einsichten den anderen zur Verfügung oder doch zumindest zur Diskussion. Denn sie wissen, dass auch sie selbst vom Austausch immer nur profitieren können. »Mut kann man sich nur bedingt selbst zureden, und vergeben kann man sich nicht selbst. Man braucht dazu eine fremde Stimme. Wer man ist, erfährt man draußen.«[98] Darum braucht der religiöse Weg die Gemeinde und das religiöse Gespräch. An dieser Stelle muss sich die landläufige religiöse Einschätzung dringend korrigieren lassen.

Die religiöse Kommunikation ist in der religiösen Kultur von zentralem Gewicht. Und sie legt es nahe, dass sich die etablierte christliche Religion an einer zentralen Stelle ihrer Erscheinungsform massiv und gründlich verändert. Der autonome Mensch sperrt sich aus ganz nachvollziehbaren Gründen dagegen, die »Verkündigung« einer vorgegebenen Botschaft oder gar einer dogmatisch normierten Lehrmeinung zu erhalten. Er lässt sich nicht gerne anpredigen. Dazu hat er selbst zu viel zu sagen, und längst bringt er ja auch seine religiösen Erfahrungen und Einschätzungen schon mit. Verkündigung und Predigt sind allerdings dann willkommene Anregungen, wenn sie als beratende Angebote auftreten, und vor allem wenn sie sich offen zeigen für Kritik und Mitsprache. Das ist in der etablierten Religionskultur ein noch sehr ungewohnter Gedanke. Er entspricht aber der Logik der Religion und steht dringend zur Umsetzung an.

Erste Anfänge zeigen sich dort, wo die Menschen bei den *Kasualien* (Taufe, Konfirmation, Kommunion, Trauung, z.T. auch bei Beerdigungen) immer öfter den Ablauf der religiösen Feier mitgestalten. Das religiöse Gespräch muss aber deutlich darüber hinausgehen. Über den meist recht geschlossenen Bibelkreis oder das Kirchencafé hinaus muss es seinen Platz im Kultus selbst haben. Es muss *öffentlich* sein.

Schleiermacher nannte die religiöse Kommunikation den »Austausch religiöser Erregungen«. Man kann davon ausgehen, dass religiöse Erfahrungen, die anderen mitgeteilt werden, inspirierend wirken und wiederum neue religiöse Erfahrungen und Deutungen anstoßen. Ein solcher Austausch nimmt die subjektive religiöse Einstellung ernst und macht sie zum Ausgangspunkt eines offenen religiösen Gesprächs, in dem die Religion auf eine ganz besondere Weise immer wieder neu zur Darstellung kommt.

Damit ist nun keine fromme Bekenntnisbewegung gemeint, sondern der offene Austausch, der sich bewusst der kritischen Rückfrage stellt. Es geht um eine individualisierte, also selbst verantwortete und selbstbestimmte und nicht um eine *privatisierte* Religion! Sie fordert dazu auf, sich zu beteiligen, mitzureden, kritische Einsprüche zu erheben und schließlich auch die religiöse Kultur selbst mitzugestalten.

4.4 Religion als Lebenskunst

Wege zu Gelassenheit und Heil

Alles, was bisher gesagt wurde, ließe sich unter dem Titel einer »religiösen Lebenskunst« zusammenfassen. Damit wäre dann allerdings gerade nicht das gemeint, was den gesellschaftlichen Trend ausmacht: nämlich die übersteigerte und kaum noch zu befriedigende Suche nach intensiven Erlebnissen und Glückserfahrungen.

Wir haben gesehen, dass die Moderne, in der wir leben, die Lebensqualität der Menschen immer mehr aus dem Auge verliert. Sie bringt immer mehr technischen Fortschritt, aber der scheint sich immer weniger in Zufriedenheit und Erfüllung zu übersetzen. Inzwischen scheint es sogar einen direkten Zusammenhang zwischen Wohlstandssättigung und *Verminderung* der Lebensqualität zu geben. Je schneller die Entwicklung voranschreitet, desto größer werden die Zerstörungen der natürlichen Lebenswelt, der Konkurrenz- und Leistungsdruck und die allgemeine Gehetztheit. Das Gefühl der permanenten Veränderungen erzeugt Melancholien und Ängste. Die Individualisierung, die uns die großen Möglichkeiten der Selbstentfaltung gebracht hat, hat uns auch eine zunehmende Einsamkeit gebracht. Unsere Kultur bietet uns einen opulenten Reichtum an Erfahrungs- und Unterhaltungsmöglichkeiten an, aber keinerlei Klugheit mehr im Umgang mit Schmerzen. Erfahrungen des Scheiterns und der Vergeblichkeit werden in aller Regel betäubt und allzu selten als Möglichkeiten der Reifung verstanden.

Vor allem gibt es keine verlässlichen Hinweise und Kommunikationsräume mehr, in denen die großen Fragen nach Sinn und Erfüllung bearbeitet werden. Die Entscheidungen, die wir treffen, sind immer mehr von Unsicherheit begleitet. Alles ist möglich, alles scheint revidierbar zu sein; was aber ist gut und sinnvoll? Die vielen möglichen Optionen, die ständigen Wahlentscheidungen und der steigende Leistungs- und Erfolgsdruck machen das Leben immer anstrengender und komplizierter. Wir sind reich und bestens versichert, aber unsere Seelen sind erschöpft. Müde und leer kreisen wir um uns selbst. Der Bezug zur Außenwelt wird immer flüchtiger, und die Verbundenheit mit dem Leben wird zur ungestillten Sehnsucht.

Kein Wunder, dass man von Lebenskunst spricht. Das ist aber eigentlich eine Merkwürdigkeit: Soll das Leben denn eine Kunst sein? Dann müsste man zunächst einmal zugeben, dass es seine Selbstverständlichkeit verloren hat. Eine Kunst ist außerdem Sache von Begabung; Gibt es also eine Lebens-Begabung? Und gibt es umgekehrt Menschen, die mit dem Leben grundsätzlich einfach weniger anfangen können? Kunst ist nicht nur Sache der Begabung, sondern auch der Übung. Auch der größte Künstler muss üben. Kann man das Leben denn üben?

Offensichtlich ist das so. Wir wissen ja, dass es Sonntagskinder gibt und Pechvögel. Es gibt aber auch Menschen, die haben Übung mit dem Leben – Erfahrung also und Erlebnisse, aus denen sie gelernt haben. Wir wissen inzwischen, dass weit mehr, als wir das oft wahrhaben wollen, von der Art abhängt, wie wir unsere Erfahrungen verarbeiten und deuten. Von der eigenen Einstellung also. Einstellungen sind veränderbar, und es gibt bestimmte Einstellungen, die sich empfehlen, und andere nicht. Das ist das große Wissen der Religion. Und deshalb kann man die Religion als Lebenskunst verstehen.

Populär gemacht hat das Thema der Philosoph Wilhelm Schmid. Er versteht den Menschen als ein »Wesen der Wahl«[99], das zur Entscheidung über die eigene Lebensführung aufgerufen ist. Es gibt für Schmid nichts, worauf sich der Mensch wirklich verlassen könnte – außer auf seine eigene Gestaltungsfähigkeit. Daher ist Lebenskunst die »Arbeit« einer »reflektierten Aktivität«, die sich dem allgemein üblichen Sich-treiben-Lassen entgegenstellt. Sie ist der »Versuch zur Realisierung eines erfüllten Lebens«.[100] Reicht das denn aber aus? Ist das nicht so

207

ziemlich genau das, was heute alle versuchen – ausgenommen diejenigen, die sich einfach nur mit Arbeit und Unterhaltung betäuben? Schmid ist ein pragmatischer Denker in der Tradition der Aufklärung, der gewichtige Einsichten der Romantik und der Psychologie nicht ernst nimmt. Das Gefühl, das Scheitern, der Schmerz und die Liebe gehören zu einem erfüllten Leben unbedingt dazu – und sie sind mit vernünftiger, reflektierter Wahl gerade *nicht* zu haben. Schmerzen kann ich nicht vernünftig steuern, die Liebe kann ich nicht wählen. An dieser banalen Einsicht scheitern alle modernen Versuche, das Leben in die eigene Regie zu nehmen.

Schmid steht der Religion skeptisch gegenüber, so wie alle klassischen Aufklärungsdenker. Mit Sündenschuld und Askeseverordnungen lässt sich nicht gut leben. Das stimmt natürlich. Und die religiöse Kultur muss sich die sauertöpfischen Mienen und die freudlose Besserwisserei vieler ihrer Frommen durchaus selbstkritisch vorhalten. Die religiöse Kultur hat sich immer wieder ganz eindeutig an der *Abwertung* des Lebens beteiligt. Die *Unreinheit* und die *Sündenlast* des Menschen war oft ihr Paradethema und der Grund eines end- und fruchtlosen Grübelns, das die verstimmte Melancholie vieler Frommer bestens erklärt. Und es erklärt auch die neurotische Abwertung des Körperlichen, des Sexuellen und der natürlichen Welt, die es leider in allen Religionen gibt. Schließlich erklärt es auch die asketischen Selbstzwänge, die der Lust am Leben deutlich entgegenstehen. Das offizielle Christentum hat scheinbar nur sehr wenig zum Thema Lebenskunst beigetragen. Es war an Offenbarung, Rechtgläubigkeit, Sündenschuld, Erlösung und zukünftigem Heil orientiert – und hat das Leben weitgehend sich selbst überlassen.

Wenn Gott für das Leben keine gute Adresse mehr abgab, dann ließ sich der Wunsch nach dem erfüllten Augenblick, nach Lebensglück und Daseinsfreude offenbar nur noch als Pakt mit der Gegenseite machen, mit dem Teufel: »Wenn ich zum Augenblicke sage: verweile doch, du bist so schön! Dann magst du meine Seele haben.«[101] Aber das ist ja gerade das Problem, das hier so klassisch auf den Punkt gebracht ist: Für das äußere Lebensglück opfert der moderne Mensch seine Seele. Das Streben nach Erfolg, nach Erlebnisintensitäten und nach Selbstverwirklichung, das die Moderne an die Stelle der religiösen Lebensdeutung gestellt hat, ist weit weniger glücksbringend, als das lange den Anschein hatte. Es birgt eine ganze Reihe von seelischen Risiken und Problemlasten in sich, die immer deutlicher zu Tage treten. Statt zur Erfüllung haben die entfesselten Kräfte der Moderne zu beängstigenden Destabilisierungen der Umwelt, der Kultur und des sozialen Zusammenhalts geführt.

Was ist ein gutes Leben? Auf diese Frage gibt es zwei grundsätzliche Antworten, die sich gegenseitig ergänzen müssen. Zum einen: Das gute Leben kann kein Projekt sein, sondern muss seinen Sinn in sich selbst tragen. Gut ist das Leben dann, wenn es fähig zur Arbeit und zum Genuss ist, ohne dafür das Leben zwingen oder erst einmal zurechtbiegen zu müssen. Gut ist das Leben da, wo es zur Akzeptanz und zur inneren Übereinstimmung mit allem, was ist, in der Lage ist, und zwar in der Gegenwart, auch und gerade in der Arbeit. Eine solche übereinstimmende Akzeptanz lässt sich als Erfahrung des Glücks verstehen – denn alle Momente des Glücks, vom Naturerlebnis bis zur Liebe, sind Übereinstimmungs-Erfahrungen. Aber weil Glückserfahrungen nicht dauerhaft sein können, und weil das »Glück« ein recht befrachtetes Wort ist, sind Begriffe wie Gelassenheit, Heiterkeit, Zufriedenheit, Lebensfreude sicher naheliegender für die Bestimmung eines guten Lebens. Es muss sich um das handeln, was mich in Fluss geraten lässt. Denn dann entsteht das Gefühl einer fraglosen Lebendigkeit, die ihren Sinn in sich selbst hat.

Zum anderen muss natürlich die Frage nach dem Weg dahin gestellt werden. Die beste Antwort auf dem Weg zum guten Leben liegt wiederum nicht in einem Projekt-Denken, das das Leben so lange umformt und zurechtbiegt, bis es endlich den eigenen Ansprüchen genügt. Denn die Ansprüche wachsen und verändern sich, und das zurechtgebogene Leben ist oft auch ein beschädigtes Leben. Aktivismus und Intensität sehen dem Leben zum Verwechseln ähnlich, sie können aber auch der *Ersatz* für das Leben sein. Es muss also ein Weg sein, der den lebendigen Fluss der Übereinstimmungserfahrung selbst zum Zweck und zum Ziel hat.

Übereinstimmungen lassen sich nur in den seltensten Fällen durch ein angestrengtes Streben herstellen, weit besser dagegen durch das Aufsuchen und Herstellen von Balancen. Wo wir uns im Gleichgewicht befinden, vollzieht sich das Leben ganz von selbst; wir geraten in Fluss. Welche Balancen sind sinnvoll?

Ausgesprochen klug ist an dieser Stelle die alte Einteilung des menschlichen Lebens in die Bereiche Körper, Geist und Seele. Sie sind es zunächst, die in eine angemessene dynamische Balance gebracht werden müssen, und zwar in sich selbst ebenso wie untereinander.

Körperliche Balance ist Beweglichkeit, und Beweglichkeit ist bezeichnenderweise ein neurologisches Äquivalent für Lebensfreude und Selbstwertgefühl. Wer beweglich (d.h. bewegungsbereit) ist, ist nicht nur gesund, sondern dynamisch. Es ist nicht die körperliche Trimmung, sondern die Empfindung der ruhig fließenden Aktivität, die das körperliche Gleichgewicht aktiviert und auch ausdrückt. Besonders augenfällig ist das beim Tanz, aber natürlich auch in der lustvoll ausgeübten sportlichen Betätigung. Der bewegliche Körper braucht eine gute Selbstwahrnehmung und einen kultivierten Umgang mit den eigenen Bedürfnissen. Dazu ist heute die Entspannung eines der wichtigsten Erfordernisse.

Geistige Balance besteht im Ausgleich zwischen den aktiven Anteilen der Lebensgestaltung mit den passiven, also der rationalen Analyse, Organisation und Umsetzung – die einen erheblichen Teil unserer beruflichen Arbeit ausmacht – mit der konzentrierten Wahrnehmung. Gestaltungswille und das wache Gespür für den Wert von Vorgaben und Gegebenheiten müssen sich ergänzen und die Waage halten, ebenso wie

Berechnungskraft und Fähigkeit zur Gelassenheit. Hier fehlt der modernen Arbeitswelt eine enorm wichtige Dimension, die einen Teil der seelischen Erschöpfung erklärt. Der gesunde Geist braucht nicht nur einen wachen Verstand und eine disziplinierte Struktur, sondern heute vor allem das Gespür für die umfassende Bedeutung von Umgebungen, Vernetzungen und bleibenden Abhängigkeiten. Seelische Balance schließlich resultiert aus der Erfahrung von Wertschätzung, Eingebundensein und Sinn. Ohne Berührung und Liebe kann die Seele nicht existieren, aber auch nicht ohne die Fähigkeit zur Hingabe und zur Verschwendung ihrer selbst. Die Seele braucht die freie Entfaltung ebenso sehr wie die Erfahrung und das Wissen um ihre Verbundenheit mit allem Leben. Die Bedürfnisse der Seele stehen einer Kultur der technisch hergestellten Effizienzen klar gegenüber. Je größer aber das Grundvertrauen, je intensiver das Wissen um tiefe und vielfältige Beziehungen zur Welt, desto besser und lebendiger ist das Leben.

Balance braucht ein Mensch dann natürlich auch zwischen den eigenen Bedürfnissen und Ansprüchen und seinen Mitmenschen, zwischen sich und der Natur und ebenso zwischen sich und der Kultur. Je intensiver die menschlichen Kontakte, die Begegnungen mit der Natur und die Kenntnis der Kultur – vor allem ihrer künstlerischen, symbolischen und religiösen Traditionen –, desto lebendiger und zufriedener ist ein Mensch. Er sollte also die Balance suchen mit dem, was ihm vorgegeben ist: den Menschen, der Welt und dem Bedeutungswissen der philosophischen und religiösen Tradition.

Das Wissen um die Bedeutung dieser Balancen gibt zunächst nur eine Orientierung vor, also eine Richtungsangabe. Alles, was sich in diese Richtung bewegt, ist gut. Und es tut gut. Will man den Weg dorthin bewusst angehen, dann wird immer ein Heilungsweg beschritten, auf dem psychologische Einsichten und religiöse Orientierungsmuster (die oft genug kaum voneinander zu unterscheiden sind) die besten Anleitungen und Hilfestellungen sind. Der Weg beginnt mit der Wahrnehmung des eigenen Schmerzes, der vom Leben abschneidet. Er sucht die Erinnerung an alte Kraftquellen, und er fragt nach neuen. Er versucht, die Wahrnehmung für die Schönheiten der Welt zu schärfen und diese so bewusst wie möglich zu fokussieren. Er zielt schließlich auf eine Deutung und Erfahrung des Lebens als einer Gnade und eines Wunders, das sich in eine innere Haltung der gelassenen Akzeptanz und des ruhigen Flusses übersetzt.

Die Lebenskunst geht ganz von allein in die religiöse Haltung über. Religion ist Lebenssteigerung, so wurde gesagt, denn sie will selbst das Leben und bietet Deutungen und Praxisformen an, die genau das unterstützen. Anders, als es die dominante Stellung des »Glaubens« im Christentum eigentlich nahelegt, ist Religion keine Überzeugung. Das ist eher Sache *fundamentalistisch* orientierter Religion. Religion hat es dagegen primär mit einer grundsätzlichen Einstellung zu tun, die sich aus einer Lebens-prägenden Erfahrung speist.[102]

Eine so verstandene Religion ist Lebenskunst. Sie weiß, dass das Leben kein projektiertes *Programm* sein kann. Sie weiß auch, dass alles Streben nach Wohlstand, Reichtum, Ansehen usw., also die Orientierung am Bedürfnis zwar seine Berechtigung hat, aber auch zur Unzufriedenheit und in die Isolation führen kann. Darauf kann man ein gutes Leben nicht bauen. Unverzichtbar ist dagegen ein realistischer Umgang mit den eigenen Erfahrungen von Brüchen, Schmerz und Vergeblichkeit. Sobald zu einer solch realistischen Einstellung auch die Freude an der Schönheit des Lebens tritt, kann man von einer religiösen Haltung sprechen. »Die religiöse Haltung besteht ... darin, nach einem Blickpunkt hier und jetzt zu suchen, von dem aus sich bedingungslos urteilen ließe: ›Es ist, wie es ist, und es ist gut.‹ Da dieses Urteil auch alles Schlechte mit einschließt ... ist es kein moralisches Urteil.« Es ist eine »Haltung unbedingten Einverständnisses«.[103]

Religion ist Haltung und daher Sache der Perspektive – nicht von überzeitlichen Wahrheiten und Überzeugungen.

Und diese Perspektive ist von fundamentaler Bedeutung für unser Leben. Ob man die Welt als Jammertal, als Verbrauchsmaterial oder als Geheimnis erfährt, ist für unser Leben ziemlich entscheidend. Genau das meint auch die zentrale und erste Aussage Jesu in Mk 1,15, die es bedauerlicherweise nie zu einem dogmatischen Thema gebracht hat: Ändere deine Einstellung! Sieh die Welt *als* Reich Gottes an, als Ort seiner Nähe! Lebe also mit Vertrauen, Selbstbewusstsein, Hingabe und Freude! Es dürfte keine bessere Einstellung zum Leben geben als diese. Bei etwas Übung wird sich das gesamte Leben als Widerspiegelung göttlicher Schönheit erweisen; für die religiösen Virtuosen gilt das schließlich sogar für den Schmerz.

Der religiöse Weg zum Leben ist kein Glaube und keine Theorie. »Das Leben gibt keine Antworten, und die, die es gibt, haben mit der Frage nichts zu tun.«[104] Das ist ein religiöser Satz. Denn er verweist darauf, dass nichts so sehr das Leben bestimmt wie die eigene Einstellung, die sich immer einer Mischung aus Erfahrungen und deren Deutung verdankt. An den eigenen Erfahrungen lässt sich wenig ändern – an deren Deutung durchaus.

Die Religion fordert in allen ihren wirklich tiefen Bildern und Symbolen dazu auf, das Leben nicht als absurde Zufälligkeit, sondern als Gnade zu deuten. Ich verdanke mich einer gütigen Hand, die das Leben will. Trotz allem Schmerz, der meine Erfahrungen durchzieht. Ich kann mich aufrichten und darf leben – aus dem Vollen sozusagen. Ich habe es nicht nötig, mich erst beweisen und das Leben erst umpflügen zu müssen. Kurz gesagt: Die religiöse Einstellung lebt aus Vertrauen, nicht aus der Dynamik, die aus Bedürfnissen und Projekten entsteht. Sie bezieht ihre Lebendigkeit aus der Verbundenheit mit allem Leben. Sie neigt nicht zu rastloser Aktivität, sondern eher zu Offenheit und Gelassenheit. Sie mündet in die Haltung einer umfassenden Akzeptanz aller Dinge, zu denen nicht zuletzt auch die begrenzte eigene Lebenszeit gehört.

Konkretester Schritt der religiösen Lebenskunst, der deutlich über die Philosophie und die Kunst hinausgeht, ist die Übung traditioneller Spiritualität. Alle spirituelle Praxis will genau diesen Einstellungswechsel fokussieren und gerade nicht aus dem Leben heraus in eine religiöse Sonderwelt führen. Alle Spiritualität ist im Kern eine disziplinierte Praxis des Weglassens, die das Bewusstsein dieser erneuerten Perspektive immer wieder neu öffnen will. Wer fastet, schärft seine Genussfähigkeit. Wer sich in die Einsamkeit zurückzieht, wird soziale Kontakte ganz neu bewerten. Wer sich auf eine Pilgerreise begibt, der will sich Klarheit über seinen Lebensgang verschaffen. Spirituelle Praxis will zum Leben *hinführen*, und zwar zu einem bewusst wahrgenommenen, wachen, fließenden Leben.

Die religiöse Praxis beginnt also immer mit dem Abstandnehmen, die der Selbst-Besinnung dient. Auszeiten, Rückzüge in die »Wüste«, in die Natur oder in ein Kloster stehen am Anfang. Die Fähigkeit, sich herauszunehmen – »Ich muss nicht« – ist vor allem für das moderne Leben zu einer Grundkompetenz geworden. Sie fordert freilich dazu auf, dem eigenen Schmerz zu begegnen. Auch dies aber kann nur darum geschehen, um neu die Verbundenheit mit dem Leben zu spüren; ebenso aber auch, um Selbstwertgefühl und Lebensfreude zu stärken.

Religiöse Lebenskunst – das dürfte immer wieder deutlich geworden sein – ist nicht zuletzt die Fähigkeit, religiöse Kultur von lebendiger Religiosität zu unterscheiden. Die Medien der religiösen Kultur sind oft ganz irreligiös; und Religion ist nicht gleich Religion. Umgekehrt bedeutet religiöse Lebenskunst, diese Kultur als Ressource nutzen zu können.

Praxishinweis: Askese praktizieren

Es ist ausgesprochen empfehlenswert, immer wieder einmal den Vögeln zuzusehen. Oder dem Geräusch eines vorbeifahrenden Zuges zuzuhören, bis es in der Ferne verklingt. Man sollte sich immer wieder einmal die Freiheit nehmen, einer Sache oder einer Beobachtung seine ganze und ungeteilte Aufmerksamkeit zu widmen und sich dabei wirklich Zeit zu lassen.

Die konzentrierte Wahrnehmung will geübt sein. Jede spontane Beobachtung eignet sich dafür. Nur sollte man sehen, hören und fühlen, ohne dabei etwas zu benennen oder zu erklären.

Für die Übung der Sinne ist es gut, sich jeweils auf nur einen Sinn zu konzentrieren. So kann das Bewusstsein geschärft werden. Man kann den Blick üben, indem man z.b. ein paar Minuten lang dem fließenden Wasser eines Baches zusieht. Oder den Gehörsinn, indem man einmal die Ohren auf weiten Empfang stellt und die Geräusche eines beliebigen Ortes genau registriert. Der Tastsinn kann durch das Befühlen eines Naturgegenstandes fokussiert werden, oder durch Barfußlaufen, oder durch die bewusste Aufmerksamkeit auf den vorbeistreichenden Wind.

Eine weitere Möglichkeit ist es, sich einer Szene ganz zuzuwenden. So kann man etwa einmal versuchen, vorbeigehende Menschen auf sich wirken zu lassen. Wer geht da, welche Bewegungen vollziehen sich, wohin sind die Blicke gerichtet? Man kann ungewohnte Zusammenhänge und Skurrilitäten bemerken.

Sehr sinnvoll ist die Beschäftigung mit der Schönheit der Kunst. Es sollte feste Zeiten im Alltag oder in der Woche geben, in denen ich mich ganz und gar einlasse in eine bestimmte Musik oder eine andere Kunst.

Wahrnehmungsübungen sind Übungen der Hingabe, die den Blick weiten und die eigene Einstellung verändern können.

Die beste Übung der Wahrnehmung aber ist die Askese. Das mag überraschen, und es mag sehr im Widerspruch zum gegenwärtigen Konsum- und Versorgungsdenken stehen, ist aber die beste Schulung unserer Sinne überhaupt. *Askese* bedeutet wörtlich genau dies: *Übung*. Askese kann die Erfahrung des Sinns erneuern und bekräftigen. Geeignet sind dafür alle Formen des Verzichts, angefangen vom Verzicht auf Schokolade über den Verzicht auf Fleisch oder Alkohol bis hin zum Verzicht auf Gemeinschaft. Sie sollte zeitlich begrenzt und gut vorbereitet sein. Die klassische Form der Askese ist das Fasten, das einen ausgesprochen reinigenden und klärenden Effekt haben kann. Das kann von einem bis zu mehreren Tagen Dauer gehen und sollte ohne größeren Zwang und im Einzelfall mit einer entsprechenden Beratung ablaufen. Wenn man bedenkt, dass etwa 80 % der körperlichen Energie für die Verdauungsvorgänge verbraucht werden, dann kann man leicht nachvollziehen, wie entlastend und euphorisierend das Fasten sein kann. Es braucht freilich Disziplin. Daher ist die Aktion »Sieben Wochen ohne« in der Vorosterzeit ein guter Einstieg, und gemeinsames Fasten macht das Durchhalten leichter.

Die Wirkung kann neben dem Gefühl der Reinigung und Entlastung eine ganz verblüffende Schärfung der Wahrnehmung sein. Was bisher eine unbeachtete Selbstverständlichkeit war, etwa ein bloßes Stück Brot, kann wie eine Köstlichkeit erscheinen. Das ganze Leben gewinnt an Bedeutung.

5. Meine unsakrale Religiosität

Traditionsgläubigkeit, religiöse Praxis und mystische Haltung

Abschied vom Traditionalismus
Es ist für einen Menschen von heute kaum noch vorstellbar, wie sehr das Leben früher von Traditionen bestimmt war. Von der Moral bis zur Partnerwahl, vom Auftreten in der Öffentlichkeit bis zur Wirklichkeitsdeutung war alles von Einstellungen bestimmt, die von den vorhergehenden Generationen übernommen waren und als vollkommen selbstverständlich galten. Welchen Beruf ein Mensch ausübte, welche Religion er hatte und selbst welchen Lebenspartner – das alles war weitgehend vorgegeben und wurde im Entscheidungsfall nicht vom Bestoffenen selbst, sondern von seinen Eltern, Zunftmeistern oder Fürsten bestimmt, also von den zuständigen Autoritäten. Traditionen regelten das Leben bis in die privaten Entscheidungen hinein. In aller Regel wurden weder die Traditionen noch die Autoritäten diskutiert und in Frage gestellt.

In sehr vielen Hinsichten machte diese vorgegebene traditionelle Ordnung das Leben einfach. Zumindest wenn man das Leben mit den heutigen Anforderungen vergleicht. Es war klar, wo jeder Mensch hingehörte und seine Heimat hatte. Klar war auch, welche Pflichten man hatte. Hatte man die erfüllt, konnte man mit sich und der Welt zufrieden sein. Die Weltanschauung und die Religion waren nicht Sache der eigenen Entscheidung, sondern Vorgaben, die man zu akzeptieren hatte – die aber auch ein ganz umfassendes Gefühl von Sicherheit und von Gewissheit gaben.

Deshalb wurden alle Abweichungen von den gültigen Ordnungen als bedrohlich empfunden. Wer gegen solche Traditionen aufbegehrte, wer sie anzweifelte oder gar offen gegen sie verstieß, verstieß gegen die allgemein gültige Welt- und

Lebensordnung und stellte die Sicherheit der Orientierung in Frage, aber auch die Sicherheit der alltäglich gewohnten Abläufe. Dasselbe galt für die Autoritäten. Wer z.b. einen regierenden König offen angegriffen hätte, wäre von den Menschen als Störenfried und als hochgradiger Unsicherheitsfaktor eingestuft und entsprechend behandelt worden. Und zwar auch dann, wenn der König despotisch und ohne humane Rücksichten regierte. Die Gewissheit der Ordnung war den Menschen in den traditionellen Kulturen weit wichtiger als das Recht des Einzelnen auf freie Entfaltung oder Meinungsäußerung.

Aus heutiger Sicht ist das oft kaum noch verständlich zu machen. Wir leben in einer Kultur, in der öffentlich geteilte Weltanschauungen und religiöse Sicherheitsgarantien nahezu jeden Kredit eingebüßt haben. Unser Leben kennt kaum noch allgemein verbindliche Pflichten und moralische Vorgaben. An ihre Stelle sind individuelle Freiheiten und eine allgemeine Toleranz getreten. Autonomie und Selbstentfaltung sind die Fundamente des modernen Selbstverständnisses. Sie beruhen auf der Idee der *individuellen* Rechte und Verantwortlichkeiten. Da können feste Verpflichtungen, Traditionen und Autoritäten nur stören.

Die Individualisierung hat dem Leben die alten Abhängigkeiten genommen und in enormem Umfang neue Möglichkeiten zugespielt. Alles scheint heute möglich, alles in Reichweite zu sein. Wenn nur das nötige Geld zur Verfügung steht, das sich aber im Fall des Falles auch vorstrecken lässt, dann bleibt die Nutzung dieser Möglichkeiten nur eine Sache der Motivation und der eigenen, persönlichen Initiative. Diese Umstellung hat das Leben zum Paradies der Ich-Entfaltung gemacht. Zugleich damit hat sie dem Ich aber auch alle vorgegebenen Sicherheiten und Gewissheiten genommen. Dafür muss jeder Mensch jetzt selbst aufkommen.

Dass das keineswegs leicht ist und auch an prinzipielle Grenzen stößt, zeigt das Thema Partnerschaft. Partnerschaften, vor allem Ehen, sperren sich ganz grundsätzlich gegen freie individuelle Entfaltungen und gegen das mit diesen verbundene Optimierungs-Denken. Wer ständig überlegt, welche offenen Möglichkeiten er hat, ob der derzeitige Partner überhaupt optimal zu ihm passt, ob er sich nicht neu und anders orientieren sollte, wird durch solche Überlegungen die Partnerschaft nur unterhöhlen können. Das kostet nicht nur seelische Energie, sondern macht vor allem das alltägliche Zusammenleben schwierig. Infragestellungen wirken immer als Destabilisierungen. Natürlich ist es ein humaner Fortschritt, dass Partnerschaften nicht mehr auf Gedeih und Verderb aneinander gekettet sein müssen. Aber dieser Fortschritt hat seinen Preis.

Die beiden anderen großen Bereiche, in denen sich dieser Preis deutlich bemerkbar macht, sind die Arbeitswelt und die natürliche Umwelt. Arbeit ist eben nicht allein eine Sache der persönlichen Entfaltung und Motivation, sondern immer auch eine Sache der Arbeitgeberschaft und des Marktes. Auch gute und engagierte Arbeiter können schnell den Job verlieren, wenn die Firma schwächelt oder umstrukturiert. Und auch die vielen Selbstständigen sind abhängig vom Markt, von Geldgebern, allgemeinen Bedürfnislagen und wirtschaftlichen Rahmenbedingungen.

Die Natur schließlich trägt einen Großteil der Folgekosten der Individualisierung. Mussten die Menschen früher ihr ganzes Leben an den Rhythmen und die Gegebenheiten der Natur ausrichten, so sind wir heute fast vollkommen frei von dieser Abhängigkeit. In einer Kultur, in der die Menschen vor allem auf die eigene Selbstentfaltung Wert legen, muss die Natur automatisch zur Nutzfläche und zum Rohstofflager verkommen. Es gerät immer mehr aus dem Blick, dass die Natur einen Eigenwert hat und eine eigene Beachtung verdient. Viele Menschen bewegen sich nur noch in der eigenen Wohnung und hinter Autoglas. Sie kennen den nächsten Wald nicht mehr von innen. Und viele von denen, die noch in einen Wald gehen, tun das mit Multifunktionskleidung und Ohrstöpseln. Ihr Wald ist nicht Natur, sondern eine Trainingsfläche. So muss die Beziehung des individualisierten Menschen zur Welt immer brüchiger werden. Er kreist um sich selbst und kennt kaum noch die Verbindung zum großen übergreifenden Leben. Es kann keine Frage sein, dass die neuen Freiheiten ein großer Gewinn sind. Niemand kann ernsthaft den Weg zurück in alte Abhängigkeiten und feste Vorgaben empfehlen, auch wenn das politische und religiöse Traditionalisten immer wieder einmal tun. Solche Empfehlungen erscheinen heute immer mehr als lebensfremd und absurd. Sie haben aber durchaus Überzeugungskraft, denn die Problemlasten der Individualisierung werden von vielen als groß empfunden. Wäre es nicht gut, wenn alle wieder an einem Strang ziehen? Wenn alle dasselbe glauben? Dann wäre man nicht mehr so allein. Und vor allem gibt es ja Bereiche des Lebens, die ohne ein Minimum an Verpflichtung nicht gut gelebt werden können. Das gilt nicht nur für Partnerschaften, sondern auch für den verlässlichen Umgang der Menschen untereinander, für die Erziehung von Kindern oder die Hilfe für Alte und Schwache.

Es sind vor allem die natürlichen Lebensgrundlagen – die Mitmenschen und die Natur –, die sich nicht ohne ein Mindestmaß an Selbstverpflichtung haben lassen. Man kann natürlich weitgehend ohne Menschen und Natur für sich selbst leben – aber eben nicht gut. Der Umgang mit Kindern, dem Partner, mit Hilfsbedürftigen und mit der Natur lässt sich nicht allein über individuelle Bedürfnisbefriedigung regeln. Dasselbe gilt für das Andenken an die Toten, für die Gehalte der kulturellen Tradition und: für die Religion.

Auch in der Religion ist die alte Traditionsgläubigkeit weiß Gott keine Empfehlung mehr. Zwar ist die Traditionsorientierung gerade in der Religion besonders stark, denn die Religion ist der kulturelle Bereich, der sich deutlich am schwersten tut mit schnellen Veränderungen und modischen Anpassungen. Das ist verständlich und ist auch gut so. Die großen religiösen Fragen und Erfahrungen sind dem Archaischen weit näher als den flüchtigen Bedürfnissen der Moderne. Aber der Wert und die Bedeutung religiöser Traditionen kann durch den Traditionalismus eben auch verdeckt werden, wie das in diesem Buch immer wieder gezeigt wurde. Dann treten Traditions-Hülsen und starre Formeln und Formen an die Stelle der inspirierenden Kraft der überlieferten Erfahrungen und Deutungen. Jesus von Nazareth ist an dieser Stelle radikal, und er ist das bei weitem mehr, als das den Vertretern der religiösen Tradition in aller Regel bewusst war. In der Religion gibt es für ihn keinerlei Pflichten und nicht die geringste vorgegebene Verbindlichkeit. Alles hängt für ihn an der Wahrnehmung des nahen Gottes, der das Leben will. Und darum wird allein die Liebe, die im Herzen verankert ist, dem Leben gerecht. Für Jesus gibt es keine moralischen und keine religiösen Pflichten. *Alles*, was ihm in dieser Hinsicht begegnet, wird von ihm zurückgewiesen oder radikal relativiert. Das Sabbatgebot, die Reinheitsvorschriften, die Heiligkeit des Tempels, die moralischen Umgangsformen mit Ausgegrenzten, die Gebetspflicht usw. usw. – nichts gibt es, was da irgendwelche Ansprüche stellen könnte. *Amor et fac quod vis*: Liebe, und dann tu, was du willst! So hat Augustin diese Haltung einmal treffend formuliert. Wer liebt, weiß, was zu tun ist. Für ihn ist das Wissen um Geborgenheit und die verschwenderische, oft auch die unkonventionelle oder gar ekstatische Hingabe weit wichtiger als alle gesellschaftlich sanktionierten Vorschriften.

Nun können wir eine solche radikal konsequente Haltung nicht immer durchhalten, auch wenn sie uns einleuchtet. In der Religion hat man diesen Konflikt zwischen religiösem Anspruch und religiöser Praxis von Anfang an gesehen und sich entsprechend schwer mit ihm getan. Die gängige Lösung dieses Konflikts war eine ganz naheliegende: Wenn man den Anspruch nicht relativieren wollte, dann konnte man ihn wenigstens noch auslagern zu den »perfecti«, den Vollkommenen. Das waren vor allem die Mönche, die mit ihrem heiligen Leben das gute Gewissen der religiösen Mehrheit aufrechterhielten. Mit dieser Aufteilung des Anspruchs wurde aber auch eine strukturelle Heuchelei erzeugt. Deshalb muss es eine andere Lösung dieses Problems geben.

Wir können heute soziale und religiöse Pflichten nicht mehr als absolute Gültigkeiten und unbedingte Erfordernisse begreifen. Was wir aber können, ist, sie in die eigene Verantwortung zu nehmen. Dann werden aus Pflichten selbst verantwortete Pflichten, also Selbst-Verpflichtungen. Damit verlieren die Pflichten ihren zwanghaften Autoritätsanspruch. Sobald sie in die eigene individuelle Bestimmung genommen werden, werden sie gestaltbar und veränderbar. Freilich ist mit dieser neuen Orientierung auch das Problem der Motivation, des Durchhaltens und der Verlässlichkeit in die eigene individuelle Regie und damit auch in den prekären Bereich der eigenen »Lust« gegeben. Es ist nicht gerade leicht, das einzulösen und das auch so durchzuhalten, dass andere sich auf uns verlassen können. Man kann für die Einlösung von Selbstverpflichtungen nicht immer Lust haben. Daher muss auch der individualisierte Mensch bestimmte Verlässlichkeiten kultivieren, er muss sie in Routinen und Selbstverständlichkeiten übersetzen.

Die großen Erfahrungen und Deutungen, die in der religiösen Kultur aufgehoben sind, müssen zuerst einmal überhaupt bekannt sein. Man muss sie also ernst nehmen, kennen, aufsuchen, sich mit ihnen beschäftigen, wenn man sie als Gewinn verbuchen und im eigenen Leben von ihnen profitieren will. Sie können keine unbedingten oder gar autoritär verordneten Verpflichtungen mehr sein. Stattdessen sind sie als Angebote der Deutung zu begreifen und entsprechend zu nutzen. Einen sinnvollen und tragfähigen Nutzen aber stiften sie oft nur dann, wenn sie zur Gewohnheit und Routine geworden sind.

Selbst verantwortete religiöse Praxis: Die eigene Spiritualität entwickeln
Die Religion will das Leben. Schon deshalb kann es keinerlei Verpflichtung oder gar Zwang in der Religion geben. Religion ist in ihrem innersten Kern keine Überzeugung, kein Glaube,

kein Erlösungssystem für angebliche metaphysische Verunreinigungen. Selten wird das so klar gesagt, und das vor allem von einem Kirchenmann und klaren Anhänger der Religion, wie dem anglikanischen Bischof John Shelby Spong: »Wir Menschen leben nicht in Sünde. Wir sind nicht in Sünde geboren ... Die Vorstellung eines Retters, der unseren Status vor dem Fall erneuert, ist vordarwinistischer Aberglaube und nachdarwinistischer Unsinn. Ein übernatürlicher Erlöser, der in eine gefallene Welt eintritt, um die Schöpfung wiederherzustellen, ist ein theistischer Mythos.«[105]

Spong

Damit ist freilich noch keineswegs gesagt, dass Menschen in diesen symbolischen Aussagen nicht die Wahrheit ihres Lebens entdecken könnten. Als Angebot der Deutung sind alle religiösen Aussagen und Traditionen an ihrer inspirierenden und orientierenden Kraft zu messen, nicht aber an irgendeinem Verpflichtungszwang. Dasselbe gilt für die Formen der religiösen Praxis: Für sie ist die individuelle Auswahl und Aneignung ebenso sinnvoll wie unumgänglich. Freilich muss zu diesem individuellen Zugang immer eine selbst verantwortete Ritualisierung und kontinuierliche Übung treten. Andernfalls werden alle religiösen Ideen und Praktiken flüchtig bleiben und ohne Auswirkungen auf mein Leben.

Darum ist es sinnvoll, sich mit den Vorgaben und Ideen der religiösen Tradition zu beschäftigen. Mit der Bibel zum Beispiel – in Auswahl, nach Lust und Bedürfnis, unter Umkreisung von Lieblingsstellen und -geschichten und unter Auslassung von Texten, die mir nichts sagen oder mir nicht zusagen. Mit ihren Gotteserfahrungen und Gottesbildern. Mit ihrer Rede vom Sündersein des Menschen und seiner Tendenz, sich vom sozialen und natürlichen Leben abzukoppeln und um sich selbst zu kreisen. Mit ihrem Wissen darum, dass wir unsere Erlösungen, Ablösungen und Loslösungen brauchen und dass uns diese auch gewährt und immer möglich sind. Mit ihrer Rede von Gnade als dem großen Hinweis darauf, dass unser Leben ein Geschenk und die Welt ein einziges Wunder ist. Mit ihrem Hinweis auf die Liebe, der die große Aufforderung dazu ist, sich gehalten zu fühlen und nichts wirklich nötig zu haben – außer dem, sich in Offenheit und Vertrauen selbst möglichst hinzugeben an den Fluss des vorbeiziehenden großen und wunderschönen Lebens.

Das Leben ist nach der Einschätzung der Religion keine mühsame Aufgabe, kein Testlauf für ein Jenseits und schon gar keine Verpflichtung zu lebensfremder Heiligkeit. Sondern der Anlass zum Selbstvertrauen, zur Gelassenheit und zum Genuss, der sich dort am ehesten und intensivsten einstellt, wo wir in liebender Verbindung stehen.

Diese Einstellung, diese innere Haltung entscheiden fast alles. Da die Veränderung der Einstellung so schwierig ist, sind die Vorgaben der religiösen Kultur so wertvoll und so unverzichtbar. Nirgendwo sonst als hier werden Einstellungen, Lebensperspektiven und mögliche Orientierungen so grundsätzlich und so gründlich traktiert wie hier. Man muss die religiösen Traditionen und Bilder also kennen, man muss sie lesen können, man muss ihre Räume und Rituale nutzen und sich zu eigen machen, um in eine lebenstauglichere Haltung zu kommen.

Die *Befreiung* von religiösen Vorgaben, die Abwendung von religiösen Pflichten und Hörigkeiten, die hier so stark betont wurde, soll also gerade nicht die Abwendung von der religiösen Kultur oder gar von Religion überhaupt empfehlen, sondern ganz im Gegenteil: Sie soll die Leistungsfähigkeit und die Lebendigkeit der Religion einer neuen Bewertung unterstellen. Wo die religiöse Kultur individuell genutzt wird, kann sie eine Öffnung zum Leben bewirken, die durch nichts sonst zu ersetzen ist. Nicht Ritual- und Dogmenzwang, nicht die Kirchenmitgliedschaft per se ist heilsam, sondern Ritus, Dogma und Kirchengemeinde sind als wertvolle Möglichkeiten der Inspiration zu begreifen. Sie haben deshalb auch eine große Würde und verdienen jeden Respekt. Sie haben aber keinen sakralen Wert in sich selbst. Jede Kritik und jede Veränderungsidee muss in ihr erlaubt und insofern willkommen sein, als er vorbehaltlos ernst genommen wird. Alle Religion muss dem Leben dienen. Die Religion ist für den Menschen da, nicht der Mensch für die Religion. Nur eine unsakrale Religion ist im echten und wahren Sinne religiös.

Ist die Kritik an der religiösen Tradition damit überbetont worden? Das werden manche Theologen und Kirchenvertreter und natürlich auch viele Gläubigen sicher einwenden. Freilich sollte eigentlich auch einmal auffallen, dass die offene und konstruktive Selbstkritik im religiösen System nahezu unbekannt ist. Das religiöse System neigt, wie wir gesehen haben, zur Sanktionierung seiner selbst. Auch die rationale wissenschaftliche Theologie weicht den drängenden religiösen Fragen heute vollkommen aus. Denn sie ist um ihren wissenschaftlichen Ruf besorgt und beschäftigt sich mit der methodisch genauen und scheinbar unanfechtbaren Erforschung der eigenen Tradition. Die Kirchen sind mit internen Strukturproblemen beschäftigt und wiederholen immer von neuem die uralten Wahrheiten, ohne zu begreifen, dass sich das Wissen um »Wahrheit«, absolute und zeitlose Ansprüche und Gültigkeiten von Grund auf verändert hat. Nahezu unbekannt und für die gängigen Denkschemen auch völlig unpassend sind die neuen Nöte der Menschen, in die sie das moderne Leben mit seinen Autonomieansprüchen und Erfolgszwängen geführt hat. Das führt zur Abwendung vieler religiös Suchender von der religiösen Kultur und schadet beiden Seiten ganz nachhaltig. Daher wurde die religionskritische Seite hier besonders betont.

Der Sinn und Zweck der religiösen Kultur erfüllt sich immer dort, wo sie sich überflüssig macht. Das ist das große religiöse Paradox nach seiner konstruktiven Seite hin. Die wirklich religiösen Menschen zeigen im Grenzfall keinerlei erkennbares religiöses Verhalten. Sie liegen immer in einer mehr oder weniger großen Spannung zur religiösen Kultur ihrer Zeit, da sie direkt aus der Quelle des Lebens heraus leben. Aber wenn ihre Impulse groß und wirksam sind, dann gestalten sie die religiöse

Kultur entsprechend um, indem sie sie wieder an ihre Quelle zurückführen: an die Quelle der großen religiösen Erfahrungen, in denen sich der Grund des Lebens offenbarte. Die religiöse Kultur wird von den eigenen Vertretern bei weitem überschätzt, von der allgemeinen Öffentlichkeit dagegen bei weitem *unterschätzt*. Sie ist bis heute alternativlos das beste Reservoir und der beste Fundus für die großen Fragen des Lebens, für die heute kaum noch substantielle Kommunikationsmöglichkeiten bestehen. Sie kann dazu führen, die eigene Lebens-Perspektive neu wahrzunehmen und evtl. auch zu verändern. Wie sehe ich eigentlich das Leben? Was verstellt mir mein allzu gewohnter Blick eigentlich? Wo gehe ich am Leben vorbei, ohne das überhaupt zu bemerken? Das sind folgenreiche, aber auch ziemlich schwierige Fragen, denn sie erfordern es, dass ich mich selbst sozusagen von außen sehe. Bewusstseinslagen sind für den, der sie einnimmt, so selbstverständlich, dass jede Infragestellung zuerst einmal höchst irritierend ist. Spätestens dann aber, wenn Schmerzen und Brüche mein Leben in Frage stellen, oder wenn die Erfahrungen des Glücks und des ruhigen Fließens allzu lange ausbleiben, müssen solche Fragen gestellt werden. Selbstbeobachtungen und Rückmeldungen anderer sind erste Schritte in diese Richtung. Die großen Perspektiven und die konkreten Praxisformen und Räume der Religion geben den weiteren Rahmen an, in dem sich ein neues Bewusstsein formen und mich neu für das Leben öffnen kann.

Die Konsequenz aus diesen Überlegungen kann nur sein, sich möglichst intensiv mit den Zeichen und Prozessen, den Gehalten und Gemeinschaften der religiösen Kultur zu beschäftigen, sie inwendig möglichst genau kennen zu lernen und sie möglichst regelmäßig auszuüben. Nicht aber mit dem Ziel, sie sich als feste Größen anzueignen und sich in ihnen bereits als ein besonders religiöser oder frommer Mensch zu fühlen. Sondern um durch sie auf neue Weise mit dem *Leben* in Verbindung zu kommen. Deshalb legt sich nicht nur ein selbst verantworteter, sondern vor allem ein spielerischer Umgang mit religiösen Bildern, Traditionen und Bekenntnissen nahe. Die Dinge der religiösen Kultur sind wertvolle, aber immer frei bleibende Angebote zur eigenen Orientierung und Lebenssteigerung.

In, mit und jenseits real existierender Kirchlichkeit – und das heißt: im Bedarfsfall auch gegen sie – können die Gehalte und Formen der religiösen Kultur genutzt und angeeignet werden. Eine kluge religiöse Praxis ist ohne die eigene Verantwortung und einen eigenen individuellen *Stil* heute nicht mehr denkbar und auch nicht mehr sinnvoll. Wer mit diesem Weg aber einmal beginnt, dem dürfte schnell klar werden, wie wertvoll z.b. regelmäßige Auszeiten sein können, wie sie im Gebet, in der Meditation, in einer Pilgerreise oder im Rückzug an einen sakralen Ort schon immer zur religiösen Praxis gehörten. Wer heute nicht über die Fähigkeit verfügt, sich vor allem in Zeiten der Belastung bewusst und konsequent aus den alltäglichen Abläufen herauszunehmen, wird zwangsläufig unter einer stark erhöhten Stressbelastung stehen – denn Stress entsteht zu großen Teilen aus dem Gefühl von Enge, Hilf- und Ausweglosigkeit, nicht nur aus hohen Arbeits- und Anforderungsbelastungen. Allein das Wissen um die eigene Fähigkeit, im Fall des Falles »Stop« und »Nein« sagen zu können, vermindert die Stressbelastung ganz erheblich. Und mit ihr die Anfälligkeit für Erschöpfung und Depressivität.

Am deutlichsten wird diese Fähigkeit der Unterbrechung in den verschiedenen Formen der Askese eingeübt. Askese ist also nicht Lebensverneinung, sondern sie dient ganz im Gegenteil der Lebenssteigerung. Dasselbe gilt für Religion ganz generell: Religion ist keine vorgegebene Wahrheit, sondern ist, wenn sie ihren Zweck erfüllt, immer *meine* Religion. Religion ist nicht mühsame Zusatzpflicht zum sowieso immer schon schwierigen Leben, sondern sie ist dessen Offenhaltung, seine stets neue Rückbindung an die Quelle. Religion ist Verbundenheit: *meine* Verbundenheit mit dem Leben.

Daraus folgen zwei Dinge. Zum einen darf sich, wer sich in und an der religiösen Kultur für sich selbst versucht, durchaus und unbedingt als religiös verstehen und gern auch so bezeichnen. Religiös sind nicht die Frommen, die die Vorgaben nachglauben und tun, was das System vorschreibt. Sondern die, die die großen Fragen stellen und auf dem Weg in ein volleres, reiferes Leben sind.

Zum anderen: Die Überlegungen in diesem Buch münden in mehrfacher Hinsicht in die Aufforderung zur religiösen Kommunikation. Nicht nur die Ideen und Gehalte der theologischen Tradition müssen endlich einer kritischen und offenen Erörterung zugeführt werden, bei der die Menschen mitreden, Fragen stellen und eigene Erfahrungen einbringen können. Die Zeiten der immer neuen, immer nur zustimmenden Verkündigung und Übersetzung uralter und feststehender Interpretationen ist längst vorbei. »Bestärkende« Predigten und das stetige Kreisen um die eigene altbekannte Tradition wirken heute anspruchslos und langweilig. Innerhalb der religiösen Kultur muss unbedingt die Frage gestellt werden, ob und inwieweit die gängigen religiösen Interpretationsschemen eigentlich die Erfahrungsgehalte der religiösen Tradition aufnehmen und spiegeln, oder ob sie nicht eher logische Folgerungen aus logischen Prämissen sind, die dem religiösen Erfahrungsgehalt oft ganz entgegenstehen. Auch die neuen existentiellen Fragen und Erfahrungen, die die Menschen heute machen, müssen ganz unbedingt in die religiöse Kultur Eingang finden. Und schließlich sind die *religiösen* Erfahrungen der Menschen heute, für die es kaum noch eine Sprache gibt, in angemessener Form innerhalb der religiösen Kultur wahrzunehmen. Ihnen muss ein Ort der freien und sorgsam begleiteten Artikulation gegeben werden.

Ein offener Dialog über religiöse Fragen und Erfahrungen wird mit Sicherheit beiden Seiten zugutekommen. Den Menschen, indem sie neue Vergewisserung erfahren und an den Erfahrungen anderer teilnehmen können. Der religiösen Kultur, indem ihre Gehalte neu erörtert und dadurch auch wieder neu sichtbar werden. Für beide Seiten, Mensch und Religion, ist dadurch mit einer Weiterentwicklung und Reifung zu rechnen, die beiden auch gut ansteht.

Für den Menschen, der sich in einer solchen Weise religiös orientiert, wird die eigene religiöse Praxis und Einstellung irgendwann einmal in einen eigenen religiösen Stil übergehen – in das also, was man normalerweise unter dem Begriff *Spiritualität* versteht. Wer sich in ernst zu nehmender Weise spirituell interessiert, kennt die Gehalte und Praxisformen der religiösen Kultur. Er weiß sie zu nutzen, ohne aber in ihnen hängen zu bleiben oder sie gar als innere Verpflichtungen zu verstehen. Spirituell ist ein Mensch dann, wenn er Formen und ein Bewusstsein für seine tiefe Verbundenheit mit allem Leben entwickelt hat.

Die mystische Haltung einnehmen
Eine religiös grundierte und inspirierte Lebenspraxis mündet am Ende in die mystische Haltung. Diese kennt zwischen Religion und Leben keine Trennung mehr. Heilig und profan, religiös und weltlich sind für sie künstliche Unterscheidungen. *Alles* ist dieser Haltung profan, und *alles* kann zum Träger der heiligen Erfahrung werden – gerade nicht nur die explizit religiösen Dinge und Gehalte. Die mystische Einstellung hat darum nur noch sehr wenig zu tun mit langen Gebeten und angestrengten Meditationen in der Abgeschiedenheit von der Welt – sehr viel dagegen mit einer Haltung der Gelassenheit, die hinter und tief in die Dinge zu blicken vermag. In allem vermag sie die beglückende Fülle des Lebens zu entdecken. Denn sie sieht auf den Grund des Lebens: auf Gott. Alles kann ihr zur Erfahrung der erfüllten Gegenwart werden. Darum führt die mystische Haltung mitten hinein in den Alltag der Welt.

Die Aufhebung der Trennung des Lebens in heilig und profan bringt die Mystik sogar in eine besonders kritische Haltung gegenüber aller gestalteten Religion. Nicht die eifrig geübte Frömmigkeit bringt den Menschen näher zur Quelle des Lebens, sondern nur der veränderte Blick – der durch die religiöse Praxis freilich geschult werden kann.

Wo Maria als Gottesgebärerin und unbefleckte Jungfrau gehandelt wird, sieht die Mystik eher sterile Weiblichkeit und ein Idol als ein Vorbild, das man verehren und dem man sich annähern sollte. Für die mystische Haltung ist die Sexualität nicht nur ein Teil allen Lebens, sondern sogar ein zentraler, besonders kostbarer Teil, der zu würdigen, zu kultivieren und zu genießen ist wie alles Lebendige auch. In dieser Einstellung ist die Sexualität *religiös* bedeutsam. Die profane Arbeit gilt dem Mystiker nicht als weniger wertvoll als die religiöse Übung. Die religiöse Haltung vollendet sich dagegen erst und gerade im Alltag der Welt. Die Magd im Stall, die ihre Arbeit gern und im Einklang mit sich und der Welt tut, hält den »wahren Gottesdienst«. Diese Bemerkung findet sich übereinstimmend bei Meister Eckhart ebenso wie bei Martin Luther.

Die mystische Haltung steht aber auch am Anfang des religiösen Weges. Auch wenn es wieder einmal paradox erscheint (ist nicht gerade noch vom *Ende* des Weges die Rede gewesen?): Sobald ein Mensch eine religiöse Erfahrung macht, wird er sie auf sein ganzes Leben beziehen und zugleich begreifen, wie vorläufig und wie relativ alle religiösen Zeichen und Formen sind. Er wird dann begreifen, dass alle Gehalte der religiösen Kultur immer nur zur Steigerung des Lebens führen wollen und nicht zur religiösen Kultur selbst. Mit dieser Einsicht kann er sich auf den religiösen Weg begeben, der sein eigenes Leben bereichert, größer macht und in Verbindung mit dem großen umgebenden Leben stellt.

Wer ein gutes Leben haben will, der braucht eine realistische Selbsteinschätzung. Er sollte das Leben nicht mit übersteigerten Erwartungen überziehen. Und vor allem sollte er eine möglichst nüchterne Haltung gegenüber dem Schmerz einnehmen. Gerade für die nüchterne Beurteilung des Schmerzes gibt die religiöse Tradition die denkbar besten Vorgaben. Im Christentum ist es die zentrale Bedeutung des Kreuzes,

230

die auf das Leiden als die Signatur allen Lebens verweist. Im Buddhismus ist es die Erkenntnis des Leidens, die den Weg zur Erleuchtung frei macht. Im Hinduismus ist es das Wissen um die Zusammengehörigkeit von Werden und Vergehen, von Neuschöpfung und Zerstörung, die sich in ein und derselben Gestalt des Shiva verkörpert. Im Taoismus ist es das Wissen um die Polarität allen Lebens: Hell und Dunkel, Gut und Böse ergeben nur zusammen das ganze volle Leben. An dieser Stelle gehen die Religionen in ihrer Einschätzung des Lebens weit über die naive Bedürfnisorientierung der modernen Kultur hinaus. Sie sind erheblich realistischer als diese. Der Schmerz gehört zum Leben, und es gibt keine weitere Erklärung für ihn. Allerdings gibt es die Möglichkeit, am Schmerz die Einstellung zum Leben zu schärfen.

Aber auch die Würdigung des Lebens als göttliche Gabe, Wunder und Gnade ist in den Religionen tief verankert. Das Leben ist Schöpfung, Gegenüber und Wohnung Gottes (Christentum), es ist Ausdruck der Selbst-Zurücknahme Gottes (Judentum), Schauplatz der Erleuchtung (Buddhismus) usw. Das Leben ist ein Geschenk, keine Selbstverständlichkeit, oder gar eine Rohmasse, die erst einmal zurechtzubiegen und umzugestalten wäre. Diese grundlegende Einstellung zum Leben ist es, die in aller Frömmigkeit, in allem Umgang mit der religiösen Kultur und in allen Formen religiöser Praxis immer mitgemeint ist und entsprechend auch mitwachsen sollte.

In und neben aller religiösen Kultur lässt sich der mystische Weg selbst lernen und einüben. Wo immer ein Mensch beginnt, in allem, was ihm begegnet, auch die *Quelle* des Lebens zu sehen, wird er die mystische Haltung entwickeln. Diese verzichtet zunehmend darauf, irgendwelche Trennungen und Bewertungen zwischen Menschen und Dingen vorzunehmen. Alles, was ist, gilt ihr als gleichermaßen bedeutsam und wertvoll. Darum beginnt diese Haltung damit, die alltäglichen Wahrnehmungen von den gewohnten Bewertungen zu befreien. Sie sieht keine *angesehenen* Männer, keine *befremdlichen*

Ausländerinnen, keine *gemeinen* Gegner, kein *schlechtes* Wetter und keine *unfähigen* Priester, sondern in allem den mehr oder minder starken Ausdruck des Lebendigen, das zutiefst miteinander verbunden ist.

Anders ausgedrückt: Die mystische Haltung sieht in allem Gott. In jeder Szene, die sich unter Menschen begibt, in jeder Wolke, in jedem vorbeifahrenden Auto vermag sie ihn zu sehen. Auch und gerade die eigenen Erfahrungen sind es, in denen sich Gott bemerkbar macht. Profan ausgedrückt könnte man sagen: Die mystische Haltung entwickelt ein Gespür für den Lebensfluss. Wie viel Leben steckt in allem! Wer so sieht, wird das eigene Leben als unendlich reich empfinden. Die Religion ist in der Tat weit eher eine Sache des Sehens als eine des Glaubens.

Diese Sichtweise ist *heilsam*. Wer die mystische Haltung einübt und einnimmt, wird auch im eigenen Leben eine neue Lebendigkeit erfahren, die wie ein Durchbruch und wie ein Wunder erlebt werden kann. Vergleichbar ist sie nur der Erfahrung, geliebt zu werden.

So wie die Erfahrung der Liebe die Welt in schöne Farben taucht und Kraft und Lebendigkeit zuspielt, so ist auch der Weg der Heilung grundsätzlich eine Steigerung des Lebens. Er beginnt mit dem nüchternen Blick auf den eigenen Schmerz, der nicht mehr verdrängt und abgespalten werden muss, sondern im eigenen Leben seinen strukturierenden und bereichernden Platz erhält. Er führt zu der Bereitschaft, sich in Frage stellen zu lassen und Hilfe und Begleitung zu suchen. Er führt schließlich zu einer neuen und gesteigerten Fähigkeit der Resonanz mit dem Leben.

Alles Leben ist miteinander verbunden. Die mystische Haltung sieht die höchsten Möglichkeiten des Lebens. Es sind die Erfahrungen der Schönheit, der Liebe und des alles umfassenden Genusses.

Literatur

Auerbach, Erich: Mimesis. Dargestellte Wirklichkeit in der abendländischen Literatur, Tübingen [10]2001.

Beaumont, Hunter: Auf die Seele schauen. Spirituelle Psychotherapie, München [3]2009.

Biser, Eugen: Theologie der Zukunft. Eugen Biser im Gespräch mit Richard Heinzmann, Darmstadt [2]2008.

Bonhoeffer, Dietrich: Widerstand und Ergebung. Briefe und Aufzeichnungen aus der Haft, Hg. von E. Bethge, München 1952.

Eckhart, Meister: Werke. Texte und Übersetzungen Band I und II, hg. von N. Largier, Frankfurt/M. 1993.

Dávila, Nicolás Gómez: Das Leben ist die Guillotine der Wahrheiten. Ausgesuchte Sprengsätze, Frankfurt/M. 2007.

Drewermann, Eugen: Heilende Religion. Überwindung der Angst, hg. von J. Kunstmann, Freiburg [3]2009.

Drewermann, Eugen: Strukturen des Bösen. Band 1: Die jahwistische Urgeschichte in exegetischer Sicht, Paderborn [5]1984.

Ehrenberg, Alain: Das erschöpfte Selbst. Depression und Gesellschaft in der Gegenwart, Frankfurt/M. 2004 (1998).

Gerhardt, Volker: Individuum und Religion, in: B. Weyel / W. Gräb (Hg.): Religion in der modernen Lebenswelt. Erscheinungsformen und Reflexionsperspektiven, Göttingen 2006.

Gräb, Wilhelm: Religion und die Bildung ihrer Theorie. Reflexionsperspektiven, in: B. Weyel / W. Gräb (Hg.): Religion in der modernen Lebenswelt. Erscheinungsformen und Reflexionsperspektiven, Göttingen 2006.

Gräb, Wilhelm: Sinnfragen. Transformationen des Religiösen in der modernen Kultur, Gütersloh 2006.

Halbfas, Hubertus: Das Christentum. Erschlossen und kommentiert, Düsseldorf 2004.

Halbfas, Hubertus: Glaubensverlust. Warum sich das Christentum neu erfinden muss, Ostfildern 2011.

Han, Byung-Chul: Müdigkeitsgesellschaft, Berlin [7]2010.

James, William: Die Vielfalt religiöser Erfahrung. Eine Studie über die menschliche Natur, Frankfurt/M. 1997 (1901).

Jauß, Hans Robert: Ästhetische Erfahrung und literarische Hermeneutik, Frankfurt/M. 1991.

Josuttis, Manfred: Der Weg in das Leben. Eine Einführung in den Gottesdienst auf verhaltenswissenschaftlicher Grundlage, Gütersloh [2]1993.

Jung, Carl Gustav: Psychologie und Religion. Grundwerk Bd. 4, Olten 1984.

Kopp, Sheldon B.: Triffst du Buddha unterwegs... Psychotherapie und Selbsterfahrung, Frankfurt/M. 1978.

Kunstmann, Joachim: Rückkehr der Religion. Glaube, Gott und Kirche neu verstehen, Gütersloh 2010.

Kroeger, Matthias: Die Notwendigkeit der unakzeptablen Kirche. Eine Ermutigung zu distanzierter Christlichkeit, München 1997.

Kroeger, Matthias: Im religiösen Umbruch der Welt – Der fällige Ruck in den Köpfen der Kirche. Über Grundriss und Bausteine des religiösen Wandels im Herzen der Kirche, Stuttgart [2]2005.

Lichtenberg, Georg C.: Sudelbücher, Wiesbaden [2]2011 (1812 ff.).

Otto, Rudolf: Das Heilige. Über das Irrationale in der Idee des Göttlichen und sein Verhältnis zum Rationalen, München 1979 (1917).

Pfister, Oskar: Das Christentum und die Angst, Zürich 1944.

Quarch, Christoph: Flirten mit Gott. Warum Christsein Sinnlichkeit und Leidenschaft braucht. Ein Weckruf, München 2012.

Quarch, Christoph: Hin und weg. Verliebe dich ins Leben, Bielefeld 2011.

Rentsch, Thomas: Religion und Philosophie, in: W. Gräb / B. Weyel (Hg.): Religion in der modernen Lebenswelt. Erscheinungsformen und Reflexionsperspektiven, Göttingen 2006.

234

Reuter, Ingo: Der christliche Glaube im Spiegel der Popkultur, Leipzig 2012.

Roß, Jan: Die Verteidigung des Menschen. Warum Gott gebraucht wird, Berlin 2012.

Safranski, Rüdiger: Religiöse Sehnsucht – Sehnsucht nach Religion, in: W. Ruff (Hg.): Religiöses Erleben verstehen, Göttingen 2002.

Schellenbaum, Peter: Abschied von der Selbstzerstörung. Befreiung der Lebensenergie, München [3]1990.

Schellenbaum, Peter: Die Wunde der Ungeliebten. Blockierung und Verlebendigung der Liebe, München [2]1988.

Schleiermacher, Friedrich: Über die Religion. Reden an die Gebildeten unter ihren Verächtern, in: Werke. Auswahl in vier Bänden, hg. von O. Braun und J. Bauer, Band 4, Aalen 1981.

Schmid, Wilhelm: Philosophie der Lebenskunst. Eine Grundlegung, Frankfurt/M. [3]1999.

Schröder, Richard: Abschaffung der Religion? Wissenschaftlicher Fanatismus und die Folgen, Freiburg 2008.

Skårderud, Finn: Unruhe. Eine Reise in das Selbst, Hamburg 2000.

Spong, John Shelby: Was sich im Christentum ändern muss. Ein Bischof nimmt Stellung, Düsseldorf 2004.

Steffensky, Fulbert: Feier des Lebens. Spiritualität im Alltag, Stuttgart [3]1987.

Strasser, Peter: Die einfachen Dinge des Lebens, München 2009.

Tillich, Paul: Religiöse Reden, Berlin/New York 1987.

Timm, Hermann: Zwischenfälle. Die religiöse Grundierung des All-Tags, Gütersloh [3]1986.

Winnicott, Donald W.: Reifungsprozesse und fördernde Umwelt, Gießen 2001.

Wolff, Hanna: Jesus der Mann. Die Gestalt Jesu in tiefenpsychologischer Sicht, Stuttgart [4]1979.

Anmerkungen

1. Rentsch: Religion und Philosophie, 315.
2. Kroeger: Die Notwendigkeit der unakzeptablen Kirche, 158.
3. Vgl. vom Verfasser: Rückkehr der Religion. Glaube, Gott und Kirche neu verstehen, Gütersloh 2010.
4. Skårderud: Unruhe, 295.
5. Schellenbaum: Abschied von der Selbstzerstörung, 14.
6. Winnicott: Reifungsprozesse, 60. Ebd. 67: »Im Extremfall existiert das Kind nur auf der Grundlage einer Kontinuität von Reaktionen auf Störungen.«
7. Bolz: Das Wissen der Religion, 56.
8. Ehrenberg: Das erschöpfte Selbst, 10.
9. Skårderud: Unruhe, 329.
10. Bolz: Das Wissen der Religion, 50.
11. Steffensky: Feier des Lebens, 26.
12. Kroeger: Im religiösen Umbruch der Welt, 58.
13. Unnachahmlich hat das Erich Auerbach formuliert: »Nur im Laufe eines schicksalsreichen Lebens differenzieren sich die Menschen zu voller Eigentlichkeit; und dies Personengeschichtliche bietet das Alte Testament als Formung der durch Gott zu exemplarischer Rolle Auserwählten. Schwer von ihrem Gewordensein, zuweilen bis zur Verwitterung gealtert, zeigen sie eine individuelle Ausprägung, die den homerischen Helden ganz fremd ist ... Sie sind die Träger des göttlichen Willens, und doch sind sie fehlbar, dem Unglück und der Erniedrigung unterworfen – und mitten im Unglück und in der Erniedrigung offenbart sich durch ihr Tun und Reden die Erhabenheit Gottes ... Erniedrigung und Erhöhung gehen viel tiefer und höher als bei Homer, und sie gehören grundsätzlich zusammen.« Nach Auerbach ist es dann vor allem die Passion Christi, in der dieses ebenso natürliche wie tragische Bild vom Menschen kulminiert und zum inspirierenden Vorbild für die gesamte Realistik der abendländischen Literatur wird. Auerbach: Mimesis, 20f.
14. Biser: Theologie der Zukunft, 39.
15. Dávila: Das Leben ist die Guillotine der Wahrheiten, 264.
16. Schleiermacher: Über die Religion, 254f.

17. James: Die Vielfalt religiöser Erfahrung, 473f.
18. Ebd. 98, 100, 149, 222, 242, 265, 269, 270, 394.
19. Otto: Das Heilige, 2.
20. Ebd., 13 und 42 (gekürzt).
21. Safranski: Religiöse Sehnsucht, 20.
22. Beaumont: Auf die Seele schauen, 80.
23. Schellenbaum: Die Wunde der Ungeliebten, 42.
24. Beispiele aus Schröder: Abschaffung der Religion?, 28, 44, 46.
25. Schellenbaum: Die Wunde der Ungeliebten, 106.
26. Ehrenberg: Das erschöpfte Selbst, 243. Kursivsetzung vom Vf.
27. Steffensky: Feier des Lebens, 117f.
28. Ausführlich entfaltet ist das in Kunstmann: Rückkehr der Religion.
29. Ehrenberg: Das erschöpfte Selbst, 9, 122.
30. Bonhoeffer: Widerstand und Ergebung, 242f.
31. Schellenbaum: Die Wunde der Ungeliebten, 179.
32. Vorwort des Sonderheftes »Nach Gott fragen. Über das Religiöse«
    des Merkur 53 (1999), 771.
33. Diese klassische, »theistische« Gottesvorstellung ist einer der Haupt-
    gründe warum das Christentum derzeit so viel Kredit verliert. Sie
    wird vom zeitgenössischen Bewusstsein als Naivität eingestuft, die
    der nüchternen Erfahrung widerspricht. »In der populären Kultur
    hat die Bezugnahme auf eine allmächtige Gottperson, die den Welt-
    lauf in bester Weise steuert, nur in Gestalt des filmischen Märchens
    überleben können.« Ingo Reuter: Der christliche Glaube, 128.
34. Spong: Was sich im Christentum ändern muss, 154.
35. Josuttis: Der Weg in das Leben, 148.
36. Jung: Psychologie und Religion, 49.
37. Dass Jesus in einer Aktion der Leidenschaft die Händler aus dem
    Tempel wirft, ist dazu kein Widerspruch. Der Tempel darf und soll
    durchaus der Ort der Besinnung auf Gott sein, und jedenfalls ist er
    kein Ort für Geschäfte! Jesus demonstriert hier in einer propheti-
    schen Zeichenhandlung, dass die Menschen ihr religiöses Verhalten
    an menschlichen Regeln ausrichten und nicht an der Wahrnehmung
    Gottes. Zumindest symbolisch sollte der Tempel der Hinweis darauf
    sein, dass *alles* an der Orientierung an Gott hängt: Religion, Moral
    und das eigene Leben.
38. Lichtenberg: Sudelbücher, 80.
39. Bolz: Das Wissen der Religion, 116.

40. Sehr ausführlich für genauer Interessierte dazu vom Verf.: Rückkehr der Religion.

41. Kroeger: Im religiösen Umbruch der Welt, 206.

42. Safranski: Religiöse Sehnsucht, 19.

43. Wolff: Jesus der Mann, 148. Ein wunderbares Buch, das erstaunliche und faszinierende neue Einsichten zur Gestalt Jesu aus tiefenpsychologischer Sicht heraus entwickelt.

44. Spong: Was sich im Christentum ändern muss, 225.

45. Timm: Zwischenfälle, 152.

46. Meister Eckhart, Band I, 87.

47. Spong: Was sich im Christentum ändern muss, 20.

48. Tillich: Religiöse Reden, 55f.

49. Meister Eckhart, Band II, 35.

50. Wie variabel und historisch relativ selbst die Trinitätsvorstellung ist, kann ein Hinweis C.G. Jungs zeigen. Jung assoziiert mit Dreiheit eine ungestillte seelische Dynamik, die immer zur Vollständigkeit der Ganzheit strebt. Ganzheit allerdings ist seelisch immer durch die Vierzahl, also durch eine »Quaternität« repräsentiert. Jung erklärt so die dauernden religiösen Bestrebungen, das trinitarische Gottesbild durch eine vierte heilige Person zu ergänzen, wie das immer wieder entweder durch die Vorstellung der Himmelsmutter und »Gottesgebärerin« Maria, aber auch durch den (ehemals ja zum himmlischen Hofstaat gehörigen) Teufel versucht wurde. Das ist eine ungewohnte, aber durchaus plausible Einschätzung.

51. Rilke: Das Stundenbuch I, Vom mönchischen Leben.

52. Meister Eckhart, Band I, 87.

53. EG Lied 165,8 »Gott ist gegenwärtig«.

54. Meister Eckhart, Band I, 71.

55. Ebd., 65 und 71.

56. Die Predigt wird im Anhang an den Traktat 1 überliefert. Meister Eckhart, Band II, 314ff.

57. Halbfas: Das Christentum, 333.

58. Gräb: Sinnfragen, 8.

59. Am Ende zeigt der Film, wie ein Nachbar zum Gegenspieler des Protagonisten wird, der ganz ähnlich empfindet und lebt wie der Junge mit der Kamera. Eingesponnen in ein absurdes Zwangsverhalten, das weder die Schönheit der Welt sieht, noch die Veränderung des Protagonisten aushalten kann, gibt es für diesen Nachbarn nur eine

einzige konsequente Reaktion auf dessen neu gefundene Lebendigkeit: Er tötet ihn. Der Film macht hier eine deutliche Anspielung auf die Kreuzigung Jesu.

60. Roß: Die Verteidigung des Menschen, 21.
61. Spong: Was sich im Christentum ändern muss, 154.
62. Gräb: Sinnfragen, 116.
63. Schellenbaum: Die Wunde der Ungeliebten, 106.
64. Quarch: Flirten mit Gott, 30.
65. Ehrenberg: Das erschöpfte Selbst, 244.
66. Schleiermacher: Über die Religion, 281.
67. Lichtenberg: Sudelbücher, 168.
68. Das positivistische und naturalistische Denken, das allein die naturwissenschaftlichen Erkenntnisse für richtig und wahr hält und das heute sehr verbreitet ist, ist demgegenüber ein Rückfall in vermeintlich objektive Wahrheiten, die es aber bei genauerem Hinsehen nirgendwo gibt.
69. Lichtenberg: Sudelbücher, 191.
70. Bolz: Das Wissen der Religion, 96.
71. Cox: Die Zukunft des Glaubens, 97.
72. Reuter: Der christliche Glaube, 98.
73. Timm: Zwischenfälle, 157.
74. Gerhardt: Individuum und Religion, 42.
75. Steffensky: Feier des Lebens, 59 und 61.
76. Schellenbaum: Abschied von der Selbstzerstörung, 144.
77. Gräb: Religion und die Bildung ihrer Theorie, 197.
78. Quarch: Hin und weg.
79. Han: Müdigkeitsgesellschaft.
80. Es gibt auch Aussagen Jesu über das Reich Gottes, die scheinbar in die Zukunft weisen und die unter Theologen die Spekulation darüber wach gehalten haben, ob Jesus ein »Apokalyptiker« gewesen sei (also jemand, der mit dem Einbruch des Weltendes und einer neuen, durch Gott geprägten Weltzeit gerechnet hat), oder ob er dazu aufforderte, auf das Reich Gottes zu warten. Solche Zukunftsansagen sind z.B. die Vaterunserbitte »Dein Reich komme« oder das Gleichnis vom Senfkorn, das auf das allmähliche Wachsen des Reiches Gottes verweist. Das aber wächst *in der Sicht der Menschen*. Das Reich Gottes ist längst Realität, so wie Gott Realität ist. Gott ist nicht »halb da«, und *ganz* erst irgendwann später! Was also wachsen soll,

ist die Wahrnehmung der Menschen. Andere auf Zukunft deutende Hinweise wie etwa das »Wacht, denn der Herr kommt wie ein Dieb in der Nacht« (Mt 24, 42f.) sind spätere Einträge, die nicht von Jesus stammen. Hier steht auch: »Diese Generation wird das alles (gemeint ist: die Wiederkunft des Menschensohnes) erleben« (Mt 24, 34).

81. Reuter: Der christliche Glaube, 133.
82. Kopp: Triffst du Buddha unterwegs, 9.
83. Ebd., 14.
84. Jauß: Ästhetische Erfahrung und literarische Hermeneutik, 85.
85. Bolz: Das Wissen der Religion, 115.
86. Pfister: Das Christentum und die Angst, 424.
87. Genau heißt die Bemerkung: »Religiöse Gefühle ... laden ein zum stillen, hingegebenen Genuss.«
88. Strasser: Die einfachen Dinge des Lebens, 12f.
89. Ebd. 60.
90. Kopp: Triffst du Buddha unterwegs, 96f.
91. Beaumont: Auf die Seele schauen, 118.
92. Auf dieser grundlegenden Einsicht baut das religiöse Denken des theologisch weit unterschätzen Eugen Drewermann auf, entfaltet vor allem in: Strukturen des Bösen. Vgl. auch die Textausgabe zu Drewermann von J. Kunstmann (Hg.): Heilende Religion.
93. Jung: Psychologie und Religion, 106.
94. Spong: Was sich im Christentum ändern muss, 255.
95. Schleiermacher: Über die Religion, 283.
96. Ebd.
97. Ebd., 280f.
98. Steffensky: Feier des Lebens, 144.
99. Schmid: Philosophie der Lebenskunst, 85.
100. Ebd., 28; im Orig. mit Hervorhebung.
101. Goethe: Faust I.
102. Umfassend dazu J. Kunstmann: Rückkehr der Religion.
103. Strasser: Die einfachen Dinge des Lebens, 150 und 153.
104. Ebd., 122.
105. Spong: Was sich im Christentum ändern muss, 121.